国家社会科学基金资助项目 （10BGL013）

U0653715

技术–环境壁垒与中国企业 国际竞争力研究

胡麦秀 著

管理
MANAGEMENT

Study on Technical-environmental Barrier and
International Competitiveness of Chinese Enterprises

上海交通大學 出版社
SHANGHAI JIAO TONG UNIVERSITY PRESS

内容提要

本书在对技术—环境壁垒的定义进行界定的基础上,详细介绍中国主要贸易伙伴的技术性贸易措施体系,利用中国国家质检总局的调查数据分析了中国出口企业遭受国外技术性贸易措施的影响,从理论上揭示技术—环境壁垒与企业国际竞争力的内在机理关系,分析技术—环境壁垒的引致成本及其产生机制,探讨技术—环境壁垒对企业技术创新的激励机制,研究技术—环境壁垒对企业国际竞争力的综合影响效应,并根据创新性壁垒和差异性壁垒的不同特点,为企业跨越这些壁垒提供有针对性的政策建议。同时,通过典型案例分析了技术—环境壁垒对企业国际竞争力的影响效应。

本书可以作为专门从事国际贸易领域研究的科研人员的参考用书,同时也可以让中国出口企业了解其所面临的复杂国际市场环境。

图书在版编目(C I P)数据

技术—环境壁垒与中国企业国际竞争力研究 / 胡麦秀著. —上海:上海交通大学出版社,2020
    ISBN 978 - 7 - 313 - 24252 - 5

Ⅰ. ①技… Ⅱ. ①胡… Ⅲ. ①技术贸易-贸易壁垒-研究②企业竞争-国际竞争力-研究-中国 Ⅳ. ①F746.17②F279.2

中国版本图书馆 CIP 数据核字(2020)第 241004 号

技术—环境壁垒与中国企业国际竞争力研究
JISHU—HUANJING BILEI YU ZHONGGUO QIYE GUOJI JINGZHENGLI YANJIU

著   者:胡麦秀
出版发行:上海交通大学出版社   地   址:上海市番禺路 951 号
邮政编码:200030   电   话:021 - 64071208
印   刷:上海天地海设计印刷有限公司   经   销:全国新华书店
开   本:710mm×1000mm 1/16   印   张:16.5
字   数:265 千字
版   次:2020 年 12 月第 1 版   印   次:2020 年 12 月第 1 次印刷
书   号:ISBN 978 - 7 - 313 - 24252 - 5
定   价:69.00 元

前　言

　　技术—环境壁垒是一种非关税壁垒，在关税不断削减、关税壁垒的作用越来越小的背景下，其发挥的作用越来越大。与关税措施和配额等非关税措施不同，技术—环境壁垒是一种符合 WTO 规则的保护手段，它具有名义上的合理性、提法上的巧妙性、形式上的合法性以及手段上的隐蔽性，因此被许多国家特别是发达国家广为采用。

　　随着技术的进步和人类对自身安全与环境质量的需求不断提高，新的技术—环境壁垒将不断产生和更新，因此技术—环境壁垒将日益成为国际贸易壁垒的主体和中国企业进入国际市场的主要障碍。只要企业遭受到国外的技术—环境壁垒，就必然会影响到企业正常的生产经营活动，如果这些技术—环境壁垒来自企业出口的重点地区，企业将为此付出更为惨重的代价。因此，跨越这些壁垒就成为企业的必然选择，这种跨越也必将对企业的经营战略及国际竞争力产生深远的影响。那么，从理论上系统研究技术—环境壁垒对企业国际竞争力的作用机理，分析技术—环境壁垒对企业国际竞争力的综合影响效应，探讨企业跨越进口国不同性质的技术—环境壁垒的战略选择等，这不仅是经济理论界的重要课题，而且也是中国企业进行跨国经营，提高自身国际竞争力的现实需要。

　　本书是在国家社会科学基金项目的资助下展开研究的。本书在对技术—环境壁垒的定义进行界定的基础上，详细介绍了中国主要贸易伙伴的技术性贸易措施体系，同时，利用中国国家质检总局的调查数据，从总体影响、国别分布、贸易损失、引致的新增成本和遭受的具体措施等方面分析了中国出口企业遭受国外技术性贸易措施的影响。另外，还在以下方面进行了深入探讨：

第一,通过构造技术—环境壁垒影响企业国际竞争力的传导路径模型,探讨了两者之间的内在机理关系。分析结果表明,技术—环境壁垒主要通过两条路径来影响企业国际竞争力:遵循进口国的技术标准和环境标准,势必要求出口国企业支付额外的附加成本,而这些附加成本增加了企业的生产成本和出口成本,从而使其国际竞争力下降;技术创新是出口国企业跨越技术—环境壁垒的必然选择,而技术创新不仅能够使企业通过"创新补偿"获得规模经济效益,而且还能够使企业通过"先动优势"获得成本优势,同时还能够使企业通过创立国际标准获得市场控制权。企业通过技术创新能够降低其生产成本,增加其市场份额,从而能够增强其国际竞争力。

第二,分析了技术—环境壁垒的引致成本及其产生机制,探讨了技术—环境壁垒的价格控制机制和数量控制机制。分析结果表明,技术—环境壁垒的价格控制机制主要表现为遵循进口国的技术标准和环境标准所带来的出口国企业产品价格的上升,从而导致其国际竞争力下降;数量控制机制则主要表现为:在短期内,遵循进口国的技术标准和环境标准可能会使出口国企业的出口量下降;而在中长期内,企业的出口量则可能逐渐恢复,甚至会大幅度增加。

第三,通过建构动力机制模型,探讨了企业进行技术创新的主要动力来源以及技术—环境壁垒对企业进行技术创新的激励机制。研究结果表明,技术—环境壁垒对企业技术创新的激励作用的大小,主要取决于进口国设置技术—环境壁垒的动机:当进口国所设置的技术标准和环境标准主要反映了进口国的技术水平以及消费需求的升级,也就是说,这些标准是合理的,那么,随着技术标准和环境标准的提高,其对技术创新的激励作用会增强;相反,当进口国设置技术—环境壁垒是出于狭隘的贸易保护的目的,也就是说,这些标准过于苛刻或者带有歧视性,那么,由技术—环境壁垒所引致的企业技术创新的动力就会消失。

第四,利用演化博弈模型,从动态角度分析了技术性贸易壁垒条件下出口国企业进行技术创新的行为选择。研究结果表明,市场份额与出口国企业进行技术创新的动力呈正向关系;产品的初始质量水平与进口国质量标准的差异程度对出口国企业技术创新的影响呈负向关系;创新成本对贸易壁垒的敏感度系数与出口国企业技术创新的动力也呈负向关系。

第五,利用斯塔克尔伯格模型分析了技术—环境壁垒对生产规模和技术水平不同以及能使技术创新的溢出效应内部化程度不同的两类出口企业的国际竞争力的综合影响效应。在技术—环境壁垒条件下,技术创新会对出口国企业在进口国的市场份额、价格水平和利润水平产生实质性的影响,影响的大小主要取决于出口国企业能使技术创新的溢出效应内部化程度的高低和出口国企业原有的技术水平与达到进口国新质量标准所需的技术水平之间的差距的大小。出口国企业在进口国的市场份额、价格水平和利润水平与其能使技术创新的溢出效应内部化的程度呈正向关系。而与其原有技术水平与达到进口国新质量标准所需的技术水平之间的差距呈反向关系。

第六,利用中国打火机企业应对 CR 法案的典型案例分析了技术—环境壁垒对企业国际竞争力的影响效应。案例分析的结果表明,遵循 CR 法案增加了中国打火机企业的生产成本,提高了其产品的出口价格,削弱了其价格竞争优势;同时,突破 CR 法案的技术创新又使打火机企业赢得了更广阔的市场发展空间。

目　录

第 1 章　绪　论 ………………………………………………………… 1

　　1.1　研究背景 ……………………………………………………… 1

　　1.2　研究意义 ……………………………………………………… 27

　　1.3　研究内容与研究目标 ………………………………………… 28

　　1.4　研究方法 ……………………………………………………… 29

　　1.5　技术路线 ……………………………………………………… 29

　　1.6　拟解决的关键问题 …………………………………………… 30

　　1.7　本书的结构框架 ……………………………………………… 30

第 2 章　国内外相关文献综述 ………………………………………… 32

　　2.1　技术—环境壁垒的概念界定 ………………………………… 32

　　2.2　技术—环境壁垒的双重性质及其影响效应 ………………… 35

　　2.3　技术—环境壁垒的形成机制 ………………………………… 36

　　2.4　技术—环境壁垒引致的遵循成本及其产生机制 …………… 39

　　2.5　技术—环境壁垒的度量工具和测度方法 …………………… 41

　　2.6　技术—环境壁垒的效应分析 ………………………………… 44

　　2.7　技术—环境壁垒与企业国际竞争力的关系 ………………… 47

　　2.8　主要结论 ……………………………………………………… 51

第 3 章　中国主要贸易伙伴的技术性贸易措施体系 ………………… 52

　　3.1　技术—环境壁垒概述 ………………………………………… 52

3.2 美国的技术性贸易措施体系 ················· 61

3.3 欧盟的技术性贸易措施体系 ················· 80

3.4 日本的技术性贸易措施体系 ················· 95

3.5 主要结论 ················· 107

第4章 中国企业遭受国外技术性贸易措施的影响分析 ················· 108

4.1 中国出口企业遭受国外技术性贸易措施的总体影响分析 ··· 109

4.2 中国出口企业遭受国外技术性贸易措施的国别分布分析 ··· 117

4.3 中国出口企业遭受国外技术性贸易措施的贸易损失分析 ··· 123

4.4 中国出口企业遭受国外技术性贸易措施所引致的新增成
本分析 ················· 144

4.5 中国出口企业遭受的主要技术性贸易措施类型分析 ··· 149

4.6 主要结论 ················· 162

第5章 技术—环境壁垒影响企业国际竞争力的内在机理 ················· 165

5.1 企业国际竞争力的理论研究框架 ················· 165

5.2 技术—环境壁垒的作用机理 ················· 170

5.3 技术—环境壁垒影响企业国际竞争力的传导路径 ··········· 175

5.4 主要结论 ················· 176

第6章 技术—环境壁垒的引致成本及其价格—数量控制机制 ········· 178

6.1 技术—环境壁垒的引致成本及其产生机制 ················· 179

6.2 技术—环境壁垒的价格控制机制 ················· 184

6.3 技术—环境壁垒的数量控制机制 ················· 186

6.4 主要结论 ················· 189

第7章 技术—环境壁垒影响企业技术创新的动力机制 ················· 191

7.1 技术—环境壁垒与企业的技术创新动力机制模型 ··········· 192

7.2 技术—环境壁垒对企业技术创新的影响效应 ················· 196

7.3 技术—环境壁垒对技术创新的强度效应 ················· 199

7.4 主要结论 ················· 201

第 8 章　技术—环境壁垒与企业技术创新的行为选择·············· 202

　　8.1　基本假设与模型的构建 ················· 203

　　8.2　出口国企业的创新决策分析 ·············· 206

　　8.3　影响出口国企业技术创新行为选择的主要因素分析 ··· 210

　　8.4　主要结论 ·················· 212

第 9 章　技术—环境壁垒与企业国际竞争力··············· 214

　　9.1　理论分析框架 ················· 215

　　9.2　技术—环境壁垒之前,企业均衡产量和均衡利润的决定 ··· 216

　　9.3　技术—环境壁垒之后,企业均衡产量和均衡利润的决定 ··· 217

　　9.4　进口国的技术—环境壁垒对出口国企业国际竞争力的

　　　　影响 ·················· 220

　　9.5　主要结论 ·················· 224

第 10 章　案例分析:技术—环境壁垒对中国打火机行业出口企业国际

　　　　竞争力的影响·············· 226

　　10.1　中国打火机企业遭受 CR 法案概况 ············ 226

　　10.2　CR 法案对中国打火机企业成本的影响 ·········· 227

　　10.3　CR 法案倒逼中国打火机企业进行技术研发 ········ 229

　　10.4　CR 法案对中国打火机出口量的影响 ··········· 231

　　10.5　主要结论 ·················· 233

第 11 章　总结与研究展望·················· 234

　　11.1　本书的主要工作 ················ 234

　　11.2　本书的主要创新点 ··············· 238

　　11.3　研究局限及有待研究的课题 ············· 239

参考文献·················· 241

索引·················· 252

第1章 绪 论

在经济全球化和贸易自由化的背景下,传统的贸易保护措施逐渐被取消或受到约束和限制。特别值得注意的是,WTO 为了促进全球贸易自由化进程,防止各国采用各种变相的贸易保护手段,规定了各成员国禁止采用的贸易保护措施,比如进口配额制、进口许可证制、海关估价制等。这些贸易保护措施由于被WTO 所明令禁止或者透明化而无法再发挥作用。鉴于上述原因,贸易保护主义者可以使用的传统贸易保护工具越来越少。但是,贸易保护主义并没有因此而消失。相反,在贸易自由化以及国际贸易竞争日趋激烈化和复杂化的大环境下,各国依然存在着很强的贸易保护诉求,并试图在 WTO 框架内寻求合法的贸易保护手段。

1.1 研究背景

技术性贸易壁垒因其具有名义上的合理性、提法上的巧妙性、形式上的合法性、手段上的隐蔽性以及不可模仿性而被许多国家尤其是发达国家所青睐,它正日益成为这些国家实行贸易保护主义的主要手段和高级形式。

随着技术的进步和人类对自身安全与环境质量的需求不断提高,新的技术性贸易壁垒措施将不断产生和更新,因此,技术性贸易壁垒措施将日益成为各国产生贸易摩擦的焦点以及国际贸易壁垒的主体。

1.1.1　技术性贸易壁垒的发展趋势和主要特征

统计数据显示,在 20 世纪 70 年代,技术性贸易壁垒在全球盛行的主要非关税壁垒中的占比约为 10%～30%。而进入 20 世纪 90 年代,尤其是 21 世纪之后,技术性贸易壁垒在非关税壁垒中的占比大幅度提高,对国际贸易的影响也越来越大。从目前情况来看,技术性贸易壁垒的发展趋势和主要特征主要体现在以下方面。

1.1.1.1　技术性贸易壁垒措施的通报数量逐年增加,且已成为国际贸易领域最主要的贸易壁垒

根据 WTO 的《技术性贸易壁垒协议》(Agreement on Technical Barrier to Trade,简称《TBT 协议》)和《实施卫生与植物卫生措施协议》(Agreement on the Application of Sanitary and Phytosanitary Measures,简称《SPS 协议》),本书中关于技术性贸易壁垒措施的通报量既包括 TBT 的通报量,也包括 SPS 的通报量。

自 WTO 成立以来,各成员发布的 TBT 和 SPS 通报量持续攀升。从 1995 年至 2019 年,WTO 成员发布的 TBT 和 SPS 通报总量累计达 45 499 件,其中,TBT 通报量累计达 26 891 件,SPS 通报量累计达 18 608 件,TBT 通报总量远远超过了 SPS 通报总量。在此期间,除个别年份外,WTO 成员发布的 TBT 和 SPS 通报量呈逐年增长态势,而且两者的增长幅度基本持平,其中,SPS 通报量年均增长约 7.6%,TBT 通报量年均增长约 7.3%。1995 年 WTO 成员发布的 TBT 和 SPS 通报总量为 555 件,其中,TBT 通报量为 364 件,SPS 通报量为 191 件;1996 年其通报总量增加到 690 件,增长了大约 24%,其中,TBT 通报量增长到 460 件,增长了约 26%,SPS 通报量增长到 230 件,增长了约 20%。2018 年 WTO 成员的 TBT 和 SPS 通报总量达到历史最高值,为 3 401 件,与 2017 年相比增长了大约 18%,其中,TBT 通报量为 2 085 件,较前一年增长了约 16%,SPS 通报量为 1 316 件,较前一年增长了约 20%。但是,2019 年 WTO 成员的 TBT 和 SPS 通报量均大幅度下降,其中,TBT 通报量下降到 1 125 件,较上一年减少了 50.5%,SPS 通报量下降到 560 件,减少了 57.4%。表 1－1 列出了 1995 年至 2019 年 WTO 成员的 TBT 和 SPS 通报量情况。

表1-1 WTO成员发布的TBT和SPS通报量情况

(1995—2019)

年份	SPS通报数	TBT通报数	合计	年份	SPS通报数	TBT通报数	合计
1995	191	364	555	2008	886	1 248	2 134
1996	230	460	690	2009	737	1 488	2 225
1997	286	795	1 081	2010	1 051	1 411	2 462
1998	296	650	946	2011	1 005	1 216	2 221
1999	401	671	1 072	2012	858	1 552	2 410
2000	402	608	1 010	2013	927	1 601	2 528
2001	623	541	1 164	2014	1 152	1 527	2 679
2002	608	586	1 194	2015	1 264	1 427	2 691
2003	686	795	1 481	2016	1 028	1 651	2 679
2004	610	637	1 247	2017	1 096	1 792	2 888
2005	648	765	1 413	2018	1 316	2 085	3 401
2006	900	868	1 768	2019	560	1 125	1 685
2007	847	1 028	1 875	合计	18 608	26 891	45 499

数据来源:WTO官方网(http://www.wto.org)。

为了更直观地反映自WTO成立以来其成员的TBT和SPS通报总量的变化趋势,图1-1利用折线图将其描绘出来。

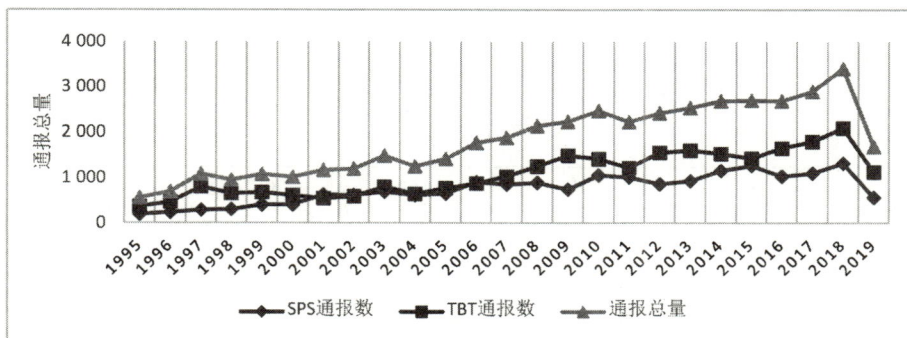

图1-1 WTO成员的TBT和SPS通报总量变化趋势(1995—2019)

数据来源:根据WTO官方网站(http://www.wto.org)统计数据整理所得。

根据表 1-1 和图 1-1 所示,从总的趋势来看,无论是 WTO 成员发布的 TBT 通报量还是 SPS 通报量,以及两者的通报总量都呈现出平稳增长的态势。

另外,WTO 成员所实施的技术性贸易壁垒措施不仅数量越来越多,而且在各种非关税壁垒措施中的占比也越来越高,已经成为当代国际贸易领域最主要的非关税壁垒措施。

根据 WTO 统计数据显示,从 1995—2019 年,全球发起反倾销措施(Anti-Dumping Measures,简写为 ADP)调查共计 8 507 起、反补贴措施(Countervailing Measures,简写为 CV)调查 787 起、保障措施(Safeguard Measures,简写为 SG)调查 553 起,特别保障措施(Specific Safeguard Measures,简写为 SSG)调查 2 330起、数量限制措施(Quantity Restriction Measures,简写为 QR)调查 10 975起,而技术性贸易措施(Technical Measures to Trade,包括 TBT 和 SPS)累计达 45 499 件,其数量远远超过了这些非关税壁垒措施的总和。

不仅如此,技术性贸易壁垒措施在当代国际贸易领域盛行的主要非关税壁垒措施中所占的比例也非常高,而且这一比例呈逐年上升态势。1995 年技术性贸易措施在主要非关税壁垒措施中的占比为 40%,2006 年这一占比提高到 63%,2010 年提高到 72%,2018 年这一占比竟高达 87%,几乎全球所有的非关税壁垒措施调查都是围绕技术性贸易措施展开的。2019 年这一比例虽有所下降,但也高达 78%。表 1-2 列出了 1995 年至 2019 年全球实施的反倾销措施、反补贴措施、保障措施、特别保障措施、数量限制措施以及技术性贸易措施的数量对比情况以及技术性贸易措施在国际贸易领域主要盛行的贸易措施中所占的比例。

表 1-2　全球发起并实施的主要非关税壁垒措施的数量对比

(1995—2019)

贸易措施 年份	SG	SSG	CV	QR	ADP	TBT/ SPS 总量	合计	TBT/ SPS 占比
1995	2	36	13	695	100	555	1 401	40%
1996	5	69	6	671	133	690	1 574	44%
1997	5	99	8	654	182	1 081	2 029	53%
1998	12	91	15	647	259	946	1 970	48%

(续表)

贸易措施 年份	SG	SSG	CV	QR	ADP	TBT/ SPS 总量	合计	TBT/ SPS 占比
1999	17	179	28	610	333	1 072	2 239	48%
2000	27	82	29	592	316	1 010	2 056	49%
2001	19	92	32	588	442	1 164	2 337	50%
2002	39	251	21	584	495	1 194	2 584	46%
2003	27	161	20	557	434	1 481	2 680	55%
2004	18	238	19	548	366	1 247	2 436	51%
2005	10	144	8	538	318	1 413	2 431	58%
2006	15	141	11	527	345	1 768	2 807	63%
2007	12	123	13	517	268	1 875	2 808	67%
2008	14	118	25	507	348	2 134	3 146	68%
2009	30	135	37	500	359	2 225	3 286	68%
2010	22	92	29	492	304	2 462	3 401	72%
2011	21	99	35	455	268	2 221	3 099	72%
2012	28	98	31	541	327	2 410	3 435	70%
2013	23	56	42	67	442	2 528	3 158	80%
2014	37	23	56	227	394	2 679	3 416	78%
2015	33	3	44	12	414	2 691	3 197	84%
2016	26	0	59	445	462	2 679	3 671	73%
2017	21	0	59	1	437	2 888	3 406	85%
2018	32	0	78	0	403	3 401	3 914	87%
2019	58	0	69	0	358	1 685	2 170	78%
合计	495	2 330	718	14 023	8 149	43 814	66 481	66%

数据来源:根据 WTO 官方网站(http://www.wto.org)统计数据整理所得。

注:SG.保障措施 SSG.特别保障措施 CV.反补贴措施 ADP.反倾销措施 QR.数量限制措施 SPS.卫生和植物检疫措施 TBT.技术性贸易壁垒。

1.1.1.2 发展中成员发布的 TBT 和 SPS 通报量急剧增加,逐渐成为 TBT 和 SPS 的主要实施者

自 WTO 成立以来,发达成员和发展中成员发布的 TBT 和 SPS 通报量变化

情况呈现出如下特点:

(1)从总的变化趋势来看,发达成员和发展中成员的 TBT 和 SPS 通报量都呈现增长趋势,但发达成员的增长趋势比较平缓,而发展中成员的增长趋势则比较明显。

1995 年发达成员发布的 TBT 和 SPS 通报量为 363 件,而发展中成员只有192 件;此后,发达成员每年发布的通报量基本维持在 500 件至 800 件之间进行震荡,但发展中成员每年发布的通报量却急剧攀升。2002 年发展中成员发布的TBT 和 SPS 通报量首次超过发达成员,此后所有年份发展中成员发布的 TBT和 SPS 通报量均超过了发达成员;2006 年发展中成员发布的 TBT 和 SPS 年度通报量首次超过 1 000 件,达到 1 030 件,2014 年又再度刷新历史纪录,年度通报量超过 2 000 件,达到 2 036 件,2018 年达到历史最高值 2 718 件。

从通报总量来看,在 1995 年至 2019 年期间,发展中成员 TBT 和 SPS 的累计通报量为 30 360 件,占全球通报总量的 67%;发达成员的累计通报量为15 139 件,占全球通报总量的 33%。很明显,发展中成员的累计通报总量远远超过了发达成员。表 1-3 列出了 1995 年至 2019 年 WTO 成员中发达成员和发展中成员 TBT 和 SPS 通报量对比情况。

为了更直观地反映 1995 年至 2019 年 WTO 发达成员和发展中成员 TBT和 SPS 通报量的变化趋势,图 1-2 利用折线图将其描绘出来。

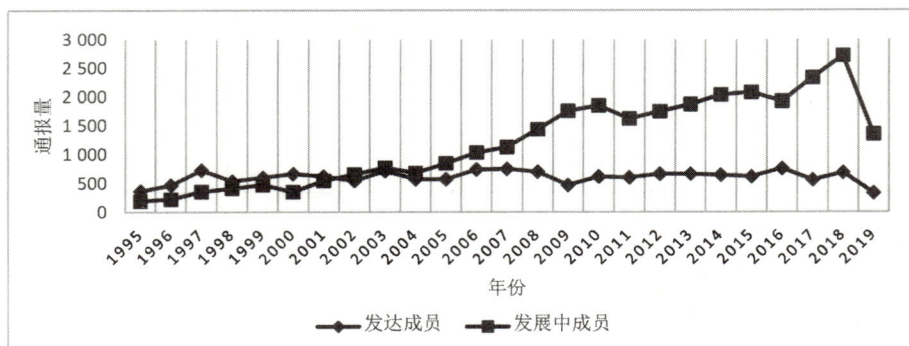

图 1-2　发达成员和发展中成员 TBT 和 SPS 通报量的变化趋势(1995—2019)

数据来源:根据 WTO 官方网站(http://www.wto.org)统计数据整理所得。

表1-3 WTO成员中发达成员和发展中成员TBT和SPS通报量对比（1995—2019）

成员类型 年份	发达成员 通报量	发达成员 全球占比	发展中成员 通报量	发展中成员 全球占比
1995	363	65%	192	35%
1996	465	67%	225	33%
1997	726	67%	355	33%
1998	536	57%	410	43%
1999	599	56%	473	44%
2000	662	66%	348	34%
2001	619	53%	545	47%
2002	541	45%	653	55%
2003	711	48%	770	52%
2004	570	46%	677	54%
2005	569	40%	844	60%
2006	738	42%	1 030	58%
2007	748	40%	1 127	60%
2008	698	33%	1436	67%
2009	469	21%	1 756	79%
2010	614	25%	1 848	75%
2011	600	27%	1 621	73%
2012	663	28%	1 747	72%
2013	660	26%	1 868	74%
2014	643	24%	2 036	76%
2015	615	23%	2 076	77%
2016	757	28%	1 922	72%
2017	558	19%	2 330	81%
2018	683	20%	2 718	80%
2019	332	20%	1 353	80%
合计	15 139	33%	30 360	67%

数据来源：根据WTO官方网站（http://www.wto.org）统计数据整理所得。

（2）从全球占比来看，发达成员 TBT 和 SPS 通报量在全球的占比呈现下降趋势，而发展中成员 TBT 和 SPS 通报量在全球的占比却呈现上升趋势。

1995 年发达成员发布的 TBT 和 SPS 通报量在全球的占比为 65%，而发展中成员的占比只有 35%；2002 年发展中成员发布的 TBT 和 SPS 通报量在全球的占比达到 55%，首次超过了发达成员；2017 年发展中成员 TBT 和 SPS 通报量在全球的占比首次超过 80%，而发达成员的占比只有 19%。图 1-3 描述了 1995 年至 2019 年发达成员和发展中成员 TBT 和 SPS 通报量在全球的占比情况。

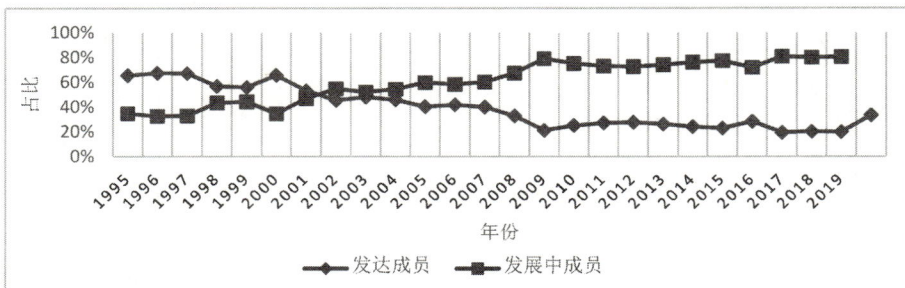

图 1-3　发达成员和发展中成员 TBT 和 SPS 通报量占全球的比例（1995—2019）

数据来源：根据 WTO 官方网站（http://www.wto.org）统计数据整理所得。

（3）从发展阶段来看，发达成员和发展中成员 TBT 和 SPS 的通报量及其在全球的占比变化情况呈现明显的阶段性特征。

根据表 1-3 和图 1-3 的统计数据显示，从 1995 年至 2002 年，发达成员 TBT 和 SPS 的通报量及其在全球中的占比高于发展中成员，在此期间，大部分年份发达成员的占比均超过了 60%；但是，2002 年之后，发展中成员的通报量就超过了发达成员，在全球的占比也发生了逆转，在大部分年份中，发展中成员的占比均超过了 60%，有的年份甚至超过了 80%，发展中成员逐渐成为全球 TBT 和 SPS 的主要实施者。

1.1.1.3　全球 TBT 和 SPS 的主要实施者主要集中在少数国家和地区，并且以发达成员为主

自 WTO 成立以来，全球 TBT 和 SPS 的主要实施者主要集中在少数国家和地区，根据累计通报量从高到低，排名前十位的成员依次为：美国、中国、巴西、欧盟、加拿大、韩国、日本、沙特阿拉伯、智利和以色列。从 1995 年至 2019 年，美国发布的 TBT 和 SPS 的累计通报量为 4 771 件，远远超过了其他所有国家，仅美国一国的通报量在全球通报总量中的占比就达到了 10.5%。中国是发展中成员中 TBT 和 SPS 累计通报量最多的国家，其累计通报量为 2 604 件，在全球通报总量中的占比为 5.7%，虽然中国初始发布 TBT 和 SPS 通报的时间比较晚，直到 2002 年，中国才第一次发布 TBT 和 SPS 通报，但通报数量比较多，当年中国的通报量就达到了 167 件，居全球首位；巴西是发展中成员中发布 TBT 和 SPS 通报最早的国家，其通报量在全球通报量中的占比位居第 3 位。在排名前十位的 WTO 成员中，沙特阿拉伯初始发布 TBT 和 SPS 通报的时间最晚，直到 2008 年，沙特阿拉伯才首次发布 TBT 和 SPS 通报，但增长速度非常快，其累计通报量达到 1 510 件，位居全球第 8 位，仅次于日本的 1 513 件。表 1-4 列出了 1995 年至 2019 年全球 TBT 和 SPS 累计通报量排名前十位成员的通报情况。

表 1-4　全球 TBT 和 SPS 累计通报量前十位成员的通报情况

(1995—2019)

成员 年份	美国	巴西	中国	加拿大	欧盟	韩国	日本	沙特 阿拉伯	以色列	智利	合计
1995	47	1	—	36	55	34	55	—	—	—	228
1996	90	24	—	28	60	20	52	—	—	1	275
1997	62	61	—	36	33	17	41	—	11	13	274
1998	68	45	—	28	62	26	38	—	47	27	341
1999	112	26	—	57	43	33	40	—	—	51	362
2000	195	13	—	41	52	39	68	—	—	46	454
2001	171	35	—	55	44	57	48	—	3	63	476
2002	142	58	167	62	60	35	47	—	9	24	604
2003	214	88	56	67	70	47	65	—	23	50	680
2004	210	24	59	74	53	43	43	—	44	11	561
2005	242	75	121	56	48	40	49	—	51	38	720
2006	363	148	66	55	63	54	52	—	22	52	875
2007	362	158	93	68	54	83	71	—	42	32	963
2008	251	183	187	97	86	71	73	24	62	37	1 071

（续表）

年份＼成员	美国	巴西	中国	加拿大	欧盟	韩国	日本	沙特阿拉伯	以色列	智利	合计
2009	144	131	290	74	91	103	54	89	137	51	1 164
2010	259	150	214	136	74	72	49	98	97	67	1 216
2011	247	129	254	96	85	62	46	76	59	73	1 127
2012	280	143	100	89	115	109	54	246	103	73	1 312
2013	221	104	171	168	120	73	58	263	83	64	1 325
2014	182	145	115	151	135	107	88	162	81	81	1 247
2015	196	115	435	117	109	110	87	134	12	62	1 377
2016	301	162	39	139	128	111	91	107	119	76	1 273
2017	136	178	64	89	146	78	80	167	56	69	1 063
2018	181	232	120	115	169	97	106	111	35	60	1 226
2019	95	81	53	36	66	56	58	33	19	23	520
合计	4 771	2 509	2 604	1 970	2 021	1 577	1 513	1 510	1 115	1 144	20 734

数据来源：根据 WTO 官方网站（http://www.wto.org）统计数据整理所得。

从表 1-4 中可以看出，排名前十位成员的 TBT 和 SPS 累计通报量不仅数量多，而且在全球的占比也非常高。从 1995 年至 2019 年的大多数年份，排名前十位成员发布的 TBT 和 SPS 累计通报量在全球的占比都超过了 40％以上，有的年份甚至超过了 50％，其中，2012 年的占比达到历史最高值，高达 54％。图 1-4 描述了 1995 年至 2019 年排名前十位成员 TBT 和 SPS 通报量在全球的占比情况。

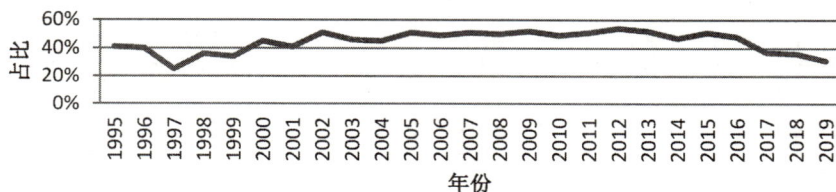

图 1-4　前十位成员 TBT 和 SPS 累计通报量在全球的占比（1995—2019）

数据来源：根据 WTO 官方网站（http://www.wto.org）统计数据整理所得。

在累计通报量排名前十位的成员中,有 6 个发达成员和 4 个发展中成员。其中,6 个发达成员分别是美国、欧盟、加拿大、韩国、日本和以色列,从 1995 年至 2019 年,这 6 个发达成员的 TBT 和 SPS 累计通报量为 12 967 件,在前十位成员通报总量中的占比达 62.5%;4 个发展中成员分别是中国、巴西、沙特阿拉伯和智利,这 4 个发展中成员的累计通报量为 7 767 件,在前十位成员通报总量中占比为 37.5%。

从通报数量来看,无论是 TBT 还是 SPS,前十位成员中发达成员的通报量都多于发展中成员。但发展中成员通报量的增长速度快于发达成员,尤其是 2002 年和 2008 年中国和沙特阿拉伯先后成为 TBT 和 SPS 的初始发起国之后,发展中成员的通报量急剧增长。1995 年,4 个发展中成员的通报量只有 1 件,2002 年就猛增到 249 件,2008 年又增长到 431 件,2015 年更是增长到 746 件,甚至超过了当年 6 个发达成员的通报量。这种现象主要源于两方面的原因:其一,发展中成员在技术上取得了巨大的进步,而且在标准采用方面也有了较大的提升;其二,发展中成员日益重视通过技术性贸易措施来对其国内市场和国内产业进行保护。因此,随着发展中成员经济的快速增长,其 TBT 和 SPS 通报量未来还有可能继续增长。表 1-5 列出了 1995 年至 2019 年全球 TBT 和 SPS 累计通报量排名前十位成员中发达成员和发展中成员的通报情况。

为了更直观地反映 1995 年至 2019 年前十位成员中发达成员与发展中成员 TBT 和 SPS 通报量的变化趋势,图 1-5 利用柱状图将其描绘出来。

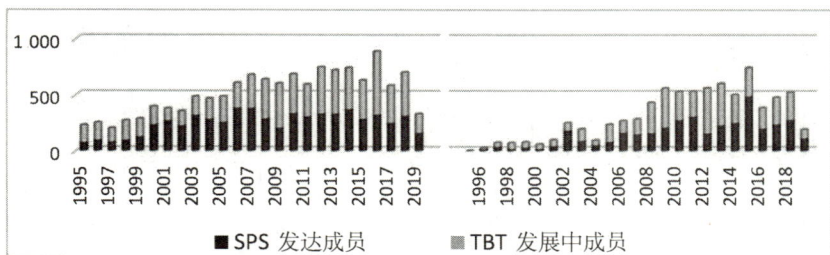

图 1-5 前十位成员中发达成员和发展中成员 TBT 和 SPS 通报量的变化趋势(1995—2019)

数据来源:根据 WTO 官方网站(http://www.wto.org)统计数据整理所得。

表1-5 前十位成员中发达成员和发展中成员TBT和SPS通报情况（1995—2019）

年份	发达成员			发展中成员		
	SPS	TBT	合计	SPS	TBT	合计
1995	76	151	227	1	0	1
1996	98	152	250	16	9	25
1997	81	119	200	38	36	74
1998	98	171	269	18	54	72
1999	128	157	285	31	46	77
2000	236	159	395	17	42	59
2001	273	105	378	43	55	98
2002	227	128	355	184	65	249
2003	321	165	486	92	102	194
2004	285	182	467	52	42	94
2005	257	229	486	82	152	234
2006	388	221	609	164	102	266
2007	386	294	680	150	133	283
2008	289	351	640	160	271	431
2009	207	396	603	211	350	561
2010	339	348	687	275	254	529
2011	310	285	595	308	224	532
2012	335	415	750	157	405	562
2013	334	389	723	230	372	602
2014	375	369	744	251	252	503
2015	286	345	631	491	255	746
2016	325	564	889	200	184	384
2017	251	334	585	238	240	478
2018	315	388	703	278	245	523
2019	164	166	330	116	74	190
合计	6 384	6 583	12 967	3 803	3 964	7 767

数据来源：根据WTO官方网站(http://www.wto.org)统计数据整理所得。

1.1.1.4　发达成员实施技术性贸易措施的侧重点由主要以 TBT 为主转变为以 SPS 为主

在 WTO 成员中,发达成员和发展中成员实施技术性贸易措施呈现出不同的特点。发展中成员实施技术性贸易措施主要以 TBT 为主,从 1995 年至 2019年,发展中成员的 TBT 累计通报量达 19 015 件,远远超过了其 SPS 累计通报量11 345件。但是,发达成员实施技术性贸易措施的侧重点发生了转移,由主要以TBT 为主转变为以 SPS 为主。在 2000 年之前,发达成员实施技术性贸易措施主要以 TBT 为主,从 1995 年至 2000 年,发达成员的 TBT 通报量一直高于 SPS通报量,在此期间,发达成员 TBT 累计通报量为 2 295 件,而 SPS 的累计通报量只有 1 056 件。但是,2001 年之后,这一趋势便发生了变化,发达成员 SPS 的通报量超过了 TBT 的通报量,此后,除了少数几个年份之外,其余年份,发达成员的 SPS 通报量都明显高于 TBT 通报量。从 2001 年至 2019 年,发达成员的 SPS累计通报量达到了 6 207 件,而 TBT 的累计通报量只有 5 581 件。表 1－6 列出了 1995 年至 2019 年发达成员和发展中成员 TBT 和 SPS 通报量的对比情况。

为了更直观地反映 1995 年至 2019 年发达成员和发展中成员 TBT 和 SPS通报量的变化趋势,图 1－6 利用折线图将其描绘出来。

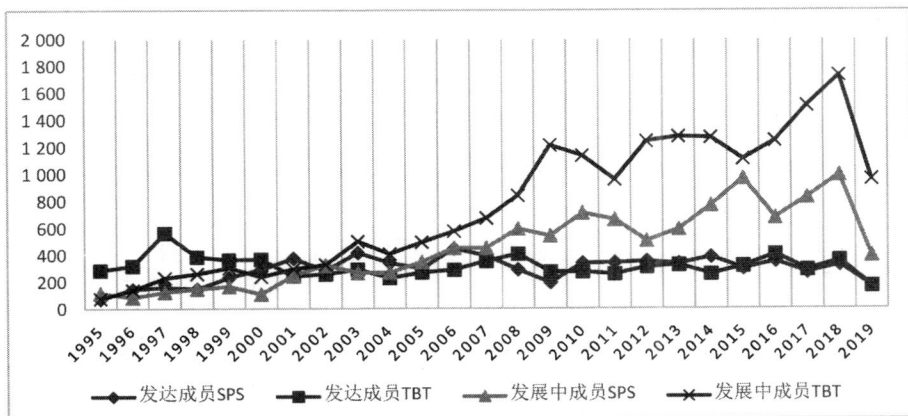

图 1－6　发达成员和发展中成员 TBT 和 SPS 通报量变化趋势(1995—2019)

数据来源:根据 WTO 官方网站(http://www.wto.org)统计数据整理所得。

表1-6 WTO 成员中发达成员和发展中成员 TBT 和 SPS 通报量对比 （1995—2019）

成员类别 年份	发达成员			发展中成员		
	SPS	TBT	合计	SPS	TBT	合计
1995	75	288	363	116	76	192
1996	145	320	465	85	140	225
1997	161	565	726	125	230	355
1998	148	388	536	148	262	410
1999	234	365	599	167	306	473
2000	293	369	662	109	239	348
2001	375	244	619	248	297	545
2002	283	258	541	325	328	653
2003	418	293	711	268	502	770
2004	341	229	570	269	408	677
2005	299	270	569	349	495	844
2006	448	290	738	452	578	1030
2007	394	354	748	453	674	1127
2008	291	407	698	595	841	1436
2009	194	275	469	543	1213	1756
2010	339	275	614	712	1136	1848
2011	342	258	600	663	958	1621
2012	353	310	663	505	1242	1747
2013	335	325	660	592	1276	1868
2014	385	258	643	767	1269	2036
2015	298	317	615	966	1110	2076
2016	352	405	757	676	1246	1922
2017	269	289	558	827	1503	2330
2018	325	358	683	991	1727	2718
2019	166	166	332	394	959	1353
合计	7 263	7 876	15139	11 345	19 015	30 360

数据来源：根据 WTO 官方网站（http://www.wto.org）统计数据整理所得。

1.1.1.5　WTO 成员发布的 TBT 和 SPS 通报量主要集中在农食产品、化学产品和机电产品

根据 WTO 统计数据,WTO 成员发布的 TBT 和 SPS 通报情况涵盖了 HS 编码的所有 21 类产品,包括 S01 活动物及其产品,S02 植物产品,S03 动植物油、脂及其分解产品,S04 食物制品、饮料、酒、醋、烟草,S05 矿产品,S06 化学品及相关产品,S07 树脂、塑料及其制品、橡胶及其制品,S08 皮革及其制品、旅行用品,S09 木及木制品、软木及其制品、编结材料制品,S10 纸、纸板及其制品,S11 纺织品及其制品,S12 鞋靴、头饰、羽毛及其制品、人造花,S13 陶瓷产品、玻璃及其制品,S14 珠宝、贵金属及其制品、硬币,S15 贱金属及其制品,S16 机电设备,S17 车辆、航空器、船舶,S18 音像设备、钟表及其零件,S19 武器、弹药及其零件,S20 杂项制品,S21 艺术品、收藏品及古物。其中,S01 活动物及其产品,S02 植物产品,S03 动植物油、脂及其分解产品,S04 食物制品、饮料、酒、醋、烟草,这四类产品在本书中被统称为农食产品。

在 1995 年至 2014 年间,WTO 成员针对 21 类产品发布的 TBT 和 SPS 累计通报量为 28 393 件。累计通报量位居前五位的产品分别是:活动物及其产品,累计通报量为 5 061 件,占 21 类产品累计通报总量的 17.8%,位居首位;植物产品,累计通报量为 4 690 件,占比为 16.5%,位居第二;食物制品、饮料、酒、醋、烟草,累计通报量为 4 304 件,占比为 15.2%,位居第三;机电产品,累计通报量 3 235件,占比为 11.4%,位居第四;化学品及其相关产品,累计通报量为 2 557 件,占比为 9.0%,位居第五。其中,农食产品的累计通报量几乎占 21 类产品累计通报总量的一半;而前五类产品的累计通报量的占比几乎达 70%。因此,农食产品、化学品及其相关产品、机电设备是 WTO 成员通报比例最大的三大类产品。表 1-7 列出了 1995 年至 2014 年 WTO 成员针对 21 类产品发布的 TBT 和 SPS 通报总量。

表1-7　WTO成员针对21类产品发布的TBT和SPS通报总量

(1995—2014)

产品类别 / 年份	S01	S02	S03	S04	S05	S06	S07	S08	S09	S10	S11	S12	S13	S14	S15	S16	S17	S18	S19	S20	S21
1995	64	66	8	31	5	16	3	5	2	1	6	5	4	4	9	44	21	6	0	4	0
1996	79	52	4	44	7	23	10	1	1	0	2	0	0	0	9	14	14	2	0	1	0
1997	124	66	14	52	7	35	5	1	1	2	2	3	3	0	6	23	9	2	0	5	0
1998	130	58	7	51	6	15	6	1	5	0	5	0	5	0	8	53	23	6	0	5	0
1999	178	55	4	74	6	36	11	2	4	0	4	2	2	1	6	17	14	9	1	8	0
2000	122	40	6	49	9	41	5	1	5	0	9	3	1	0	10	22	14	6	0	5	0
2001	289	103	32	165	15	62	30	5	4	7	7	1	20	3	20	51	27	22	0	23	0
2002	197	131	16	103	29	109	32	6	14	8	7	3	23	0	21	62	36	32	0	25	0
2003	237	189	39	164	33	99	52	5	27	12	10	7	22	3	32	97	41	34	3	33	0
2004	220	138	27	185	64	117	43	6	21	5	10	5	23	3	26	104	48	30	1	24	0
2005	196	153	30	141	48	123	48	4	25	2	16	8	33	4	38	132	72	28	0	31	0
2006	283	227	37	177	75	187	67	6	30	11	15	7	29	1	44	165	46	32	1	31	2
2007	298	246	46	196	52	158	62	8	23	7	24	10	49	3	52	173	63	36	2	37	0
2008	431	466	88	457	77	275	145	13	40	15	64	14	110	4	116	356	96	117	4	154	3
2009	434	392	70	506	46	202	102	4	32	13	22	11	74	2	79	378	76	71	3	104	1

（续表）

年份＼产品类别	S01	S02	S03	S04	S05	S06	S07	S08	S09	S10	S11	S12	S13	S14	S15	S16	S17	S18	S19	S20	S21
2010	367	610	87	559	64	252	111	7	32	8	44	12	77	2	112	317	100	68	7	107	1
2011	411	470	115	448	97	275	150	3	10	11	21	6	49	3	62	284	91	80	5	97	1
2012	320	391	58	311	79	204	180	5	23	7	32	8	110	0	130	382	98	128	6	131	0
2013	355	449	103	359	85	201	141	7	42	6	15	11	77	0	93	357	65	78	7	91	0
2014	326	390	78	232	37	127	52	5	19	8	16	6	32	5	58	204	37	40	3	50	1
合计	5061	4692	869	4304	841	2557	1255	95	360	123	331	122	743	38	931	3235	991	827	43	966	9

数据来源：根据 WTO 官方网站（http://www.wto.org）统计数据整理所得。

注：S01.活动物及其产品　S02.植物产品　S03.动植物油、脂及其分解产品　S04.食物制品、饮料、酒、醋、烟草　S05.矿产品　S06.化学品及相关产品　S07.树脂、塑料及其制品，橡胶及其制品　S08.皮革及其制品，旅行用品　S09.木及其制品，编结材料制品　S10.纸、纸板及其制品　S11.纺织品及其制品　S12.鞋靴、头饰、羽毛及其制品，人造花　S13.陶瓷产品，玻璃及其制品　S14.珠宝、贵金属及其制品，硬币　S15.贱金属及其制品　S16.机电设备　S17.车辆、航空器、船舶　S18.音像设备，钟表及其零件　S19.武器、弹药及其零件　S20.杂项制品　S21.艺术品、收藏品及古物。

在 TBT 和 SPS 累计通报量位居前五位的产品中,农食产品的 SPS 累计通报量为 9 492 件,TBT 累计通报量为 4 565 件;而化学品及其相关产品和机电设备的 TBT 累计通报量分别为 1 749 件和 3 066 件,SPS 累计通报量分别为 808 件和 169 件。由此可见,农食产品的 SPS 通报量远远高于其 TBT 通报量;相反,化学品及其相关产品和机电设备的 TBT 通报量却大大超过了其 SPS 通报量。表 1-8 列出了 1995 年至 2014 年累计通报量位居前五位的产品 TBT 和 SPS 通报情况。

表 1-8　累计通报量位居前五位的产品 TBT 和 SPS 通报情况

(1995—2014)

产品类别\\年份	S01		S02		S04		S06		S16	
	TBT	SPS	TBT	SPS	TBT	SPS	TBT	SPS	TBT	SPS
1995	3	61	11	55	13	18	9	7	44	0
1996	2	77	17	35	11	33	8	15	14	0
1997	14	110	10	56	9	43	19	16	23	0
1998	6	124	8	50	8	43	8	7	53	0
1999	16	162	8	47	16	58	13	23	17	0
2000	7	115	5	35	6	43	18	23	22	0
2001	16	273	16	87	40	125	33	29	42	9
2002	13	184	19	112	30	73	60	49	59	3
2003	38	199	30	159	62	102	59	40	90	7
2004	14	206	15	123	41	144	80	37	90	14
2005	30	166	21	132	61	80	94	29	124	8
2006	52	231	61	166	90	87	144	43	155	10
2007	46	252	77	169	112	84	120	38	161	12
2008	131	300	166	300	270	187	202	73	348	8
2009	135	299	153	239	307	199	149	53	361	17
2010	76	291	207	403	319	240	151	101	301	16
2011	118	293	152	318	265	183	170	105	254	30

（续表）

产品类别 年份	S01		S02		S04		S06		S16	
	TBT	SPS	TBT	SPS	TBT	SPS	TBT	SPS	TBT	SPS
2012	94	226	142	249	218	93	161	43	370	12
2013	105	250	221	228	248	111	167	34	342	15
2014	36	290	58	332	90	142	84	43	196	8
合计	952	4 109	1 397	3 295	2 216	2 088	1 749	808	3 066	169

数据来源：根据 WTO 官方网站（http://www.wto.org）统计数据整理所得。

注：S01.活动物及其产品　S02.植物产品　S04.食物制品、饮料、酒、醋、烟草　S06.化学品及相关产品　S16.机电设备。

1.1.2　中国出口企业和出口产品遭受国外技术性贸易壁垒影响的主要特征

最近几年，我国的出口企业和出口产品越来越多地遭受到国外技术性贸易措施的影响。这种影响主要呈现出以下特征：

1.1.2.1　技术性贸易措施已经成为影响中国出口企业和出口产品的最主要贸易壁垒之一

自 WTO 成立以来，中国出口企业和出口产品遭受的主要贸易措施包括反倾销措施、反补贴措施、技术性贸易措施、数量限制措施等。其中，技术性贸易措施是继反倾销措施之后对中国出口企业和出口产品影响最严重的贸易措施。根据 WTO 相关统计数据显示，从 1995 年至 2019 年，WTO 成员针对中国出口企业和出口产品发起的反倾销措施调查共计 2 193 起，技术性贸易措施调查 354 起，反补贴措施调查 280 起，数量限制措施调查 39 起。其中，WTO 成员针对中国出口企业和出口产品发起的反倾销措施调查数量最多，位居第一，技术性贸易措施的数量次之，位居第二。表 1 - 9 列出了 1995 年至 2019 年 WTO 成员针对中国出口产品发起的各种贸易措施。

表 1-9　WTO 成员针对中国出口产品发起的各种贸易措施

（1995—2019）

年份 / 贸易措施	反补贴措施（CV）	反倾销措施（ADP）	数量限制措施（QR）	技术性贸易措施（TBT＋SPS）
1995	0	22	3	0
1996	0	28	3	0
1997	0	38	3	0
1998	0	38	2	0
1999	0	45	2	4
2000	0	44	2	2
2001	0	70	2	4
2002	0	77	2	12
2003	0	89	2	12
2004	3	89	2	16
2005	2	89	2	20
2006	2	107	2	18
2007	9	103	2	12
2008	19	120	2	20
2009	19	135	2	18
2010	16	96	2	14
2011	14	84	2	22
2012	16	96	2	35
2013	20	120	0	35
2014	18	107	0	49
2015	19	131	0	16
2016	27	137	0	6
2017	23	111	0	6
2018	40	113	0	15
2019	33	104	0	18
合计	280	2193	39	354

数据来源：根据 WTO 官方网站（http://www.wto.org）统计数据整理所得。

1.1.2.2 中国出口企业遭受国外技术性贸易措施影响的比例相当高

2006 年,中国国家质量监督检验检疫总局(以下简称国家质检总局)首次发布了《中国技术性贸易措施年度报告》,在报告中,国家质检总局采用双层复合不等比例抽样法,抽取了分布在全国 31 个省、自治区、直辖市的 2 996 家样本企业,对其遭受国外技术性贸易措施的影响情况进行了问卷调查。此后,国家质检总局又连续 13 年开展了全国范围的出口企业调查活动,而且受调查的样本企业数量不断增多。根据调查结果,自 2005 年以来,中国出口企业遭受国外技术性贸易措施的影响程度相当严重。2005 年和 2012 年,大约四分之一的中国出口企业遭受了国外技术性贸易措施的影响,其余年份,中国出口企业受到的影响更为严重,每年大约有三分之一的出口企业受到了影响,其中,2015 年中国出口企业遭受国外技术性贸易措施的影响最为严重,有 40% 的企业受到了影响。图 1-7 描述了 2005 年至2018 年遭受国外技术性贸易措施影响企业在受调查样本企业中的占比。

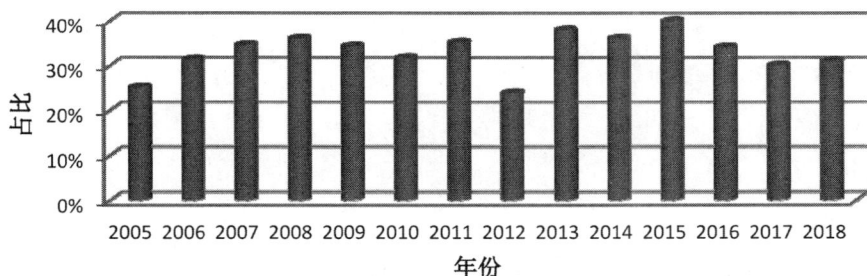

图 1-7 遭受国外技术性贸易措施影响企业在受调查样本企业中的占比(2005—2018)

数据来源:《中国技术性贸易措施年度报告》(2006—2019)。

1.1.2.3 发达成员是对中国出口产品实施技术性贸易措施的主要发起者

1999 年,欧盟首次针对中国出口的机电产品实施了技术性贸易措施。此后,欧盟几乎每年都对中国的出口产品发布 TBT 和 SPS 通报,从而使欧盟不仅成为对中国出口产品最早实施技术性贸易措施的经济体,而且也使其成为对中国出口产品发布 TBT 和 SPS 通报量最多的经济体。从 1999 年至 2014 年,针对中国出口产品,欧盟发布的 TBT 和 SPS 通报量共计 92 起,占中国出口产品遭受的通报总量的 31.4%,其中,SPS 通报量为 40 起,TBT 通报量为 52 起。

美国是另一个对中国出口产品实施技术性贸易措施的主要经济体,其对中国出口产品发布的 TBT 和 SPS 通报量共计 71 起,占中国出口产品遭受的通报总量的 24.2%,位居第二,其中,SPS 通报量为 33 起,TBT 通报量为 38 起。

在中国出口产品遭受的 TBT 和 SPS 通报总量中,日本的通报量位居第三。针对中国出口产品,日本发布的 TBT 和 SPS 通报量为 22 起,占中国出口企业遭受的通报总量的 7.5%,其中,SPS 通报量 16 起,TBT 通报量 6 起。

欧盟、美国和日本针对中国出口产品发布的 TBT 和 SPS 通报量占中国出口产品遭受的通报总量的比例合计达 63.1%,除此之外,加拿大、韩国、澳大利亚等发达经济体也对中国出口产品发布了 TBT 和 SPS 通报。所有发达成员的通报量占中国出口产品遭受的通报总量的比例高达 72.4%。由此可见,发达成员是对中国出口产品发布 TBT 和 SPS 的主要通报者。另外,秘鲁是发展中成员中对中国出口产品发布 TBT 和 SPS 通报量最多的国家,其通报量多达 21 起,与日本相当,占发展中成员总通报量的 25.9%;菲律宾、巴西和印度等发展中成员的通报量也占有一定的比例。图 1-8 和图 1-9 分别描述了发达成员和发展中成员针对中国出口产品发起的 TBT 和 SPS 通报量以及发达成员针对中国出口企业发起 TBT 和 SPS 的国别分布情况。

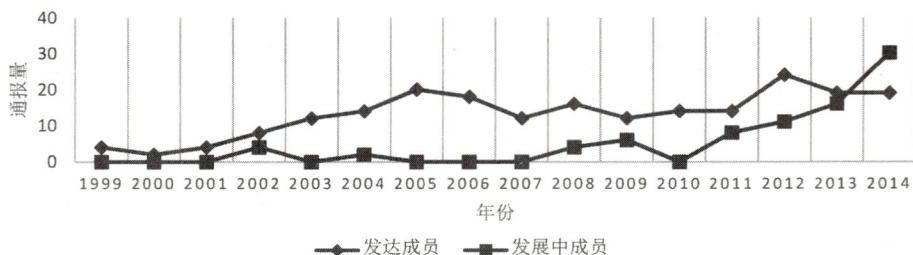

图 1-8　发达成员和发展中成员针对中国出口产品发起的 TBT 和 SPS 通报量(1999—2014)

数据来源:根据 WTO 官方网站(http://www.wto.org)统计数据整理所得。

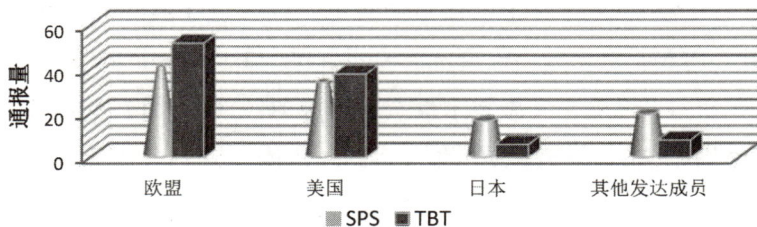

图 1-9　发达成员针对中国出口产品发起 TBT 和 SPS 的成员分布

数据来源:根据 WTO 官方网站(http://www.wto.org)统计数据整理所得。

1.1.2.4 中国遭受国外技术性贸易措施限制的产品主要集中在其具有比较优势的产业——劳动密集型和资本密集型产业

WTO成员针对中国出口产品发布的TBT和SPS通报量主要集中在农食产品、化学品及其相关产品、机电设备、玩具和家具及杂项制品等四大类产品方面,这些产品都属于劳动密集型和资本密集型的产品,是中国具有比较优势的产品,因此,给中国出口造成的影响比较严重。从1995年至2014年WTO成员针对中国出口产品发布的TBT和SPS通报量共计293起,其中,针对农食产品发布的通报量达到158起,占通报总量的53.9%;针对机电产品发布的通报量共计46起,占通报总量的15.7%;针对化学品及相关产品发布的通报量为30起,占通报总量的10.2%;针对玩具、家具及杂项制品发布的通报量为29起,占通报总量的9.9%;这四类产品的通报量之和占通报总量的89.7%。图1-10描述了1995年至2014年WTO成员针对中国出口产品发布TBT和SPS通报的产品种类及其数量。

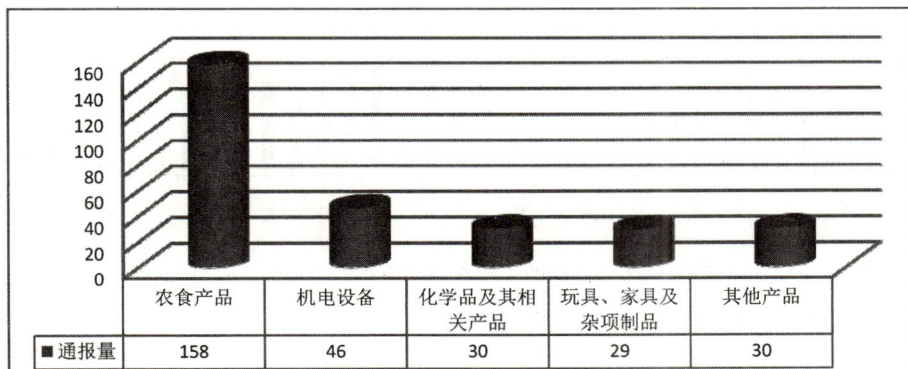

图1-10 WTO成员针对中国出口产品发布TBT和SPS的产品类别及数量(1995—2014)

数据来源:根据WTO官方网站(http://www.wto.org)统计数据整理所得。

1.1.2.5 遭受国外技术性贸易措施影响的中国出口企业的地区分布非常广泛

根据国家质检总局对样本企业的调查结果,从2005年至2018年,中国不同地区的出口企业均遭受了国外技术性贸易措施的影响,但是,受影响的程度存在着较大差异。这种差异不仅存在于年际之间,也存在于省际之间。

就年际差异而言,按照各省市均值,2015 年,中国出口企业遭受国外技术性贸易措施的影响程度最高,受到影响的企业占比高达 36.8%,而 2012 年中国出口企业遭受国外技术性贸易措施的影响程度相对较小,只有 22.6%。

就省际差异而言,按照各年均值,遭受国外技术性贸易措施影响程度最高的前五位省份分别是:河南省、安徽省、江西省、陕西省、湖南省。其中,河南省的出口企业遭受国外技术性贸易措施的影响程度最为严重,有 53.3% 的出口企业受到了影响;安徽省的出口企业遭受的影响程度位居第二位,受影响的企业占比为 48.8%;江西省位居第三,受影响的企业占比为 40.7%;陕西省位居第四,受影响的企业占比为 39.8%;湖南省位居第五,受影响的企业占比 38.8%。西藏的出口企业遭受的影响程度最小,受影响的企业占比只有 11.5%。表 1 - 10 列出了 2005 年至 2018 年中国不同地区受国外技术性贸易措施影响的企业在受调查的样本企业中的占比。

为了更直观地反映中国不同地区的出口企业遭受国外技术性贸易措施影响的占比情况,图 1 - 11 利用各年均值将其描绘出来。

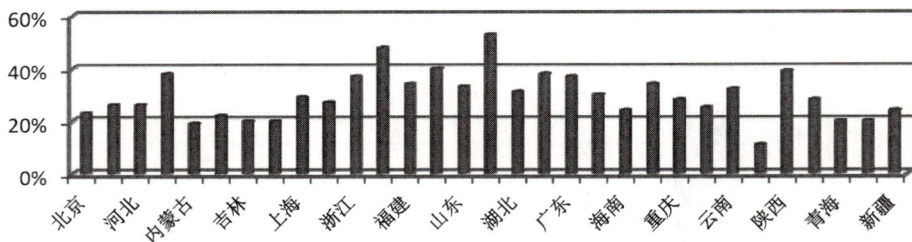

图 1 - 11 中国不同地区受影响的企业在受调查样本企业中的占比(2005—2018)

数据来源:《中国技术性贸易措施年度报告》(2006—2019)。

综上所述,技术性贸易措施已经成为继反倾销措施之后影响中国出口企业和出口产品的最主要非关税措施;中国的农食产品、机电产品、化学品及相关产品是遭受国外技术性贸易措施影响最严重的三类产品,而这些产品都属于劳动密集型和资本密集型的产品,是中国具有比较优势的产品;欧盟、美国、日本等发达成员是技术性贸易措施的积极倡导者,也是对中国出口企业和出口产品实施技术性贸易措施的主要发起者,同时,还是中国出口产品的最主要出口市场。因此,技术性贸易措施已经成为中国出口企业和出口产品进入国际市场的主要障碍。

表 1－10　中国不同地区受影响的企业在样本企业中的占比
（2005—2018）

年份 省份	2005 (%)	2006 (%)	2007 (%)	2008 (%)	2009 (%)	2010 (%)	2011 (%)	2012 (%)	2013 (%)	2014 (%)	2015 (%)	2016 (%)	2017 (%)	2018 (%)
北京	54.2	8.3	8.3	10.0	14.1	15.6	17.2	16.7	36.1	16.7	41.7	35.6	18.2	29.7
天津	17.7	29.4	25.0	33.3	31.8	20.3	31.9	23.7	26.3	35.5	38.5	22.5	11.1	17.1
河北	35.8	25.4	20.3	18.6	20.5	18.1	17.9	16.5	32.0	29.9	29.4	37.2	33.7	37.4
山西	43.8	23.3	20.0	25.0	39.3	25.0	35.7	51.7	48.3	31.0	59.3	44.4	39	49.6
内蒙古	18.5	29.6	17.9	3.6	25.0	11.1	11.1	9.4	12.5	40.6	23.8	30.4	14.6	22.6
辽宁	23.9	32.1	26.2	28.0	21.9	16.1	16.2	11.6	29.8	17.4	40.3	11.3	11.3	23.6
吉林	18.2	15.6	6.7	16.7	25.0	30.6	36.1	7.7	15.4	28.2	15.6	14.7	22.2	30.5
黑龙江	7.9	18.4	21.2	27.3	22.0	22.0	17.1	22.9	34.3	31.4	22.4	18.1	15.2	12.3
上海	18.3	25.6	31.9	36.2	37.5	33.6	35.2	18.0	30.8	33.6	29.5	30.2	27.4	23.5
江苏	17.3	32.9	22.6	28.0	30.5	28.4	27.4	18.3	29.6	31.3	31.6	32.1	19.9	31.5
浙江	36.4	50.0	36.3	30.9	31.0	27.9	32.0	31.8	37.4	49.0	51.8	50.0	30.4	34.5
安徽	69.4	47.2	45.5	45.5	50.0	33.3	41.0	23.5	68.6	52.9	56.0	66.1	40.8	42.9
福建	25.0	43.4	41.4	44.1	44.3	38.2	36.5	19.8	34.1	26.4	42.7	31.4	19.1	34.8
江西	35.5	66.7	46.7	60.0	47.1	41.2	38.2	31.6	44.7	39.5	37.7	26.8	25.3	29.3
山东	20.8	19.4	24.3	55.4	40.0	29.7	40.7	22.9	40.6	45.4	35.1	27.3	28.3	35.3

（续表）

省份＼年份	2005 (%)	2006 (%)	2007 (%)	2008 (%)	2009 (%)	2010 (%)	2011 (%)	2012 (%)	2013 (%)	2014 (%)	2015 (%)	2016 (%)	2017 (%)	2018 (%)
河南	61.3	60.6	62.9	57.1	51.2	61.0	44.2	44.7	61.7	66.0	60.8	44.3	25.4	45.6
湖北	12.5	19.5	25.7	25.7	31.0	29.3	39.0	19.1	29.8	34.0	46.1	53.9	32.8	38.0
湖南	38.2	29.4	41.2	40.6	35.1	46.2	35.9	36.1	44.4	38.9	32.8	44.6	32.7	46.7
广东	19.9	30.3	54.9	48.2	40.4	43.7	50.1	28.2	49.2	33.9	47.2	36.1	22.9	26.4
广西	2.7	18.9	39.4	39.4	55.0	29.0	42.1	29.7	29.7	37.8	32.3	32.1	28.9	15.7
海南	31.0	20.7	33.3	28.6	22.2	22.2	27.8	12.5	34.4	25.0	21.6	25.9	10.3	21.7
四川	36.1	71.4	11.4	28.6	23.8	35.7	33.3	29.8	31.9	38.3	37.8	33.0	26.1	44.6
重庆	34.4	25.0	34.6	24.1	31.4	25.7	43.9	17.1	37.1	31.4	29.9	21.6	12.9	25.3
贵州	4.4	33.3	15.7	10.5	29.6	22.2	25.9	10.3	66.7	28.0	22.4	19.4	31.4	43.7
云南	43.8	18.5	22.2	33.3	32.4	46.7	50.0	28.9	36.8	47.4	30.9	23.2	16.9	22.0
西藏	5.0	0	6.7	0	33.3	15.4	66.7	0	33.3	0	0	0	0	0
陕西	27.3	33.3	40.7	29.6	43.8	43.7	37.5	31.3	43.8	50.0	46.4	55.2	44.8	30.1
甘肃	18.5	11.5	30.4	30.4	18.8	15.6	28.1	35.7	28.6	42.9	60.9	34.2	14.9	32.6
青海	16.0	14.3	20.0	33.3	4.4	13.0	8.7	7.4	29.6	11.1	24.2	23.1	75.	13.2
宁夏	14.3	0	13.3	25.0	40.9	14.3	7.1	25.0	21.4	25.0	41.7	25.9	17.7	22.2
新疆	19.2	17.7	13.8	10.3	34.4	36.1	30.6	18.9	24.3	21.6	51.9	30.4	12.2	20.7

数据来源：《中国技术性贸易措施年度报告》(2006—2019)。

1.2 研究意义

随着技术的进步和人类对自身安全与环境质量的需求不断提高以及技术性贸易壁垒所具有的"合规性"的特点（即在名义上符合 WTO 的有关规定，以维护公平贸易、保护环境、保护人类以及动植物健康为依据，但实质上却起着保护本国产业和市场的作用），技术性贸易壁垒将会被越来越多的国家尤其是发达国家所采用。根据国家质检总局的调查结果，我国每年有超过三分之一的出口企业和五分之二的出口产品遭受了国外技术性贸易壁垒不同程度的影响。技术性贸易壁垒已经成为继反倾销壁垒之后影响我国出口企业和出口产品的第一大非关税壁垒。技术性贸易壁垒已经成为国际贸易壁垒的主体和中国企业进入国际市场的主要障碍。它必将对中国企业进入国际市场，进而对其国际竞争力产生实质性的影响。

本书是基于对学术界研究新动向以及国际经济领域的最新发展态势的密切关注而提出的。从国内外学者的研究现状来看，学者们主要关注的是从定量的角度来研究技术性贸易壁垒给企业的国际竞争力带来的影响，而且研究重心主要集中在技术性贸易壁垒对企业生产成本的影响。而很少从定性角度系统研究技术性贸易壁垒影响企业国际竞争力的传导路径，也没有从理论上揭示两者之间的内在机理关系，更没有对进口国设置技术性贸易壁垒的不同动机进行区分，从而也没有对企业跨越不同性质的技术性贸易壁垒的途径提出有针对性的政策建议。

鉴于上述原因，本书将从理论上揭示技术性贸易壁垒与企业国际竞争力的内在机理关系，分析技术性贸易壁垒的引致成本及其产生机制，探讨技术性贸易壁垒对企业技术创新的激励机制，研究技术性贸易壁垒对企业国际竞争力的综合影响效应，并根据创新性壁垒和差异性壁垒的不同特点，为企业跨越这些壁垒提供有针对性的政策建议。因此，在当前形势下开展本课题研究不仅具有十分重要的理论意义，而且具有十分紧迫的现实意义。本书不仅在学术研究中具有开创性，而且在国际贸易实践中具有较强的针对性。同时，它对于增强企业的"绿色"意识，提高企业的技术创新能力，促使我国的产业结构升级以及促进我国对外贸易的可持续发展具有重要的现实指导意义。

1.3 研究内容与研究目标

1.3.1 研究内容

(1)在界定技术性贸易壁垒的定义、阐述技术性贸易壁垒的表现形式和主要特点的基础上,详细地介绍中国主要贸易伙伴的技术性贸易措施体系。

(2)利用中国国家质检总局的问卷调查结果,深入分析中国出口企业遭受国外技术性贸易措施的影响。

(3)通过构造技术性贸易壁垒影响企业国际竞争力的传导路径模型,揭示两者之间的内在机理关系。

(4)在分析技术性贸易壁垒的引致成本及其产生机制的基础上,进一步研究技术性贸易壁垒的价格控制机制和数量控制机制。

(5)通过建立技术性贸易壁垒条件下企业技术创新的动力机制模型,分析技术性贸易壁垒对企业技术创新的激励作用,同时,探讨这种激励作用的大小与进口国设置技术性贸易壁垒的动机的关系。

(6)通过构建进化博弈模型分析在技术性贸易壁垒条件下企业进行技术创新的行为选择。

(7)利用斯塔克尔伯格模型从理论上分析技术性贸易壁垒对企业国际竞争力的综合影响效应,并利用中国打火机行业的相关统计数据对其进行案例分析。

1.3.2 研究目标

(1)通过本书的研究,了解中国主要贸易伙伴的技术性贸易措施体系和中国出口企业遭受国外技术性贸易壁垒影响的严重程度;探讨技术性贸易壁垒影响企业国际竞争力的传导路径,进而揭示两者之间的内在机理关系;研究技术性贸易壁垒条件下企业进行技术创新的行为选择;同时还研究技术性贸易壁垒对企业国际竞争力的综合影响效应。

(2)通过本书的研究,进一步激发企业的技术创新能力,增强企业的"绿色"意识,加速我国的产业结构升级以及促进我国对外贸易的可持续发展。

1.4 研究方法

（1）本书将国际贸易理论、企业管理理论及国际政治经济学的研究相结合，形成一种跨学科交流和多学科互补的研究思路。

（2）将整体与局部相结合，一般与特殊相结合，提出适合我国企业特点的跨越国外技术性贸易壁垒的市场进入方式与对策。

（3）采用定量方法与定性方法相结合，规范研究与实证研究相结合，运用国际贸易与国际投资理论、产业组织和战略管理理论，系统把握技术性贸易壁垒与企业国际竞争力之间的内在机理关系。

（4）运用战略博弈的分析方法和国际贸易理论深入分析技术性贸易壁垒对企业技术创新和企业增长方式的影响。

（5）将计量经济模型和相关具体案例结合，从实证角度深入分析技术性贸易壁垒对企业国际竞争力的影响效应。

1.5 技术路线

（1）从系统分析入手，将产品国际竞争态势的变迁、各主要贸易伙伴技术性贸易措施的差异、产品出口市场的变化、企业行为的调整及政府在经济发展中的作用等关键因素置于一个系统进行剖析，以确定技术性贸易壁垒与企业国际竞争力之间的内在机理关系。

（2）在系统分析的基础上，抓住关键问题，研究从两个方面展开：从静态角度分析技术性贸易壁垒的引致成本及其产生机制，并探讨其价格控制机制和数量控制机制；从动态角度分析技术性贸易壁垒对企业技术创新的激励机制以及技术创新对企业国际竞争力的影响效应。综合经济学和管理学的知识，探讨技术性贸易壁垒对企业国际竞争力的内在作用机理。

（3）在微观层次上，以打火机企业作为典型案例，分析国外技术性贸易壁垒对中国出口企业国际竞争力的影响。

（4）针对差异性壁垒和创新性壁垒，探讨企业跨越这些壁垒的战略措施，并提出有针对性的政策建议。

1.6　拟解决的关键问题

拟解决的关键问题 1：如何通过构造技术性贸易壁垒影响企业国际竞争力的传导路径模型，探讨两者之间的机理关系。

拟解决的关键问题 2：如何选择合适的分析框架，从动态角度分析技术性贸易壁垒条件下出口国企业进行技术创新的行为选择。

拟解决的关键问题 3：如何选择合适的分析框架，从理论上分析技术性贸易壁垒对企业国际竞争力的综合影响效应。

1.7　本书的结构框架

本书共由十一部分构成，除绪论和第 11 章的总结与研究展望外，正文共由九章构成，其具体章节构成如图 1 - 12 所示。

绪论

国内外相关文献综述

中国主要贸易伙伴的技术性贸易措施体系

技术—环境壁垒概述

美国的技术性贸易措施体系

欧盟的技术性贸易措施体系

日本的技术性贸易措施体系

中国出口企业遭受国外技术性贸易壁垒的影响分析

技术—环境壁垒影响企业国际竞争力的内在机理

企业国际竞争力的理论研究框架

技术—环境壁垒的作用机理

技术—环境壁垒影响企业国际竞争力的传导路径

技术—环境壁垒的引致成本及价格—数量控制机制

技术—环境壁垒的引致成本及产生机制

技术—环境壁垒的价格控制机制

技术—环境壁垒的数量控制机制

技术—环境壁垒影响企业技术创新的动力机制

技术—环境壁垒条件下企业技术创新的动力机制模型

技术—环境壁垒对企业技术创新的影响效应

技术—环境壁垒对企业技术创新的强度效应

技术—环境壁垒与企业技术创新的行为选择

基本假设与模型构建

出口国企业的技术创新决策分析

影响出口国企业技术创新行为选择的主要因素分析

技术—环境壁垒与企业国际竞争力

理论分析

案例分析

总结与研究展望

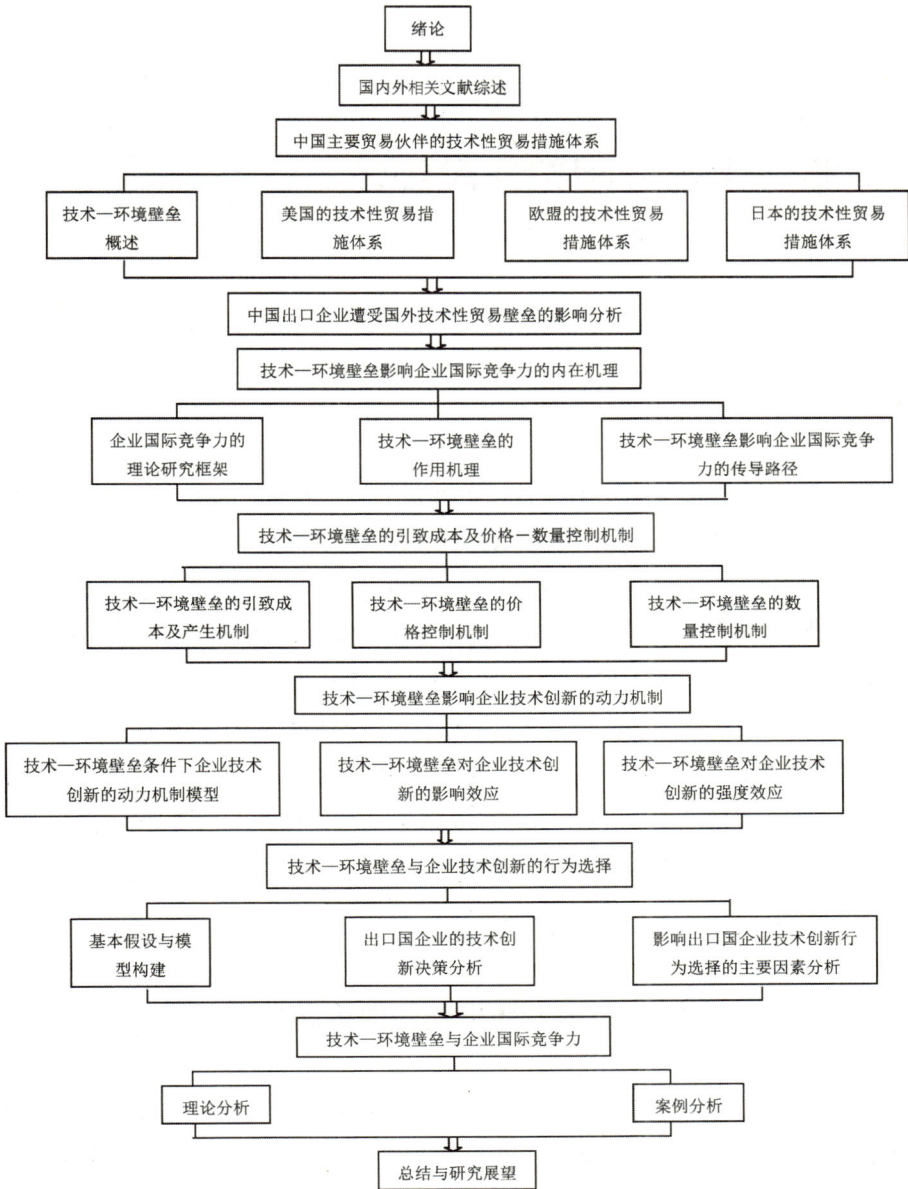

图 1-12　本书的结构框架图

第2章　国内外相关文献综述

　　国外学者和研究机构关于技术—环境壁垒的研究起步比较早,始于20世纪70年代。国内学者和研究机构的研究则起步比较晚,始于20世纪90年代,在此期间,国内已有文献主要关注对GATT/WTO有关技术性贸易壁垒协议以及世界各国尤其是发达经济体有关技术性贸易壁垒设置状况的介绍。国内有关技术性贸易壁垒的大量研究出现于21世纪初,这与中国首次遭受国外技术性贸易措施影响的时间有关。1999年欧盟首次针对中国出口的机电产品实施了技术性贸易措施,此后,其他发达经济体纷纷针对中国的出口产品发布TBT和SPS通报,对中国出口企业和出口产品造成的影响也越来越严重。在此背景下,国内学者和研究机构开始关注技术性贸易壁垒,并对其进行长期的跟踪研究。国内外学者的研究主要从以下几个方面展开。

2.1　技术—环境壁垒的概念界定

　　世界贸易组织(World Trade Organization,简称WTO)在《技术性贸易壁垒协议》中,对技术—环境壁垒的定义并没有给出明确的解释,因此,不同的学者基于自己所设定的研究内容和研究目标的需要对其做出各种不同的解释。通过对已有文献的梳理,学术界有关技术—环境壁垒的概念主要从三个不同的角度对其进行了界定。

2.1.1　从政策工具的属性和形式来界定技术—环境壁垒

R.Baldwin(1970)认为,技术—环境壁垒是一系列与人类的健康、安全或者与人类所关注的其他一些重要的社会公共利益有关的技术和管理法规,而这些技术和管理法规往往会成为阻碍贸易发展的障碍。因此,Baldwin 实际上是将技术—环境壁垒界定为非关税壁垒的一种表现形式。①

Hillman(1991)则以英国的疯牛病引发的英法贸易摩擦为例对技术—环境壁垒措施进行了阐述。他认为技术—环境壁垒措施是除传统的关税壁垒之外,一国用来限制农产品在国际间自由流动的一种贸易保护政策工具。因此,Hillman 认为,技术—环境壁垒是一种非关税壁垒,其主要表现形式为检验检疫标准和技术法规。②

Sykes(1995)明确指出,用来规范产品在国内市场进行销售的各种标准和法规是技术—环境壁垒的主要表现形式,同时,也是阻碍国际间货物自由流动的可能来源。③

Deardorff & Stern(1998)进一步扩大了技术—环境壁垒的表现形式,他认为技术—环境壁垒的表现形式不仅包括健康和卫生标准,而且还包括产品的质量标准、安全标准以及包装和标签要求,甚至包括产品进行广告宣传和传媒推广的相关规定等。④

国内学者主要是根据 WTO 有关《技术性贸易壁垒协议》(简称 TBT 协议)和《实施动植物卫生检疫措施协议》(简称 SPS 协议)的相关规定对技术—环境壁垒进行界定的。夏友富(2001)将技术—环境壁垒定义为:一国以维护国家安全,或保护人类健康和安全,保护动植物的生命和健康,保护生态环境,或防止欺诈行为,保证产品质量为由,采取一些强制性或非强制性的技术标准和技术法规,而这些技术标准和技术法规构成了其他国家的产品自由进入该进口国市场的主

① BALDWIN RICHARD.Non-tariff distortion in international trade[R]. Washington D.C.：Brooking Institution,1970.
② HILLMAN J.S.Technical barriers to agriculture trade[M].Boulder：Westview Press,1991.
③ SYKES A.O.Product standards for internationally integrated goods markets[M]. Washington D.C.：Brookings Institution Press,1995.
④ DEARDORFF,A.V,STERN,R.M.The measurement of non-tariff barriers [R].OECD Economics Department,1997.

要障碍。

2.1.2 从政策目标的角度来界定技术—环境壁垒

经济合作与发展组织（Organization for Economic Co-operation and Development,简称 OECD）（1997）认为技术性贸易壁垒措施主要包括食品安全措施、环境贸易措施以及质量标准等,而这些措施具有社会法规的特性,通过实施这些贸易措施可以防止或限制不符合标准和法规要求的外国产品进入进口国市场,从而实现维护人类健康、保障人类安全、保护人类生存环境等社会公共利益的目标。

Roberts & DeRemer（1997）,Hillman（1991）与 Thilmany & Barrett（1997）的观点与 OECD 基本相似,他们也认为技术—环境壁垒是一国为了实现人类健康、安全以及环境保护目标而实施的一系列技术标准和法规。[①]

Hooker & Caswell（1999）主要从消费者的角度来阐述技术—环境壁垒所要达到的目标,他认为,技术—环境壁垒是一系列与农业和食品安全有关的技术标准和技术法规,其主要目的是让生产商能够提供与其产品特性相一致的信息,并依此来保障消费者的健康和安全。[②]

2.1.3 从经济外部性的角度来界定技术—环境壁垒

Roberts,Josling & Orden（1999）从经济外部性的角度来界定技术—环境壁垒,他们认为技术—环境壁垒是一国用来限制外国的进口产品在其国内市场销售的各种技术法规和技术标准,其目的在于矫正进口产品在生产、销售和消费等环节存在的外部性所产生的市场非效率。该定义强调单纯的市场机制无法完全纠正外部性所带来的市场非效率,因此,必须借助技术—环境壁垒这个政策工具来实现这一目标。[③]

---

① ROBERTS D. and K. DEREMER.Overview of foreign technical barrier to U.S. agriculture exports [R]. Economic Research Service,U.S. Department of Agriculture,1997.
② HOOKER N.H. and J.A. CASWELL.A framework for evaluating non-tariff barrier to trade related to sanitary and phytosanitary regulation[J]Journal of Agriculture Economics,1999(50):234 – 246.
③ ROBERTS DONNA. TIMOTHY E. JOSLING and DAVID ORDEN.A framework for analyzing technical trade barriers in agriculture market[R].Economic Research Service,U.S. Department of Agriculture,1999.

2.2 技术—环境壁垒的双重性质及其影响效应

前文有关技术—环境壁垒的概念界定主要强调了其作为一种非关税壁垒措施所具有的限制或者阻止商品在国际间自由流动的特征,但并没有对其所具有的贸易限制作用进行更深入的分析。一些学者基于技术—环境壁垒所具有的不同政策目标进一步对其所具有的这种贸易限制作用进行了区分,并分析了技术—环境壁垒的不同属性对贸易和福利所产生的影响。[①]

Thornsbury(1998)首次将技术—环境壁垒所具有的这种贸易限制作用区分为两种,即基于市场失灵的保护和基于经济利益的保护,他强调了技术—环境壁垒所具有的双重属性。[②]

其一,技术—环境壁垒措施具有其正当合理性。当一国以维护国家安全,保障人类的健康与安全,保护动植物的生命与健康,保护生态环境,或者以防止欺诈行为,保证产品质量,保护消费者的利益为理由,采取一系列强制性或非强制性的技术标准和技术法规,这些贸易措施虽然对外国商品进入该国市场构成了障碍,但其真正的目的在于纠正市场失灵。市场失灵的存在使得单纯的市场机制难以防止或者克服由进口商品的自由流动所带来的外部性问题。在存在负外部性的情况下,一国政府通过制定符合合理要求的技术性贸易措施,能够起到纠正市场失灵的作用。基于市场失灵,技术—环境壁垒能够为国内产业和国内市场提供适当的保护,具有其正当合理性。

其二,技术—环境壁垒措施可能会被某些利益集团所利用,从而成为一国实施贸易保护的工具。当一国的政策制定者受到某些利益集团的影响或操控,制定的技术法规或技术标准超出了为实现社会公共目标所必需的范围,或者过于严苛,在这种情形下,技术—环境壁垒从表面上来看是为了纠正市场失灵,但其真实目的却是通过贸易限制来阻碍外国竞争者的进入,从而对国内的相关产业进行保护,即基于经济利益对国内相关产业提供保护。

Thornsbury 认为,技术—环境壁垒所具有的双重属性使其对贸易和福利的

---

① 张海东.技术性贸易壁垒研究述评[J].经济学动态,2007(12):99 - 104.

② THORNSBURY S.Technical regulations as barriers to agriculture trade[D].Virginia Polytechnic Institute and State University,1998.

影响具有复杂性：技术—环境壁垒措施的正当合理使用可能会提高进口国的社会福利水平；相反，基于经济利益保护的技术—环境壁垒措施，所导致的结果是进口国的生产者将获益，但是，本国的总社会福利会下降。[1]

鲍晓华（2005）从政策目标和政策结果两个方面分析了技术—环境壁垒的双重属性，并从国际法标准和经济学标准两个视角研究了其甄别机制，同时还提出了实现技术性贸易壁垒自由化的政策取向：对基于经济利益保护的技术—环境壁垒应予以削减和消除；对基于市场失灵保护的技术—环境壁垒应给予规范。[2]

2.3　技术—环境壁垒的形成机制

从技术—环境壁垒的表现形式来看，无论是技术标准、技术法规、合格评定程序，还是卫生检疫措施，就这些措施本身而言，它们具有促进国际贸易发展的作用。采用和实施这些贸易措施不仅能够维护正常的国际贸易秩序，而且能够使市场交易更加便利化。那么，这些贸易措施究竟是如何成为技术—环境壁垒的呢？国内外学者从不同角度针对这一问题进行了深入的探讨。

2.3.1　经济技术差距说

Sykes（1995）最早涉及了技术性贸易壁垒的形成问题，他认为，技术性贸易壁垒之所以产生，是因为各国间存在不同的技术标准、技术法规与合格评定程序，以及重复而昂贵的合格评定。但对于这些差异是如何导致技术性贸易壁垒产生的，即技术性贸易壁垒的形成机制，Sykes并没有对其进行具体的分析。[3]

Henson（1998）则具体研究了技术性贸易壁垒的形成机制，他指出，由于受经济发展状况、技术水平、文化传统、历史习惯、地理状况等因素的影响，各国在制定技术性贸易措施时，其制定标准的范围和手段、对产品所制定的具体标准要求以及合格评定程序等都可能会存在一定的差异，正是由于这些差异的存在，使得出口国企业为了满足进口国的技术标准和技术法规的要求而产生额外的附加

[1] THORNSBURY S.Technical regulations as barriers to agriculture trade[D].Virginia Polytechnic Institute and State University,1998.

[2] 鲍晓华.技术性贸易壁垒的双重性质及甄别机制[J].财贸经济,2005(10):68-72.

[3] SYKES A.O.Product standards for internationally integrated goods markets[M].Washington D.C.:Brookings Institution Press,1995.

成本,从而使其竞争力下降。因此,这些技术性贸易措施能够起到限制外国产品进口的作用,从而形成事实上的贸易壁垒。[①]

2.3.2　政府干预说

Thornsbury(1998)利用美国农产品出口遭受国外技术性贸易壁垒影响的调查数据,通过构建政治经济模型从政府干预市场的角度来解释技术性贸易壁垒的形成机制。他认为,一国政府的政策决策过程其实是理性的经济个体与政策制定者之间相互影响的过程。一方面,政府在政策决策过程中极易受到其内部强大的利益集团的游说,从而对其决策产生影响;另一方面,作为一个特殊的经济人,政府本身也有其自身的利益和偏好。当这些强大的利益集团的利益与政府自身的利益和偏好达到某种均衡状态时,政府对市场的干预水平也就被内生地决定了。[②]

2.3.3　经济技术差距与政府干预说

张海东(2004)则综合了上述两种观点,从各国技术性贸易措施的差异和政府干预两个角度对技术—环境壁垒的形成机制进行了分析。张海东认为各国技术性贸易措施的差异会导致出口国企业出口成本增加,出口竞争力下降甚至退出进口国市场,从而形成事实上的技术—环境壁垒;同时,她还认为一国技术—环境壁垒的形成是其内部的政治力量与经济力量相互影响和相互作用的结果。[③]

杨波(2007)则利用博弈论和经验检验的方法分析了技术—环境壁垒的形成原因。他认为技术发展水平不平衡是导致各国之间技术性贸易壁垒产生的内在原因,而政府干预仅仅是各国技术性贸易壁垒形成的外在因素。由于发达国家在技术水平方面处于绝对优势的地位,因此,其更倾向于主动采用技术性贸易措施来对本国的市场和产业进行保护,而发展中国家则因其技术水平相对落后

---

① HENSON SPENCER. Cost associated with divergent national product standards and conformity assessment procedures and the impact on international trade[R]. Regulatory Reform in the Global Economy OECD, 1998.

② THORNSBURY S. Technical regulations as barriers to agriculture trade[D]. Virginia Polytechnic Institute and State University, 1998.

③ 张海东.技术性贸易壁垒形成机制的经济学分析[J].财贸经济,2004(3):61-65.

而不得不采取亦步亦趋的跟从策略。①

王焕曦、孙炳娜(2010)从博弈论、政府干预以及技术水平差异等多角度探讨了技术—环境壁垒的形成机制。从博弈论的角度来看,在 WTO 有关技术性贸易措施被许可的情况下,追求自身利益最大化的国家都会倾向于采用技术性贸易壁垒来对本国的产业和市场进行保护;从政府干预的角度来看,一国政府主要出于两方面的动机来采取与其他国家不一致的技术标准、技术法规等技术性贸易措施:一是经济因素,二是政治因素。因此,一国技术性贸易壁垒的形成是其内部的经济力量和政治力量相互影响和相互作用的结果;从技术差距的角度来看,由于各国在技术发展水平方面存在差异,那么,在技术上处于领先地位的国家往往会率先研发出新的产品或者新的生产工艺,这样便形成了国与国之间的技术差距。正是这种技术差距使技术领先国家在一定时期内能够享受出口技术密集型产品所带来的比较优势,也享有了制定技术标准的话语权,从而构成对技术落后国家的技术性贸易壁垒。②

江凌(2012)在完全信息和不完全信息条件下通过构建国家间博弈模型分析了技术—环境壁垒的形成原因。她认为,技术性贸易壁垒是各国在经济技术发展水平上存在差异的客观现实,与政府和市场主体为了克服市场失灵以及寻求新的贸易保护手段的主观需求相互影响和相互作用的共同结果。③

2.3.4　公共利益说

鲍晓华(2006)在假设政府具有两种不同的行为目标的前提下,利用"公共利益理论"和"俘获理论"分析了具有双重属性的技术—环境壁垒的形成机制。针对"基于市场失灵的合理保护"属性,鲍晓华利用"公共利益理论"来解释,根据"公共利益理论",政府是公共利益的代表者,制定技术法规是为了满足公众对克服市场的低效率或者市场失灵的需求,因而,技术—环境壁垒是基于市场失灵的合理保护;针对"基于经济利益的保护"属性,根据"俘获理论",政府作为一个以最大化其自身利益为目标的特殊"经济人",制定技术法规是为了满足强大的

① 杨波.技术性贸易壁垒成因:博弈与实证分析[J].世界经济研究,2007(10):41-47.
② 王焕曦,孙炳娜.技术性贸易壁垒的形成机制与应对策略[J].东北财经大学学报,2010(1):57-62.
③ 江凌.技术性贸易壁垒形成的政治经济学解释——基于国家间及国内利益集团间博弈的视角[J].生态经济,2012(6):56-59.

利益集团对法规的需求,因而技术—环境壁垒也是"基于经济利益的保护"。[①]

2.3.5　网络外部性说

Barrett & Yang(2001)利用网络外部性来分析技术—环境壁垒的形成机制。网络外部性是新经济中的一个重要概念,这一概念最早是由 Rohlfs(1974)提出的。网络之所以具有外部经济性,其根本原因在于网络自身的系统性、网络内部信息流的交互性以及网络基础设施长期的垄断性。Barrett & Yang 从网络外部性的角度分析了政府和企业针对国际产品标准化的动机。他们认为,在网络外部性条件下,无论是企业还是政府,都有意愿选择与国际标准存在差异的本国现有技术标准,而减少采用国际标准的动机。其原因在于,进口国的现有技术标准已经拥有庞大的网络规模,如果采用国际标准,那就意味着必须更新本国现有的技术标准,而更新技术标准必然会增加额外的重新设计成本和网络转换成本,因此,在这种情况下,企业和政府都不会有动力去采取与本国现有技术标准不同的国际标准,也就是说,企业和政府在选择技术标准时往往存在着一定的路径依赖:一项技术,虽然它并不是市场上最先进的技术,但是,它在市场上早已存在,并且拥有一定的网络规模,那么,企业在制定产品的技术标准时,都倾向于采用本国现有的技术标准而非执行国际标准;同样地,政府在制定本国的技术法规时,也会倾向于以本国现有的技术标准作为基础。这就导致了国与国之间在技术标准和技术法规方面存在一定的差异,从而构成事实上的技术—环境壁垒。[②]

2.4　技术—环境壁垒引致的遵循成本及其产生机制

国家间在技术性贸易措施的设置方面会存在种种差异,无论造成这些差异的原因如何,出口国企业为满足进口国的这些差异化的技术标准要求势必会产生额外的附加成本,那么,这些附加成本又是如何产生的呢? 国内外学者对此问题进行了相关的探讨。

①　鲍晓华.技术性贸易壁垒的双重性质及其形成机制:理论假说与政策含义[J].财经理论与实践,2006(3):85－89.

②　BARRETT C.B.& YI-NUNG YANG.Rational incompatibility with international product standard[J]Journal of International Economies,2001,54(1):171－191.

Henson S.(1998)将技术性贸易壁垒引致的附加成本区分为一次性的初始成本和持续成本。他认为,一次性的初始成本是出口国企业为了满足进口国的技术标准和技术法规要求而在生产环节、检验测试环节等进行技术更新所产生的附加成本,它包括:技术的重新设计成本、生产工艺的改造成本、新设备的购置成本、企业内部测试和检验程序的改进成本等等。持续成本则是出口国企业为了满足进口国的技术标准和技术法规的要求而持续不断付出的成本,它包括:产品进入进口国市场后所产生的长期质量控制成本、为了满足进口国的技术标准和技术法规要求而对产品进行认证和合格评定程序认定所产生的相关支出、为了满足进口国的技术标准和技术法规要求所带来的资金周转速度下降以及由此产生的库存成本和运输费用增加等等。对于出口国企业而言,为了能够维持进口国的市场准入,企业势必需要提前投入更多的资金,因此,一次性的初始成本推高了出口国企业进入进口国市场的门槛。而持续成本则意味着出口国企业为了维持其在进口国市场的占有份额必须持续不断地付出更高的边际成本,这将对企业的国际竞争力产生长期的影响。[①]

W.Mark Crain and Joseph M.Johnson(2001)采用问卷调查的方法研究了美国制造业企业遵循技术标准和环境标准所带来的引致成本。他们把企业的遵循成本区分为一次性遵循成本和持续性遵循成本。研究结果表明,遵循技术标准和环境标准使企业的成本增加,但不同规模的企业所承担的遵循成本是不同的。小型企业所承担的人均遵循成本以及遵循成本在总收益中所占的比例比中型企业和大型企业高;但所承担的总遵循成本则随企业规模的扩大而有所增加。同时,对于中型企业和大型企业而言,与人力资源相关的成本在遵循成本中所占的比例最大,而对于小型企业而言,资本费用则在其遵循成本中所占的比例最大。

Keith E.Maskus,Tsunehiro Otsuki,John S.Wilson(2004)基于世界银行关于技术性贸易壁垒(TBT)的统计数据,利用超越对数模型(Translog model)对来自 16 个发展中国家的 159 个出口企业由于遵循进口国的技术法规和标准所引致的短期成本进行了估计。分析结果表明,满足进口国的技术法规和标准

---

① HENSON SPENCER. Cost associated with divergent national product standards and conformity assessment procedures and the impact on international trade[R].Regulatory Reform in the Global Economy OECD,1998.

要求出口企业必须增加额外的劳动投入、资本投入和其他各种投入,这将使出口国企业的短期生产成本提高,而且进口国的技术法规和标准越严格,出口国企业满足这些标准所支付的额外附加成本就越高。[①]

蔡茂森、朱少杰(2003)认为技术—环境壁垒的派生费用会导致企业产品的出口成本增加,这些派生费用主要包括认证费用、适应性成本、销售成本以及其他派生费用或成本。这些派生费用使企业在出口贸易中丧失了产品价格优势。[②]

2.5　技术—环境壁垒的度量工具和测度方法

技术—环境壁垒是最难量化的非关税壁垒之一,制约其量化研究的主要障碍在于其性质的复杂性以及量化数据的可得性。为了量化技术—环境壁垒的影响效应,国内外学者,尤其是国外学者,进行了大量的研究。基于这些文献,技术性贸易壁垒的度量工具和测度方法可以分为两类:关税等价法和重力模型法。

2.5.1　关税等价法(tariff equivalent)

关税等价法是非关税壁垒量化的一种通用方法,其主要目的是通过价格差值算法,将非关税壁垒对贸易的影响转化为等同效应的关税值。

Krisoff,Calvin,and Gray(1997)和 Krisoff(1998)在产品同质性的假设下运用关税等价法测算了美国苹果出口到日本、韩国和墨西哥,并遭受其 SPS 措施影响的关税等价值。他们假设价格差由应税商品的关税税率与技术性贸易措施的关税等价值所构成。其具体做法是:将美国苹果的 CIF 价格与各进口国的市场批发价格进行比较,得到价格差,该价格差扣除应税商品的关税税率,其剩余值就是美国苹果的 SPS 关税等价值。计算结果发现,日本、韩国和墨西哥三国进口苹果的 SPS 关税等价值高于其关税税率。关税等价法表明技术性贸易措施

① KEITH E. MASKUS,TSUNEHIRO OTSUKI,JOHN S. WILSON. The cost of compliance with product standards for firms in developing countries:an econometric study[R]. The World Bank, 2005.

② 蔡茂森,朱少杰.论技术性贸易壁垒的抑制效应与我国出口行业的对策[J].国际贸易问题,2003(5): 32-35.

等同于给进口国的国内产业提供了价格支持。[①]

Bradford(2003)在假定商品的运输成本、税收成本和其他流通成本保持不变的条件下,将商品的零售价格与其进口价格进行比较,然后再将其差值扣除关税,这个剩余值就是非关税措施的关税等价。经过计算发现,日本、美国和欧洲国家非关税措施的关税等价值很高,存在着明显的贸易保护倾向。[②]

Yue C.,Beghin J.C.和 H.Jensen(2006)在假定产品存在异质性和消费者存在不同偏好的条件下,估算了日本针对美国苹果进口实施 SPS 措施的福利效应。结果表明,实施 SPS 措施给日本所带来的福利水平明显地受到日本消费者的消费偏好以及两国产品的替代弹性的影响。

周华等(2007)在放松了国内产品与国外产品可以完全替代的假设条件下,对关税等价法进行了扩展,并用此方法来验证欧盟 ROHS 指令对上海市机电产业的影响。结果表明,欧盟 ROHS 指令对上海市机电产品的出口造成了比较大的障碍,构成了事实上的贸易壁垒;但从长期来看,遵循进口国的技术标准会使国内外产品的替代弹性增强,贸易措施的对等关税会逐渐下降,社会净福利会提高。[③]

2.5.2 重力模型法(gravity model)

重力模型法,又称引力模型法,因其表述形态与牛顿的万有引力定律相似而得名。它以进口国技术标准的数量和水平作为量化指标,运用引力模型和计量经济学的方法对进口国所采取的技术性贸易措施的影响范围和程度进行评估。

Peter Swann,Paul Temple 和 Mark Shurmer(1996) 利用 1985 年至 1991 年的统计数据,分析了英国的技术标准以及英德协调标准对英国的净出口的影响;[④] Moenius J.(2004,2006) 研究了经济合作与发展组织(OECD)成员国的特

---

① KRISSOFF B.,CALVIN L.and D.GRAY.Barriers in global apple markets,fruit and tree nuts situation and outlook/FTS-280[R].United States Department of Agriculture,Washington,D.C.,1997.

② BRADFORD S.Paying the price:final goods protection in OECD countries[J].Review of Economic and Statistics,2003(85):24-37.

③ 周华,王卉,严科杰.标准对贸易及福利影响的实证检脸——基于价格楔方法以欧盟 RoHS 指令对上海市机电产业的影响为例[J].数量经济技术经济研究,2007(8):100-108.

④ PETER SWANN,PAUL TEMPLE and MARK SHURMER.Standards and trade performance:the UK experience[J].The Economic Journal,1996(106):1297-1313.

定标准和双边共享标准的贸易效应；[①]Czubala 等(2007)研究了欧盟标准对非洲纺织品服装出口的影响等等。这些研究成果都采用进口国的技术标准的数量作为技术标准的严格程度，并利用这些指标来评估技术性贸易措施的影响效应。[②]

由于技术标准在不同的部门之间和不同的产品之间存在着比较大的差异，如果仅仅以技术标准的数量作为测度依据存在着明显的不合理性。因此，有些学者直接采用技术标准水平，如将最大残留限量水平（Maximum Residue Level，MRL）作为衡量食品安全标准严格程度的指标。

Tsunehiro Otsuki，John S. Wilson 和 Mirvat Sewadeh(2001)利用重力模型研究了欧共体/欧盟提高食品中黄曲霉素的最大残留限量标准给其他国家的出口所带来的影响。他们选取了 9 个非洲国家和欧共体/欧盟以外的 15 个欧洲国家作为样本。研究结果表明，欧共体/欧盟食品标准的提高降低了来自外部给欧共体/欧盟所造成的人类健康伤害的风险，与此同时，欧共体/欧盟食品标准的提高也导致了以欧共体/欧盟为出口目的地的非洲国家和其他非欧共体/欧盟国家的出口量大幅度下降。[③]

Paarlberg，P.L.和 J.G.Lee(1998)研究了美国对进口牛肉实施严格的商品检验检疫措施的影响。他们按照潜在的疫情风险将世界各国划分为不同的风险级别，并在此基础上建立进口商品检验检疫风险控制模型。研究结果表明，进口国对来自风险级别越高的地区的进口产品，实行的贸易限制措施越严格。[④]

Helpman，Elhanan，M.Melitz 和 Y.Rubinstein(2008)通过引入企业特征差异，进一步拓展了重力模型，并利用修正的重力模型来研究技术性贸易措施的贸易效应。他们认为，技术性贸易措施通报量增加会导致出口国企业产生额外的附加成本，这种附加成本由两部分构成，即可变成本和固定成本，可变成本的增加会导致出口国企业调整其出口规模，从而使既有贸易流量发生变化；而固定成本的增加则会使出口国企业做出是否出口的抉择，一般情况下，有效率的出口

---

① MOENIUS J.Information versus product adaptation：therRole of standards in trade［R］. Kellogg School of Management Northwestern University，2004.

② CZUBALA，WITOLD，BEN SHEPHERD and JOHN S. WILSON.Help or hindrance：the impact of harmonized standards on african exports［R］.The World Bank，2007.

③ TSUNEHIRO OTSUKI，JOHN S.WILSON & MIRVAT SEWADEH.Global trad，food safty：winners and losers in a fragmented system［R］.The World Bank，Washington DC，2001.

④ PAARLBERG P.L.&J.G.LEE.Import restriction in the presence of health risk：an illustration using FMD［J］.American Journal of Agriculture Economics，1998(80)：175－183.

国企业会选择继续出口,相反,缺乏效率的企业可能会选择不进入国际市场或者退出进口国市场。[①]

鲍晓华、严晓杰(2014)利用 1995—2008 年 WTO 的有关 TBT 的通报量数据,并基于全球 105 个国家和地区产业层面的双边贸易数据和 Helpman et al. 两阶段重力模型,对技术性贸易措施的贸易效应进行了实证检验。从检验结果来看,技术性贸易措施的确能够提高出口企业的可变成本和固定成本,因此,它会导致企业进入国际市场的可能性下降,同时也会使企业的出口规模缩小;另外,检验结果还表明,发达国家与发展中国家实施技术性贸易措施所产生的贸易效应存在着明显的差异,整体而言,发展中国家实施技术性贸易措施具有显著的贸易促进作用,发达国家则正好相反,表现出明显的贸易抑制作用。[②]

2.6 技术—环境壁垒的效应分析

有关技术—环境壁垒的效应分析,更多的文献主要涉及其经济效应分析。技术—环境壁垒的经济效应一般表现为一国实施技术—环境壁垒对本国及相关国家所带来的各种经济影响。相对于关税和其他非关税壁垒而言,学术界对技术—环境壁垒的经济效应的研究文献相对较少,而且比较分散、缺乏系统性。学者们的分析主要从三个角度展开。

2.6.1 从设限国的角度分析技术—环境壁垒的效应

Roberts,Josling & Orden(1999)通过构建产业保护模型、供给曲线位移模型、需求曲线外移模型和大国模型分析了技术性贸易措施对进口国的产业与福利的影响。研究结果表明,在小国假设下,与关税壁垒相比,技术性贸易措施给进口国相关产业所带来的保护效应明显偏小,因此,它会使进口国的福利水平下降;如果进口国的供给曲线发生位移,技术性贸易措施能够矫正负外部性,并能对进口国国内产业提供一定程度的保护,但是,它也会产生贸易扭曲效应,其扭

---

① HELPMAN,ELHANAN,M.MELITZ and Y.RUBINSTEIN.Estimating trade flows:trading partners and trading volumes[J]. Quarterly Journal of Economics,2008(123):441 - 487.

② 鲍晓华,严晓杰.我国农产品出口的二元边际测度及 SPS 措施的影响研究[J].国际贸易问题,2014 (6):33 - 40.

曲效应小于贸易限制;如果进口国的需求曲线发生位移,由于消费者从信息中所获得的利益与其所支付的信息成本的大小难以确定,因此,技术性贸易措施的净福利效应也无法确定。在大国假设下,由于大国存在着需求垄断优势,它能够通过调整进口产品的数量来调节国际市场的供求关系,改善自身的贸易条件,并把其一部分附加成本转嫁给出口国企业,因此,大国实施技术性贸易措施不仅能够改善其自身的贸易条件,而且也能够对其国内产业起到明显的保护作用。[①]

Neven(2000)运用双寡头不完全竞争经济模型探讨了技术性贸易措施对设限国(即进口国)国内产业的保护程度。他认为,技术性贸易措施对进口国国内产业的保护程度主要取决于进口国国内产品和外国产品之间的相互替代程度以及进口国国内市场的竞争程度。如果进口国国内产品和外国产品之间的差异程度比较大,即进口国国内产品和外国产品之间的需求替代弹性比较小,则进口国国内产业获得的保护程度就比较小;同时,如果进口国国内市场的竞争比较激烈,即使进口国国内产品和外国产品之间具有完全可替代性,进口国国内产业也难以获得有效的保护。因此,技术性贸易措施对进口国国内产业的保护程度与两国产品的可替代程度呈正比,而与其国内市场的竞争程度呈反比。[②]

James(2000)运用局部均衡模型研究了欧盟对含有荷尔蒙的牛肉实行零风险卫生检疫和贸易禁止措施对欧盟的牛肉产业及其相关利益方所产生的影响,同时将这一措施所造成的影响与 WTO 所推荐的强制性标签制度的影响效应进行了对比分析。研究结果表明,与 WTO 所推荐的强制性标签制度相比,欧盟对含有荷尔蒙的牛肉实行零风险卫生检疫和贸易禁止措施造成欧盟整体社会福利水平下降;但是,如果采用 WTO 推荐的强制性标签制度,欧盟的牛肉生产者的利益肯定会受到损害,这样,欧盟内部的相关利益集团一定会反对采用 WTO 推荐的强制性标签制度。这说明欧盟对含有荷尔蒙的牛肉实行零风险卫生检疫和贸易禁止措施对欧盟的牛肉产业起到了保护作用。[③]

刘瑶、王荣艳(2010)通过建立"南北贸易模型"分析了设限国(即进口国)实

① ROBERTS DONNA. TIMOTHY E. JOSLING and DAVID ORDEN.A framework for analyzing technical trade barriers in agriculture market[R].Economic Research Service,U.S. Department of Agriculture,1999.

② NEVEN DJ.EVALUATING The effects of non-tariff barriers[R].CEPR Paper,2000.

③ JAMES S.An economic analysis of food safety issues following the SPS agreement[R].University of Adalaide,2000.

施技术性贸易壁垒对本国企业的保护效应。研究结果表明,当进口国所设置的最低质量标准只是略高于出口国企业的现有技术水平时,则出口国企业可以通过研发突破其壁垒;当进口国所设置的最低质量标准远远高于出口国企业的现有技术水平时,则出口国企业可以通过获得本国政府的补贴进行技术创新来突破壁垒。总之,进口国出于保护本国企业免受进口产品竞争的目的而实施技术性贸易壁垒,从长期来看,并不能保证该国企业的垄断地位。[①]

鲍晓华(2010)基于双边贸易数据,对中国实施技术性贸易措施和关税措施的贸易效应进行了比较研究。从总体上来看,技术性贸易措施和关税措施都是调控我国进口贸易流量的有效手段。从产业层面来看,技术性贸易壁垒和关税壁垒对农产品和工业制成品的进口贸易的影响效应存在明显差别,其中,技术性贸易措施对农产品的进口贸易具有明显的抑制作用,但对工业制成品的进口贸易却具有明显的促进作用;与此相反,关税壁垒对工业制成品的进口贸易具有显著的抑制作用,但对农产品进口贸易的影响却不显著。[②]

刘冰、陈淑梅(2014)使用"全球贸易分析模型"(GTAP model)定量考察"区域全面经济伙伴关系协议"(RCEP)框架下降低技术性贸易壁垒所带来的经济效应变动。分析结果表明,RCEP区域内实行零关税将对成员国的GDP、社会福利水平以及贸易规模都会产生明显的正向变动效应,而且随着RCEP区域内技术性贸易壁垒的逐步降低,这种正向变动效应还将进一步扩大。[③]

2.6.2 从受限国的角度分析技术—环境壁垒的效应

Thilmany & Barrett(1997)在引入信息外部性的假设下,对美国和墨西哥的奶制品贸易进行了分析。他认为,进口国实施有关卫生检疫法规能够增强消费者的消费信心,因此,技术性贸易壁垒能够促进进口国的消费需求。[④]

王志明、袁建新(2003)探讨了技术性贸易壁垒对受限国贸易效应的影响。

① 刘瑶,王荣艳.技术性贸易壁垒的保护效应研究——基于"南北贸易"的MQS分析[J].世界经济研究,2010(7):49-54.

② 鲍晓华.我国技术性贸易壁垒的贸易效应——基于行业数据的经验研究[J].经济管理,2010(12):7-15.

③ 刘冰,陈淑梅.RCEP框架下降低技术性贸易壁垒的经济效应研究——基于GTAP模型的实证分析[J].国际贸易问题,2014(6):91-98.

④ THILMANY D.D &C.B BARRETT.Regulatory barriers in an integrating world[J].Review of Agricultural Economics,1997,19(1):91-107.

研究结果表明,技术性贸易壁垒不仅会阻碍受限国出口贸易的增长,而且会恶化受限国的贸易条件,降低其贸易收益,同时也会使受限国的社会福利水平降低。[1]

李春顶(2005)从短期和中长期两个角度探讨了技术性贸易壁垒给受限国(即出口国)所带来的贸易效应、社会福利效应和产业效应。他认为,在短期内,技术性贸易壁垒会使出口国的出口规模缩小、社会福利水平下降;但是,从长期来看,技术性贸易措施会给出口国带来比较积极的影响,但这种积极影响是在进口国所设置的技术性贸易措施比较适当以及出口国企业积极应对的条件下实现的。[2]

2.6.3　从设限国和受限国两个角度分析技术—环境壁垒的效应

李树、陈刚(2009)从设限国(即进口国)和受限国(即出口国)两个角度分析了技术性贸易壁垒的效应。针对进口国,他分析了小国假设和大国假设下技术性贸易措施的效应。针对出口国,他探讨了技术性贸易措施的短期和长期效应。他认为,技术性贸易措施对出口国出口规模的影响主要是通过数量抑制效应和价格抑制效应来实现的。在短期内,技术性贸易措施势必会对出口国企业的出口起到限制作用,从而导致生产者利益受损;但在中长期内,技术性贸易措施可能会激发出口国企业进行技术创新,从而使出口国的贸易条件得到改善。[3]

2.7　技术—环境壁垒与企业国际竞争力的关系

国内外一些学者专门研究了技术—环境壁垒与企业国际竞争力的相关关系。研究结果无一例外地表明,技术—环境壁垒会对企业的国际竞争力产生实质性的影响。但在研究过程中,由于学者们研究的角度不同,因此,形成了两种完全对立的观点:

一种观点认为技术—环境壁垒会导致企业的国际竞争力下降。

持这种观点的学者认为,由于出口国企业为了达到进口国的市场准入条件

---

[1]　王志明,袁建新.技术性贸易壁垒的影响及中国的对策[J].世界经济,2003(7):31-34.
[2]　李春顶.技术性贸易壁垒对出口国的经济效应综合分析[J].国际贸易问题,2005(7):74-79.
[3]　李树,陈刚.技术性贸易壁垒的经济效应分析[J].经济问题,2009(5):8-13.

和从根本上跨越技术—环境壁垒,它就必须满足进口国所设置的技术标准、技术法规、合格评定程序等各项指标要求,而要满足这些指标要求,出口国企业必然要承担巨额的附加成本。这将使出口国企业的生产成本提高,并导致其国际竞争力下降(Wilson,2005)。

W.Mark Crain and Joseph M.Johnson(2001)采用问卷调查的方法研究了美国制造业企业遵循技术标准和环境标准所带来的引致成本。研究结果表明,遵循技术标准和环境标准使企业的成本增加,但不同规模的企业承担的遵循成本是不同的。

Keith E.Maskus,Tsunehiro Otsuki,John S.Wilson(2004)利用超越对数模型(Translog model)对发展中国家满足主要进口国的技术标准所引致的成本进行了估计。分析结果表明,满足进口国的技术标准要求出口国企业必须增加额外的劳动投入和资本投入,使出口国企业的短期生产成本提高,而且进口国的技术标准越严格,出口国企业满足这些标准所支付的额外附加成本就越高。[①]同时,Omar Aloui,Lahcen kenny(2005)等学者也进行了类似的研究。[②]

张海东(2004)把出口国企业遵循进口国的技术标准和环境标准所引致的附加成本区分为一次性的初始成本和持续成本,她认为,一次性的初始成本提高了企业的市场进入门槛,企业为维持市场进入就必须预先投入更多的资金。持续成本则意味着企业在进口国市场的竞争力可能下降,因为企业必须持续不断地付出更高的边际成本,对企业竞争力将产生长期的影响。[③]

另一种观点则认为技术—环境壁垒有利于提高企业的国际竞争力。

持这种观点的学者认为,从长期来看,遵循技术标准和环境标准能够激励企业进行技术创新、改进产品质量、提高产品的可靠性,从而增强消费者对企业产品的信任度,提高企业产品的市场占有份额和国际竞争力。大量的研究成果支持了这种观点。

David和Greenstein(1990)认为,由于标准本身包含了有关技术知识的信

① KEITH E. MASKUS, TSUNEHIRO OTSUKI, JOHN S. WILSON. The cost of compliance with product standards for firms in developing countries:an econometric study[R].The World Bank, 2005.

② OMAR ALOUI & LAHCEN KENNY.The Cost of compliance with SPS standards for Moroccan exports:a case study[R].The World Bank,2005.

③ 张海东.技术性贸易壁垒形成机制的经济学分析[J].财贸经济,2004(3):61-65.

息,因此,遵循技术标准和环境标准能够促使企业改善产品质量、提高产品的可靠性;同时,标准还能够提高相似产品之间的替代弹性。因为相似产品中所具有的实质性特征被标准化了,其质量和性能由此得到了保证,相似产品的替代性越来越高,从而大大提高了零部件产品的可兼容性与选择范围,从而可降低企业的交易成本。①

Jones 和 Hudson(1996)认为,在缺乏多边协调机制的情况下,国际标准能够为各国提供共同的参考指标,使企业的交易成本降低。技术法规能够增强生产者和消费者关于产品的内在特性及产品质量的信息交流。换句话,由于生产的标准化,消费者在购买商品时节省了选择的时间和精力,降低了因产品质量和其他因素的不确定性而带来的风险。②

Fischer 和 Serra(2000)认为,技术法规和标准能够有效增加对零部件的需求。使用者能够把符合同一技术法规和标准的零部件在同一系统中混合使用,这种便捷能够同时增加对系统产品和零部件产品的需求,从而促进生产的规模经济效应。③

Andrea Mantovani 和 Mark Vancauteren (2003)研究了企业和政府的R&D 对企业遵循成本的溢出效应,他认为,企业和政府的 R&D 能够降低企业的遵循成本。④

巫强、刘志彪等(2007)通过构建理论模型来探讨在进口国实施产品质量管制的条件下出口国企业进行技术创新以及产业被动升级的内在机制。结果表明,进口国实施产品质量管制会对出口国企业构成市场进入障碍,出口国企业不得不通过技术创新来满足进口国的最低产品质量标准,并通过降低成本来保持其竞争优势,这样将导致出口国的相关产业进行被动性升级;同时,研究结果还表明,进口国适当的产品质量管制水平会激发出口国企业进行技术创新,并进一

① DAVID PAUL and SHANE GREENSTEIN. The economics of compatibility standards: an introduction to the recent research[J].Economics of Innovation and New Technology,1990(1):3 - 41.

② JONES P.& J. HUDSO.Standardization and the costs of assessing quality[J].European Journal of Political Economy,1996(12):355 - 361.

③ FISHER,R. and P. SERRA.Standards and protection[J]. Journal of International Economics,2000 (52):377 - 400.

④ ANDREA MANTOVANI &MARK VANCAUTEREN.The harmonization of technical barriers to trade,innovation and export behavior: theory with an application to EU environmentaldData[R]. CORE and University of Bologna,IRES,2003.

步扩大出口国企业的利润水平。①

同时,巫强(2007)还分析了在进口国的技术性贸易措施约束下出口国企业进行被动创新的条件。他认为,如果出口国企业进行技术创新所获得的预期收益大于其技术创新的一次性投入,而且进口国的技术性贸易措施并不十分苛刻,同时出口国企业的初始产品质量比较好,那么,出口国企业就会倾向于选择被动创新来应对进口国的技术性贸易措施。②

杜凯、蔡银寅、周勤(2009)分析了技术性贸易壁垒对中国出口企业技术创新意愿的影响。他们认为,技术性贸易措施的确会对中国出口企业的技术创新意愿产生激励作用,但是,这种激励作用存在明显的国别差异,即发达国家的技术性贸易措施会使中国出口企业的技术创新意愿更加强烈;而发展中国家的技术性贸易壁垒对中国出口企业技术创新意愿的激励作用相对较小。③

许德友、梁琦(2010)分析了在金融危机冲击下,进口国实施更为严苛的技术性贸易措施对出口国企业技术创新的影响。研究结果表明,进口国的最低产品质量标准以及金融危机冲击后更具垄断特征的出口市场结构的确会对出口国企业的技术创新产生激励作用,但是,该结论成立的前提是出口国企业为满足进口国的产品质量要求所需投入的成本不能超过其进行技术创新所获得的收益。④

王绍媛(2014)通过构建演化博弈模型分析了技术性贸易措施与企业技术创新之间的关系,同时实证分析了欧盟、美国和日本的技术性贸易措施给中国出口企业所带来的不同影响效应。研究结果表明,当进口国的技术标准过于严苛时,出口国企业的技术创新动力会下降;相反,当进口国所设置的技术标准比较适当时,出口国企业的技术创新动力会增强。⑤

① 巫强,刘志彪.进口国质量管制条件下的出口国企业创新与产业升级[J].管理世界,2007(2):53－60.
② 巫强.技术性贸易措施下出口企业被动创新效应[J].经济理论与经济管理,2007(10):70－75.
③ 杜凯,蔡银寅,周勤.技术壁垒与技术创新激励——贸易壁垒制度安排的国别差异[J].世界经济研究,2009(11):57－63.
④ 许德友,梁琦.金融危机、技术性贸易壁垒与出口国企业技术创新[J].世界经济研究,2010(9):28－33.
⑤ 王绍媛,李国鹏,曲德龙.装备制造业技术性贸易壁垒与技术创新研究[J].财经问题研究,2014(3):31－38.

2.8　主要结论

综上所述,学者们从各种角度、运用不同的方法对技术性贸易壁垒进行了研究。就技术—环境壁垒与企业国际竞争力相关关系而言,理论界主要存在两种观点:一种观点认为技术—环境壁垒会导致企业国际竞争力下降;而另一种观点则认为,技术—环境壁垒有利于提高企业的国际竞争力。无论持哪种观点,学者们只是从实证的角度对技术—环境壁垒与企业国际竞争力的关系进行分析,但是,技术—环境壁垒是如何影响企业国际竞争力的,即技术—环境壁垒是通过什么传导路径来影响企业的国际竞争力?两者之间存在什么样的内在机理?学者们并没有从理论上对这些问题进行深入的探讨。本书的研究目的在于在其他学者研究的基础上,从理论上深入探讨技术—环境壁垒与企业国际竞争力的内在机理关系,进而分析技术—环境壁垒对企业国际竞争力的综合影响效应。

第3章 中国主要贸易伙伴的技术性贸易措施体系

2008 年金融危机以来,全球经济增长放缓导致贸易保护主义逐步抬头,同时,伴随着关税、进口配额、进口许可证等传统贸易保护措施被逐步取消或受到约束,以技术法规、技术标准和合格评定程序为主要内容的技术性贸易措施日益成为发达国家和一些发展中国家用来限制进口的主要手段。中国作为世界第一出口贸易大国,出口企业和出口产品也越来越多地遭受到国外技术性贸易措施的影响。欧盟、美国和日本等发达经济体不仅是中国出口产品的主要出口目的地,而且也是对中国出口企业和出口产品实施技术性贸易措施的主要发起者。

鉴于一国在制定和实施本国的技术性贸易措施时,往往会受到其自身条件的约束,这不仅包括其经济和科技发展水平,而且还包括其特定的历史文化和法律传承。因此,每一个经济体的技术性贸易措施体系都带有自身非常鲜明的特点。本章将重点介绍美国、欧盟和日本这三大发达经济体的技术性贸易措施体系,包括其技术标准体系、技术法规体系和合格评定体系等。

3.1 技术—环境壁垒概述

3.1.1 技术—环境壁垒的概念界定

技术性贸易壁垒(Technical Barriers to Trade,简称 TBT)是当今国际贸易领域中的一个热点问题。世界贸易组织(WTO)关于技术性贸易壁垒有两份文件,分别是"技术性贸易壁垒协定"(Agreement on Technical Barrier to Trade,

简称《TBT 协议》）和"实施卫生与动植物卫生措施协定"（Agreement on the Application of Sanitary and Phytosanitary Measures，简称《SPS 协议》），这两份文件于 1995 年 1 月 1 日世界贸易组织正式成立时开始执行。但是，在这两份文件中，对于什么是技术性贸易壁垒，并没有做出明确的界定，只是笼统地认为"一国可以基于维护国家安全、人类安全和健康、动植物安全与健康、环境保护、防止欺诈行为等方面的正当理由而采取技术性贸易保护措施"，并且原则性地要求"这些措施应以不给国际贸易制造不必要的障碍为前提"。鉴于这种情况，国内外学者根据自己的研究内容和研究目标而对技术性贸易壁垒做出各自不同的解释。因此，研究文献中有关技术性贸易壁垒的定义并不统一。但是，概念的界定是任何一项研究工作的重要理论基础，对其内涵和外延加以明确对于研究范围的界定将具有决定性的作用。因此，本书将在已有文献的基础上，针对本书的研究目的提出自己对该问题的理解。

在已有的研究文献中，有的学者从政策工具的属性和形式的角度来界定技术性贸易壁垒，有的学者则从政策目标的角度来界定，而有的学者还从经济外部性的角度对其进行界定。无论从哪个角度来界定，这些学者的定义都强调了技术性贸易壁垒对贸易的限制作用。本研究报告在上述定义的基础上，把那些为了统一产品的规格和技术指标、保证产品的质量等而制定的直接或间接限制甚至禁止贸易的措施统称为技术壁垒，它是科学技术上的关卡，达不到一定技术标准的产品不能进口，即阻止低技术产品进口，或达到某种技术标准的产品不能出口，即限制高科技产品出口。而把那些为了保护有限资源、保护生态环境、保障人类和动植物的健康与安全而制定的直接或间接采取的限制甚至禁止贸易的措施，统称为绿色壁垒（green barriers），也称环境壁垒（environmental barriers）。因此，本书将技术性贸易壁垒又称为技术—环境壁垒（technological—environmental barrier），它既包括 WTO《TBT 协议》中的相关内容，同时也包括《SPS 协议》中的相关条款。

技术性贸易壁垒是以技术标准、技术法规、合格评定程序等这些措施作为表现形式的，这些措施本身并不必然构成贸易壁垒，不仅如此，这些措施对于提高产品的质量档次、调整和优化企业的产品结构、实现生产和消费的规模经济、增强消费者的消费信心、保护人类健康与安全、保护生态环境等方面都具有非常重要的作用，它是国际贸易得以顺利进行的不可或缺的重要保证。但是，在制定技术性贸易措施时,如果各国存在着经济技术水平差距、歧视性规定、体制性差异或者信息缺失等情况,那么,这些技术性贸易措施就会演变为技术性贸易壁垒。

与其他非关税壁垒相比,技术性贸易壁垒的特质在于它的"技术性",即它既包括实体性的技术判断标准,同时也包括程序性的技术环节要求。

3.1.2　技术—环境壁垒的分类

学者们从不同的角度对技术—环境壁垒进行了不同的分类,主要包括以下几种情况:

(1)根据政策目标的不同把技术—环境壁垒分为"基于市场失灵保护"的技术—环境壁垒和"基于经济利益保护"的技术—环境壁垒。

"基于市场失灵保护"的技术—环境壁垒是为了纠正和减轻市场失灵,是基于 WTO 的 TBT/SPS 协议所认定的正当理由而存在的,具有"合理保护"的性质;而"基于经济利益保护"的技术—环境壁垒则是为了保护本国产业的利益,是通过制定某种技术法规或技术标准,从而达到限制甚至禁止外国竞争性产品进入本国市场的目的,它具有"过度保护"的性质,并有可能成为"贸易保护主义"的工具。[1][2]

(2)根据设置壁垒的手段的不同把技术—环境壁垒区分为差异性壁垒和创新性壁垒。

差异性壁垒是一国有针对性地制定某些特殊的技术法规或技术标准,或使用特殊的检验检疫程序以及认证程序来限制或禁止外国竞争性产品进入本国市场,这种差异是人为造成的,具有明显的贸易保护动机。而创新性壁垒是技术领先国家利用其技术上的领先地位率先研发出新的产品或新的生产工艺,并把这种技术领先优势反映在其技术法规、技术标准和合格评定程序上,从而对发展中国家构成技术—环境壁垒。这种壁垒有其存在的客观合理性,是世界各国经济技术发展水平不平衡的必然反映。[3]

(3)根据设置壁垒的国别不同可以将技术—环境壁垒区分为内生性的技术—环境壁垒和外生性的技术—环境壁垒。

①　鲍晓华.技术性贸易壁垒的双重性质及甄别机制[J].财贸经济,2005(10):68-72.
②　蒋建刚.技术性贸易壁垒"双刃"功能解析[J].世界经济与政治论坛,2004(5):26-30.
③　张云.技术性贸易壁垒的表现形式和对策[J].经济问题,2005(3):15-17.

对于任何国家而言,实际上都存在两种技术—环境壁垒,其中内生性的技术—环境壁垒是指本国针对外国产品所设置的技术标准、技术法规和合格评定程序等;而外生性的技术—环境壁垒是指外国针对本国出口企业的出口产品所设置的技术标准、技术法规和合格评定程序等,它是本国企业进入国际市场所必须面对又必须跨越的障碍。

(4)根据设置的壁垒是否符合 WTO 规则,将技术—环境壁垒区分为合法和不合法两种。

这里的"法"就是指 WTO 规则,"合法"与"不合法"的判定依据就是是否符合 WTO 规则要求。如果进口国"基于维护国家安全、人类安全和健康、动植物安全与健康、环境保护、防止欺诈行为等方面的正当理由",同时根据 WTO 的相关规则要求制定并实施技术标准、技术法规和合格评定程序等这些技术性贸易措施而给国际间商品的自由流动造成障碍的,则构成合法的技术—环境壁垒;相反,如果进口国以正当合理的理由为借口,故意滥用并违背 WTO 的相关规则要求实施技术性贸易措施而给国际间的商品自由流动造成障碍的,则构成非法的技术—环境壁垒。具体到 WTO 的各相关协定,对一项技术—环境壁垒措施合法性的判断,一般都同时设定了目标内容、实施方式及实施限度等必要充分条件,其中任意一项条件不符合,都构成"不合法"。①②

在理论上,"合法"与"不合法"是比较容易区分的,但是,在实践中,由于缺乏一些客观且显而易见的判断标准,通常很难划出泾渭分明的界限。这也就意味着,在 WTO 的框架下,对于那些无法明确地被判别为"不合法"的技术—环境壁垒措施,无论它们给国际间货物的自由流动造成多大的障碍,都只能被给予必要的尊重和保护。正是出于这样的考虑,同时,也基于各国存在贸易保护的利益诉求,使技术—环境壁垒措施存在着非常大的延展空间,也使以合理目标为借口的"不合法"的贸易措施不断涌现,从而给本身就具有多样性、歧视性和复杂性的技术—环境壁垒措施增添了一层神秘的色彩,给 WTO 这个多边贸易体制的正常运转增加了诸多的难题和障碍,同时也给各国实行贸易保护主义提供了便利。

---

①　陈兵.技术性贸易壁垒的主要特点及其表现形式[J].广西社会科学,2003(10):103-105.
②　李树.技术性贸易壁垒的设置与我国的策略选择[J].改革,2003(6):94-100.

3.1.3　技术—环境壁垒的表现形式

1）技术法规（technical regulations）

根据 WTO 的《TBT 协议》，技术法规是指"规定强制执行的产品特性或其相关工艺和生产方法（包括适用的管理规定）的文件，以及规定适用于产品、工艺或生产方法的专门术语、符号、包装、标志或标签要求的文件。这些文件可以是国家法律、法规、规章，也可以是其他的规范性文件，以及经政府授权由非政府组织制定的技术规范、指南、准则等"。

《TBT 协议》要求各成员应该按照产品的性质，而不是按照产品的设计或描述性特征来制定技术法规。根据《TBT 协议》的规定，技术法规可以分为两种：其一是正式的技术法规，它包括由政府机构制定的，并强制执行的国家法律、法规、规章以及各种权力机构发布的条例等；其二是事实上的法规，它包括由非政府机构组织发布的技术规范、指示、指南等，这类法规没有法律约束力，但是，在实际工作中又是强制性执行的。比如美国的《联邦食品、药物和化妆品法》《消费产品安全法》，德国的《设备安全法》等。

技术法规通常是以技术标准作为主要内容的，被引用的技术标准往往成为技术法规的组成部分，具有法律的约束力。技术法规通常具有强制性的特征，也就是说只有满足相关技术法规要求的产品才能在市场上销售或者进出口。凡是不满足相关技术法规要求的产品，则一律不允许在市场销售或者进出口。

在经济全球化的背景下，各国都会通过立法的方式将技术标准以法律、法规、条例等形式固定下来，从而成为其实行贸易保护的工具。目前，发达国家颁布的技术法规种类繁多，有些国家更是热衷于借保护消费者的合法权益之名，制定各种法规，以限制国外商品的进口。

2）技术标准（technical standards）

根据 WTO 的有关规定，技术标准是指经公认机构批准的、非强制执行的、供通用或重复使用的产品或相关工艺和生产方法的规则、指南或特性的文件。有关专门术语、符号、包装、标志或标签要求也是标准的组成部分。

技术标准具有自愿性和非强制性特征。技术标准主要包括行业标准、国家标准、区域标准和国际标准，这些大量存在的技术标准会对国际贸易产生重大的影响。

技术标准在企业的规范化生产和市场整合过程中发挥着非常重要的作用，而且它也是衡量一个企业乃至一个国家国际竞争力的重要标尺。在现代社会，由于科学技术的迅猛发展和全球经济一体化进程的加快，标准化不仅渗透到现代科技发展的前沿，促进高新技术转化为新的产业，形成新的生产力；同时，还突破了传统的标准化领域，从产品标准和方法标准发展到了管理标准，直接为提高企业经济效益和促进国际贸易服务，为人类社会的可持续发展服务。标准已经成为国与国之间开展经济技术合作以及发展贸易关系的不可或缺的共同语言，成为推动全球经济一体化的助推器。

然而，在当今世界，许多发达国家却利用其拥有的技术优势，通过制定较高的技术标准和环境标准来达到限制进口、保护本国产业的目的，技术环境标准和标准化活动已经成为国际贸易中技术—环境壁垒的重要手段。这里既有产品标准，也有检验方法标准和安全卫生标准；既有工业品标准，也有农产品标准。例如：法国规定纯毛服装，其含毛量要求达到 85% 即可，而比利时却规定纯毛服装的含毛量必须达到 97%，德国的标准更高，达到 99%。这样，比利时和德国的产品标准就构成了对法国羊毛织品的贸易壁垒。

有些标准甚至是专门针对某个国家的出口产品的特征而精心设计的。进口国为了达到限制外国产品进口的目的，往往在制定技术环境标准时，不仅在条文上设置很多限制，而且在具体实施上也设置诸多的障碍。这些标准总是随着技术水平的不断提高而不断变化，使出口国企业难以应对。

3）合格评定程序（conformity assessment procedures）

根据 WTO 的《TBT 协议》规定，合格评定程序是指"任何直接或间接用于确定是否满足技术法规或技术标准有关要求的程序。特别包括抽样、检验和检查；评估、验证和合格保证；注册、认可和批准以及各项的组合"。合格评定程序一般由认证、认可和相互承认组成，影响较大的是"第三方认证"。

（1）检验程序。

检验程序主要包括取样、检测、检验、符合性验证等过程，它是用来直接检验产品的特性及其与之相关的生产工艺和生产方法是否符合相关的技术标准和技术法规的要求，因此，它属于符合性的评定程序。

（2）认证。

根据国际标准化组织（International Organization for Standardization，简

称 ISO）和国际电工委员会（International Electro technical Commission，简称 IEC）的定义，认证是指由国家认可的认证机构证明一个组织的产品、服务、管理体系符合相关标准、技术规范或其强制性要求的合格评定活动。

按照认证对象来划分，认证可以分为产品认证和体系认证。

产品认证制度起源于 20 世纪初，英国是最早创立产品认证制度的国家。目前，产品认证已经被世界上绝大多数国家所广泛采用，并且已经成为国际上通行的用来保证产品质量、保障消费者权益的有效手段。根据国际标准化组织（ISO）的定义，产品认证是指"由第三方通过检验评定企业的质量管理体系和样品型式试验来确认企业的产品、过程或服务是否符合特定要求，是否具备持续稳定地生产符合标准要求的产品的能力，并给予书面证明的程序"。其中，产品的安全认证属于强制性认证。目前，产品的安全体系认证主要有三个：欧洲安全体系认证、北美安全体系认证、日本安全体系认证。另外，产品的质量认证属于自愿性认证。

体系认证是指通过第三方机构对企业的生产或管理体系进行第三方评价，以确认其是否符合相关规定的证明程序。目前，最为流行的国际体系认证包括：ISO9000 质量管理体系认证和 ISO14000 环境管理体系认证；行业体系认证包括：QS9000 汽车行业质量管理体系认证、TL9000 电信产品质量体系认证；另外，美国把人权标准与进出口贸易结合起来，实行"社会责任管理体系"认证，即 SA8000。

（3）认可。

认可是指由认可机构对认证机构、检查机构、实验室以及从事评审、审核等认证活动人员的能力和从业资格，予以承认的合格评定活动，同时也是对相关从业者以及相关从业单位的专业性的一种肯定。

按照认可对象来划分，认可可以分为认证机构认可、实验室及相关机构认可和检查机构认可、从业人员认可等。

（4）互认。

互认是指在评审通过的基础上，认证、认可机构之间通过签订相互承认协议，互相承认彼此的认可和认证结果。世界贸易组织（WTO）鼓励成员国通过相互认可协议（Mutual Recognition Agreements，简称 MRAs）来减少多重测试和认证，以便利国际贸易。

合格评定程序本身并不是贸易壁垒,它是国际贸易不可缺少的因素,因为进口国政府为了保证产品的安全、质量或兼容性,都会要求产品符合某些技术法规或技术标准,要求供应商必须表明其产品符合规范。

但是,当借用技术标准、技术法规等措施达不到保护国内市场和国内产业的目的时,进口国就会在产品的合格评定程序上设置重重障碍。利用复杂的合格评定程序,繁琐的操作环节,使进口产品增加额外的附加成本。

4) 商品包装和标签要求(commodity packaging and labeling requirements)

商品包装可能会对环境产生负面的影响,这主要体现在:商品包装的废弃物,尤其是一些无法循环再利用的废弃物,会对环境造成危害;商品包装的结构不合理会对消费者的安全和健康带来伤害,也可能会对环境造成不利的影响。鉴于此,大多数国家会通过立法以法律、法规等的形式对商品的包装材料、商品包装的结构以及商品包装废弃物的处理等做出明确的规定,要求任何市场行为主体,包括生产者、销售者都必须强制执行,否则相关商品不允许进入进口国市场或者在市场上销售。

标签是附着在商品或包装容器的外部,用来说明商品的名称、商品的制造商、商品的品牌、商品的成分构成、商品的使用方法、商品的包装和储存以及一些注意事项等的说明和图样。绝大多数国家为了保障消费者的权益,以便向消费者提供更多有关商品的相关信息,针对进口商品的标签,尤其是消费品的标签,做出更为严格的规定。

一些国家甚至对商品的包装和标签制定了非常严苛的要求,进口商品必须符合这些包装和标签要求,否则就不准进口或禁止在市场上销售。出口国企业为了满足进口国的这些严苛要求,就必须对商品的包装和标签进行重新设计,从而会增加商品的遵循成本,削弱商品的国际竞争力。因此,对商品的包装和标签制定严苛的要求是许多国家设置贸易壁垒的又一手段。

5) 检验检疫标准(inspection and quarantine standards)

检验检疫标准是指进口国出于保护人类或者动植物的生命或健康的目的而采取的技术性贸易措施,这些措施主要包括:保护人类或者动植物的生命或健康免受外来病虫害或者致病有机体的输入而带来危害的措施;保护人类或者动植物的生命或健康免受外来食品、饮料或饲料中的添加剂、污染物、毒素或致病有机体的输入而带来危害的措施;保护人类的生命或健康免受外来动物、植物或动植物产品携带的病虫害的输入而带来危害的措施等。[1][2]

检验检疫措施主要表现为:检验和检疫的法律、法规、法令、规定、要求、程序等;有关的生产和加工方法;所有检测、检验、出证和批准程序;检疫处理;有关统计方法、抽样程序和风险评估方法的规定等。

发达国家甚至一些发展中国家相继以人类健康、动植物安全、环境保护等名义纷纷出台针对农产品出口的检验检疫标准,检验检疫手段越来越高,检验检疫的项目越来越多,检验检疫的次数越来越频繁,而且检验检疫由过去的抽检发展到批批检查;有些国家还会很随意地对进口产品设置不合理的检验检疫标准。

6) 环境标志要求(environmental labeling requirements)

环境标志又称绿色标志或生态标志,是一种印刷或粘贴在产品或其包装上的证明性标志。它是由政府机构或民间团体遵循相关的环境标准向有关申请者颁发证书,证明其产品或服务在研制、开发、生产、使用、回收利用和处置的过程中符合相关环境标准要求,对环境没有损害或损害极小,同时还有利于资源回收再利用的一种特定标志。

环境标志起源于 20 世纪 70 年代末,1978 年,德国推出了"蓝色天使计划",率先实施了环境标志制度。到目前为止,世界上约有 40 多个国家或地区推行了环境标志制度。

环境标志对当代国际贸易产生了非常积极的影响。目前,越来越多的企业申请并获得环境标志认证,越来越多的产品和服务开始使用环境标志,同时,越来越多的消费者意识到环境标志的重要性和必要性。

发达国家是环境标志制度的积极倡导者和实施者,而且已经建立了比较完善的环境标志制度。发达国家之间在环境标志认证方面已趋向于协调一致,并且相互承认。发展中国家由于受到技术水平和经济条件限制所采用的生产工艺和生产方法相对比较落后,其产品很难满足发达国家的环境标准要求,因此,绿色环境标志就成为发展中国家的产品进入发达国家市场的屏障,从而构成对发展中国家出口产品的贸易壁垒。

综上所述,从技术—环境壁垒的表现形式来看,无论是技术法规、技术标准、合格评定程序,还是商品包装和标签要求、检验检疫标准以及环境标志要求,

① 姚文国.我国实施动植物卫生检疫措施协议情况[J].中国检验检疫,1999(7):7-8.
② 秦贞奎.技术性贸易壁垒与检验检疫[J].中国检验检疫,1999(10):12-13.

这些措施本身是保障消费者能够获得满足其需求的合格产品的基本技术要求，同时也是任何一个经济体构建其技术性贸易措施体系的必要构成要素。但是，当这些基本的技术要求被用来作为国际货物贸易中产品市场准入的技术门槛时，则其就构成了技术性贸易措施。尤其是，当这些基本的技术要求对商品在国际间的自由流动造成障碍时，则其就演变为技术性贸易壁垒。进口国在实施进口贸易管制时，主要依靠严格的技术标准，强制性的技术法规以及认可、认证、检验检疫等合格评定程序等措施来提高进口产品的市场准入门槛。

世界上任何一个经济体在制定和实施其技术性贸易措施时，并不会仅设置某个单一的措施，也不会仅仅将这些基本措施进行简单的叠加，而是致力于将这些基本的措施整合成一个有机的整体，它们之间相互关联、相互支撑、相互依存、缺一不可。这个有机的整体就被称之为一国的技术性贸易措施体系，而这些基本措施则被称为一国技术性贸易措施体系的主要构成要素。[1]

针对世界上的每一个经济体而言，其制定和实施的每一种技术性贸易措施，不仅与其特定的历史、文化和法律传承密切相关，而且还会受到其现有的经济、科技发展水平的制约。正因如此，各经济体的技术性贸易措施体系具有自己鲜明的特点，在内容、结构等方面也更加具有复杂性。[2]

本章主要介绍中国主要贸易伙伴的技术性贸易措施体系，包括美国、欧盟、日本等。这些贸易伙伴的技术性贸易措施会对中国的出口贸易产生重要影响，因此，有必要详细了解相关贸易伙伴的技术性贸易措施体系的特点、内容和结构。

3.2　美国的技术性贸易措施体系

美国是我国的第二大贸易伙伴，2007 年以来，我国已成为美国的第一大进口国和第三大出口国。随着两国贸易关系的日趋紧密，美国的技术性贸易措施已成为阻碍我国产品进入美国市场的重要因素。

美国的技术性贸易措施体系主要由其自愿性的标准体系、强制性的技术法规体系以及合格评定程序体系构成。美国的技术性贸易措施体系具有私人部门

①　黄冠胜,王力舟,杨松,等.技术性贸易措施三要素协同作用机理[J].中国标准化,2006(2):7-10.

②　张峰,王力舟,刘昕,黄冠胜.美国技术性贸易措施体系剖析[J].中国标准化,2006(2):23-26.

主导与政府部门参与的基本特征。这一基本特征主要是由美国自由的政治体制和完全的市场化经济体制所决定的。①

3.2.1 美国的自愿性标准体系

3.2.1.1 美国标准体系中的组织机构

美国的标准体系是以私人部门为主导的自愿性标准体系,它完全是以市场运作的方式逐步建立起来的。在标准制定过程中,私人部门和市场起着主导作用,而美国政府在标准体系中所发挥的作用比较小,只是以普通会员的身份参与私人部门的标准化活动,并作为利益相关方参与标准的制订。如果有需要,美国政府则以购买者的身份采购标准。1995 年美国国会通过了《国家技术转让与推动法案》(U. S. National Technology Transfer and Advancement Act, NTTAA),以法律的形式使得私人部门主导、政府机构参与的标准体系确立下来。

1)非政府机构

(1)美国自愿性标准体系的管理者和协调者——ANSI。

美国不存在一个由政府指定的、能够集中统一运行的标准管理机构,也不存在一个能够垄断标准制定的标准制定机构。美国联邦政府授权美国国家标准学会(American National Standards Institute, ANSI)负责协调美国各个分散的标准体系以及众多的民间标准化机构,并将其指定为发布美国国家标准的唯一机构。

美国国家标准学会(ANSI)最初的名称为美国工程标准委员会(American Engineering Standards Committee,简称为 AESC),成立于 1918 年 10 月 19 日,1969 年 10 月 6 日改为现名。它是美国自愿性标准体系的管理者和协调者,与一般的民间标准化机构不同,其自身并不参与技术标准的制定,但是,它负责标准制定组织的资格认定和"美国国家标准"(American National Standard, ANS)的审核批准。截至 2013 年 10 月 1 日,ANSI 已经认可了 278 家标准制定组织参与自愿一致性标准的制定和维护。

美国国家标准学会(ANSI)自身很少制订标准,其发布的标准绝大多数来自

---

① 张明兰,蔡冠华.美国标准体系及其对公共管理的支撑[J].质量与标准化,2012(3):40-43.

各专业组织。ANSI 发布的标准大约有 3.7 万个,占非政府机构制定的标准总数的 75%,其中,只有一小部分经 ANSI 批准为美国国家标准(ANS)。ANSI 认可/批准标准的基本原则是自愿性、公开性、透明性和协商一致性。ANSI 主要采用三种方式来审核并编制标准:其一,投票调查法,即由有关的专业机构负责起草标准,然后邀请相关领域的专家或专业组织进行投票,将投票结果报送给 ANSI 的标准评审委员会进行审议并予以批准。其二,委员会法,即由 ANSI 的技术委员会和其他机构的专业委员会的代表负责起草标准,然后由全体委员投票表决,将投票结果报送给标准评审委员会审核并予以批准。其三,从各专业机构制订的标准中,选择一些较成熟的标准,通过 ANSI 的技术委员会审核之后,批准为美国的国家标准(ANS)并使用 ANSI 的标准代号和分类号,同时也保留其原来的标准代号。[①]

ANSI 并不隶属于美国联邦政府,不会得到美国联邦政府的拨款,也不接受美国联邦政府的监督,它是一个非营利性质的民间标准化组织。但是,它与美国联邦政府又存在着非常密切的合作关系。在其创立初期,美国联邦政府的商务部、陆军部和海军部都参与了 ANSI 的筹备工作。随着 ANSI 的发展及其权威性的建立,美国联邦政府也给予其更多的帮助。相应地,ANSI 也承担了更多的公共事业职能,协调并指导国家的标准化活动,在联邦政府和民间标准化组织之间起到了桥梁作用。

另外,ANSI 还代表美国政府参加各种区域性、国际性的标准化活动,例如,国际标准化组织(International Organization for Standardization,ISO)、国际电工委员会(International Electrotechnical Commission,IEC)、太平洋地区标准会议(Pacific Area Standards Congress,PASC)、泛美技术标准委员会(The Pan American Standards Commission,COPANT)、太平洋认可合作组织(Pacific Accreditation Cooperation,PAC)、中美洲认可合作组织(Inter-American Accreditation Cooperation,IAAC)等,发挥美国在区域性、国际性标准化活动中的影响力。

(2)美国自愿性标准体系的制定者。

美国的标准制定工作主要是由非政府机构进行的,这些非政府机构大约有

---

① MAUREEN A. BREITENBERGg. The ABC's Of standards activities[R]. Standards Services Division Technology Services National Institute of Standards and Technology,2009.

600 多个,它们都是独立的民间组织,制定的标准总数已达 5 万个以上。其中 19
个非政府机构组织所制定的标准占美国标准体系的绝大多数,而美国材料与试
验协会制定的标准数最多,达 9 900 余个。表 3-1 列出了美国 19 个主要的非政
府机构。

表 3-1 美国 19 个非政府机构的中英文名称及其缩写

机构的中文名称	机构的英文名称及其缩写
美国材料与试验协会	American Society for Testing and Materials(ASTM)
美国铁路协会	Association of American Railroads(AAR)
美国谷物化学师协会	American Association of Cereal Chemists(AACC)
美国公路与运输员工协会	American Association of State Highway and Transportation Officials(AASHTO)
美国政府工业卫生师协会	American Conference of Government Industrial Hygienists (ACGIH)
美国油料化学师协会	American Oil Chemists Society(AOCS)
美国石油学会	American Petroleum Institute(API)
美国铁路工程师协会	American Railway Engineers Association(AREA)
美国机械工程师协会	American Society of Mechanical Engineers(ASME)
美国药典委员会	U.S. Pharmacopeia(USP)
美国官方分析化学师协会	the Association of Official Analytical Chemists(AOAC)
美国个人护理产品协会	the Personal Care Products Council(PCPC)
美国汽车工程师协会	the Society of Automotive Engineers(SAE)
美国航天工业协会	the Aerospace Industries Association(AIA)
电子工业协会	the Electronic Industries Association(EIA)
美国电气电子工程师学会	the Institute of Electrical and Electronics Engineers(IEEE)
纸浆与造纸工业技术协会	Technical Association of the Pulp and Paper Industry(TAPPI)
保险商实验室	Underwriters Laboratories(UL)
美国国家消防协会	the National Fire Protection Association(NFPA)

资料来源:美国相关机构网站。

这 19 个非政府组织制定的标准涵盖了一系列工业部门,主要涉及:航空航天、电子、汽车及机械工程、石油产品、化学品、纸浆和造纸以及化妆品等,同时,还涉及与安全有关的标准:消防、工业卫生、消费品安全以及工业产品安全和保护。

这些组织所制定的标准已在全球得到广泛的应用,并且在标准制定过程中有外国专家和其他利益方参与其中。这些外国参与者仅仅是作为专家,而不是他们的政府或国家标准机构的代表。

2)政府机构

美国的政府机构在标准体系中并不处于主导地位,但其作用却十分重要。美国的政府机构中既有参与标准制定的机构,又有集标准制定与管理于一体的机构。美国政府机构制定的标准属于强制性标准,属于技术法规的范畴或是技术法规的一部分。

(1)参与制定标准的政府机构。

美国政府机构具体参与制定标准的机构主要有:

Ⅰ.美国国防部(United States Department of Defense,DoD)

美国国防部(DoD)成立于 1947 年 9 月 18 日,其前身为美国战争部,是美国武装部队的最高领导机关,主要负责统合国家安全与武装力量。美国国防部依据其军用标准化文件,科学、有效地管理着美国庞大的军工体系。美国军用标准化的管理体制实行三级管理体制。其中,国防部下属的国防部标准化局为顶层,对国防部标准化工作实施集中领导;部门标准化办公室为中间层,包括陆军标准化办公室、海军标准化办公室、空军标准化办公室和国防后勤局标准化办公室四大部门,分别负责本部门的标准化工作;工作层单位,又称标准化管理单位,为下层,包括标准化主持单位、文件管理单位和项目缩减单位,是国防部办公厅、三军军部和各国防局的下属单位,负责完成具体的标准化工作,制定标准化文件。图3-1 描述了美国军用标准化管理体制。

美国军用标准文件总计 48 000 多份,主要由军用规范(MIL-SPEC)、军用标准(MIL-STD)、军用标准图纸(MS)、军用手册(MIL-HDBK)、合格产品目录(QPL)这 5 部分组成。在美国的军用标准中有一定比例的标准是由联邦政府、专业协会和地区性组织来制定的,并且这一占比还在不断扩大。

进入 20 世纪 90 年代以来,美国对相对封闭独立的军用标准体系进行了重

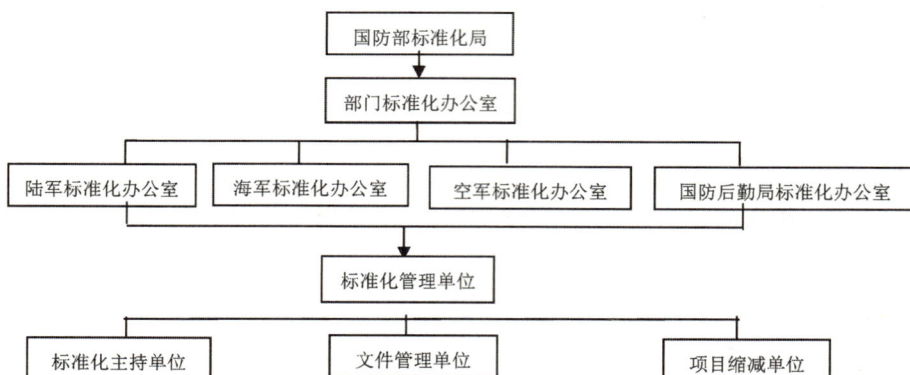

图 3-1 美国军用标准化管理体制

大改革,把采用非政府标准放在军用标准改革的首位,简化了民用标准被纳入军用标准体系的审核程序,从而使更多的民用标准能够被国防部采纳。到目前为止,非政府标准和民用标准在美国军用标准体系中的占比已经由 25% 提高到 59%,而军用标准和军用规范的占比则大幅度下降到 41%。

II. 美国卫生及人类服务部(United States Department of Health and Human Services,HHS)

美国卫生及人类服务部(HHS),简称美国卫生部,成立于 1979 年,是维护美国公民健康、提供公共服务的联邦政府行政部门。HHS 的标准制定工作主要由其下属的食品和药品管理局(U.S. Food and Drug Administration,FDA)承担。FDA 的主要职能是负责制定食品、药品、保健品、生物制品、医疗器械、化妆品等的安全管理标准、法规和合格评定程序,并负责对其进行监督管理。在 FDA 制定的所有标准和法规中,影响比较广泛的就是 FDA510(k)。

FDA510(k),是美国针对医疗器材产品进入其市场销售的市场准入制度,即"上市前通告"(Pre-market Notification,PMN),其主要目的是证明所申请上市的产品与已在美国市场上合法销售的产品在安全性和有效性方面是实质等同的(Substantially Equivalent)。因其对应于《美国联邦食品、药品和化妆品法案》(The United States Federal Food,Drug and Cosmetic Act,FD&C)的第510(k)节,故通常称为 510(k)。根据 FDA510(k)的规定,凡首次进入美国市场销售的医疗器械产品,或再次进入美国市场销售,但在设计、材料、化学成分、驱动力、生产流程等方面有所改变或更新,进而会影响其安全性和有效性的医疗器械产品,均需在上市前进行申请登记,并通过 FDA 的审核。

根据风险等级的不同,FDA 将医疗器械分为Ⅰ类、Ⅱ类和Ⅲ类,其中,Ⅲ类产品的风险等级最高,Ⅰ类产品的风险等级最低。Ⅰ类产品执行的是一般控制(general control),这类产品中的绝大部分产品只需进行注册(registration)、列名(listing)和实施"药品生产质量管理规范"或"优良制造标准"(good manufacturing practice,GMP)后即可进入美国市场销售;Ⅱ类产品执行的是特殊控制(special control),企业除了要进行注册、列名和实施 GMP 之外,还需要向 FDA 提交 510(k)申请,即"上市前通告"(PMN),FDA 只对少量的Ⅱ类产品豁免上市前通告程序,其余大多数产品均要求进行上市前通告;Ⅲ类产品实行的是"上市前许可"(pre-market application,PMA),即企业除了要进行注册、列名和实施 GMP 之外,还需要向 FDA 提交"上市前许可"申请。据 FDA 统计显示,大约 7% 的Ⅰ类产品、92% 的Ⅱ类产品和 80% 的Ⅲ类产品通常通过申请 FDA(510k)进入美国市场。

对于Ⅰ类产品,企业在向 FDA 提交了相关文件资料之后,FDA 将会发布公告,但并不会向企业发放任何相关证件;而对于Ⅱ类和Ⅲ类产品,企业在向 FDA 提交了 PMN 或 PMA 之后,FDA 不仅会发布公告,而且还会向企业发放正式的市场准入批准函件,即允许企业以自己的名义在美国市场上销售其医疗器械产品。

Ⅲ. 美国消费品安全委员会(Consumer Product Safety Commission,CPSC)

美国消费品安全委员会(CPSC)成立于 1972 年,是依据《消费品安全法案》设立的一个独立的联邦监管机构。其主要职责是制定相关的标准和法规以确保消费产品使用的安全性,并对其进行监督。美国消费品安全委员会(CPSC)对管辖的产品分为两大类:一类是强制性产品(regulated product),即 CPSC 发布了强制性安全标准(mandatory safety standards)的产品;另一类是非强制性产品(unregulated product),即没有发布强制性安全标准的产品。非强制性产品可以采用自愿性标准(voluntary standards),如美国国家标准协会(ANSI)、美国材料与试验协会(ASTM)、保险商实验室(UL)等机构制订的标准。在美国消费品安全领域,与玩具、化妆品及儿童用品有关的法案有 5 个:《消费品安全法案》(Consumer Product Safety Act,CPSA)、《联邦危险品法案》(Federal Hazardous

Substances Act,FHSA)、《可燃纺织品法案》(Flammable Fabrics Act,FFA)、《防毒包装法案》(Poison Prevention Packaging Act,PPPA)和《联邦食品、药品和化妆品法案》(Federal Food,Drug and Cosmetic Act,FDCA)。

(2)参与标准的协调和管理的政府机构——NIST。

美国的政府机构不仅参与标准体系的制定,而且还参与标准的协调与管理工作,而这一角色主要由国家标准技术研究院(National Institute of Standards and Technology,NIST)担任。NIST 的前身是 1901 年由美国商务部设立的国家标准局(National Bureau of Standards,简称为 NBS),它隶属于美国商务部,是一个集科研、计量、标准化、技术创新为一体的美国高端研究机构。它不仅开展测量技术和测试方法方面的研究,提供相关的标准、标准参考数据及其相关服务,而且它还是美国标准化管理领域唯一的官方机构,在协调各个机构的标准工作上的作用是不可或缺的。同时,它还享有美国国会的授权,代表美国政府参与国际标准化活动,它在美国标准化体系中占有非常独特的地位。

根据上述分析,在美国标准体系中,NTTAA 从法律上确立了美国标准体系的基本特征,是美国标准体系的法律基础;ANSI 是美国自愿性标准体系的管理者和协调者,以 ANSI 为代表的众多非政府机构是美国标准体系的脊梁;NIST 不仅参与美国标准体系的制定,而且还是美国标准化管理领域唯一的官方机构,以 NIST 为代表的众多政府机构是美国标准体系的重要组成部分;NIST 和 ANSI 签订谅解备忘录,确定两者的作用,并作为桥梁协调政府机构和非政府机构在标准化活动中的利益。在美国标准体系中,各组织机构之间的关系框架可以用图 3-2 来描述。①

3.2.1.2　美国自愿性标准体系的历史渊源

美国的标准制定过程具有鲜明的分散决策的特征,它既不存在一个由政府指定的、能够集中统一运行的标准管理机构,也不存在一个能够垄断标准制定的标准制定机构。美国开展标准制定活动最早出现在私营部门,这些私营部门制定标准的目的是为了解决其在生产和工程中所遇到的实际问题。这些私营部门主要由一些专业学术团体构成,比如 1852 年成立的美国土木工程师学会(ASCE)、1880 年成立的美国机械工程师协会(ASME)、1898 年成立的美国材料

---

① 张明兰,蔡冠华.美国标准体系及其对公共管理的支撑[J].质量与标准化,2012(3):40-43.

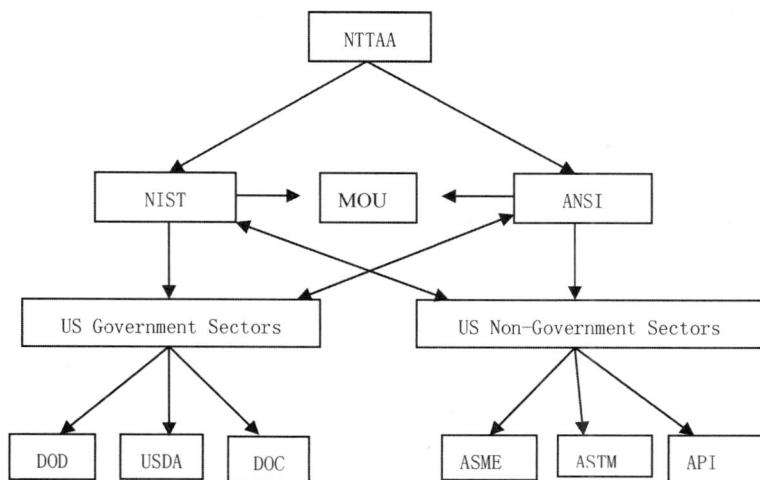

图 3-2　美国标准体系中的组织机构关系框架

与试验协会(ASTM)等。这些专业学术团体制定的相关标准对美国的自愿性标准体系产生了深远的影响。①

　　以美国材料与试验协会（ASTM）为例,美国材料与试验协会（American Society for Testing and Materials ,ASTM)是美国历史最悠久、规模最大的非营利性的标准制定学术团体之一,成立于 1898 年,1961 年改用现名。其前身是国际材料试验协会（International Association for Testing Materials,IATM)。19世纪 80 年代,采购商和供货商之间在购销工业材料的过程中经常产生意见和分歧,为了解决这一问题,技术委员会制度得以建立,技术委员会的主要功能就是通过制定相关的材料规范和试验方法标准,来解决工业材料在购销过程中所产生的争议问题。经过一个世纪的发展,ASTM 的业务范围不断拓展,除了原有的业务之外,其业务范围还扩展到了研究和制定各种材料、产品、系统、服务项目的特点和性能标准,以及试验方法、程序等标准。ASTM 标准属于非官方的专业学术团体所制定的标准,但由于其专业性强、质量高、适应范围广,因此,赢得了美国工业界的普遍赞誉和高度信赖,不仅被美国各工业界广泛采用,而且被美国国防部和联邦政府各部门机构所普遍采纳。

　　再以美国机械工程师协会（ASME）为例,美国机械工程师协会（American

①　刘辉,王益谊,付强.美国自愿性标准体系评析[J].中国标准化,2014(3):83-86,91.

Society of Mechanical Engineers，ASME）成立于 1880 年,它是 ANSI 的五个发起单位之一。当时,蒸汽是驱动火车、轮船等运输设备的主要驱动力。但是,由于锅炉爆炸事故频繁发生,引起民众强烈抗议,要求企业提高锅炉及相关设备的安全性能的呼声越来越高。鉴于此,1911 年,ASME 成立了锅炉机械指令委员会,并于 1914 年到 1915 年颁布了《锅炉机械标准》,以后该标准被纳入美国各个州及加拿大的法律之中。目前,ASME 已成为在技术、教育及调查领域内最主要的世界性工程学机构。ANSI 有关机械类的标准,主要由 ASME 来制定,并代表美国国家标准委员会技术顾问小组参加国际标准化组织(ISO)的相关活动。

从上述例子可以看出,解决生产和工程中的实际问题是美国私人部门研究和制定标准的原始动机,这种动机至今仍然对美国私人部门制定标准产生重大的影响。美国的自愿性标准体系就是在非官方的专业学术团体制定的自愿性标准的基础上建立起来的,这种自愿性标准能够有效地解决在生产和工程中所遇到的问题,对产业的发展起到了积极的推动作用。然而,在美国标准体系的形成过程中,联邦政府的作用则十分有限。

3.2.1.3 美国自愿性标准体系的构成

美国自愿性标准体系中的"自愿性"主要体现在两个方面:其一,标准制定的自愿性;其二,标准实施和应用的自愿性。在自愿性标准体系中,所有标准的制定都遵循协商一致和公开透明的原则。任何团体和个人认为有必要制定某个标准时都可以提出建议或草案,各利益相关方(包括制造商、用户、消费者、政府机构及学术团体)自愿参与标准的制定,通过讨论和磋商加以协调,从而形成自愿协调一致性的标准。

自愿性标准体系在美国整个标准体系中处于主导地位,并且不受政府的约束,一般是由相关的行业协会或其他组织以收取会员费的形式"自负盈亏"。由于这些标准的制定关系到企业的利益,因此,这种以民间机构为主导的标准体系不仅激发了企业参与标准制定的积极性,而且还不需要政府在其中投入巨大的经费,提高了效率。

美国自愿性标准体系主要由美国国家标准学会（ANSI）认可的标准制定组织(Standards Developing Organization,SDOs)所制定的标准构成。它包括学会/协会标准和联盟标准。

美国学会/协会标准是由各种学会/协会组织、生产者、消费者、政府机构以及学术界的专业代表通过协商而制定的,它是适用于本行业/专业的标准。联盟标准不同于学会/协会标准,它是在本联盟范围内由联盟成员遵循协商一致原则所制定的满足本联盟成员需求的规范性文件,它反映了产业发展的最新技术要求。标准联盟一般是一个由一家或多家企业发起建立的具有法人资格的实体,它可以被注册为一个营利性的企业实体,也可以被注册为一个非营利性的组织,实行企业会员制,旨在推动技术的研发和技术标准的推广。联盟标准通常高于国家标准,其目的是更好地规范企业之间的竞争,提升整个产业的质量水平,推动整个产业结构升级,又能进一步塑造本联盟企业在整个行业中的良好形象。

3.2.2　美国强制性的技术法规体系

美国强制性的技术法规体系通常是由相关政府机构制定的标准以及被政府机构所采用的自愿性标准构成,它们都以法律法规的形式出现,从而成为美国技术法规体系的构成部分。其实,在美国的法律法规体系中,并不存在独立的技术法规类别。美国有关产品的技术法规主要分散于美国的联邦法律法规体系之中。这些技术法规主要以保证消费者的安全、保护生态环境、维护国内市场秩序和保障国家安全为出发点,而且美国极力鼓励政府机构在技术法规中尽量采用由民间机构所制定的自愿性标准。

3.2.2.1　美国技术法规的制定主体

美国的技术法规主要由其立法机构和经法律授权的政府部门及独立机构来制定。其中,美国的立法机构——国会主要制定法律层面的技术法规;而经法律授权的政府部门及独立机构主要制定法规层面的技术法规。在美国,在法律层面,有关消费品安全方面的技术法规主要有 5 个,包括"消费品安全法案""联邦危险品法案""可燃纺织品法案""包装防毒法案"和"制冷器安全法案"。美国消费品安全委员会依据上述 5 个法案,针对不同商品的具体要求,又制定了大量的部门技术法规。

依照美国宪法,所有的美国联邦政府部门及独立机构都是技术法规的制定机构。美国联邦政府部门有 17 个,主要包括农业部(U.S. Department of Agriculture,USDA)、国际贸易委员会(U.S. International Trade Commission,ITC)、美国食品药物管理局(U.S. Food and Drug Administration,FDA)、卫生与人类服务部(U.S.Department of Health and Human Services,HHS)、商务部

（U.S.Department of Commerce，DOC）等；独立机构有 84 个，主要包括消费品安全委员会（Consumer Product Safety Commission，CPSC）、美国环境保护署（U.S. Environmental Protection Agency，EPA）等。

美国各主要技术法规的制定主体各司其职，分别在各自职权范围内，从不同角度为其国内生产及进口产品制定相关的标准并负责执行。例如，农业部（USDA）的主要职责是负责有关农产品的技术法规的制定，并对国内生产和进口的农产品进行检验检疫；国际贸易委员会（ITC）的主要职责是负责制定进口产品的标签与包装标准；美国食品药物管理局（FDA）的主要职责是负责其国内生产及进口的食品、药品、生物制品、化妆品、医疗器械等的全面质量监督、认证和管理；消费者产品安全委员会（CPSC）的主要职责是从消费者安全角度出发，为其境内生产及进口产品制定标准并负责产品安全性能检测；美国环境保护署（EPA）的主要职责是负责维护自然环境和保护人类健康不受环境危害影响，根据国会颁布的环境法律制定和执行环境法规。[①]

上述美国各政府机构之间分工协作、相辅相成，构建了一套复杂完整的立法和执法体系，从而为美国的经济和安全利益提供了保障。

3.2.2.2　美国技术法规体系中大量采用自愿性标准

20 世纪 90 年代之前，美国联邦政府主要通过制定相关的法规和强制性标准来确保人类健康、环境保护以及国家安全等目标的实现。20 世纪 90 年代之后，美国政府开始重视将非官方机构制定的自愿性标准与技术法规进行融合，并通过颁布《国家技术转让与推动法案》（U.S. National Technology Transfer and Advancement Act，NTTAA）来鼓励联邦政府在技术法规中采纳由民间机构所制定的自愿性标准，使自愿性标准成为美国联邦技术法规中的重要组成部分。自愿性标准一旦被技术法规所采纳，其性质就从自愿性转变为强制性。[②]

依照 NTTAA 规定，政府机构在制定技术法规时，应尽量少地制定政府特有标准（技术法规），而应尽可能地与私营部门合作，采用由民间机构制定的自愿性标准。采用的方式包括以下 6 种，即直接采用、强制遵照、作为制定法规的基础、作为法规导则、作为指南、用遵照现行标准代替制定强制性标准等。自 NTTAA

①　齐格奇.美国技术法规概述[J].世界标准信息，2003(3)：5－7.
②　刘春青.技术法规与自愿性标准的融合——美国政府高度重视利用标准化成果的启示[J].世界标准化与质量管理，2008(10)：16－19.

颁布以来,政府机构与私营部门进行了密切的合作。例如,美国消费品安全委员会与工业领域的私营部门合作,制定了 300 多项自愿性标准;美国国防部(DoD)越来越多地使用非政府机构的标准,减少了对军事标准和规范的依赖,也为美国政府节省了大量开支;美国环境保护署(EPA)已经与一些私营标准组织,如美国材料与试验学会国际组织(ASTM International)、国际电工电子工程师协会(IEEE)等建立了密切的合作关系,一起制定自愿性标准,替代旧的 EPA 标准。[①]

自 NTTAA 颁布之后,美国各联邦政府机构积极与私营部门进行合作,并尽可能地采用自愿性标准。目前,美国联邦政府已采用了大约 6 500 项自愿性标准,其中 ASTM 的自愿性标准就达 3 000 多项。

3.2.3　美国的合格评定体系

美国的合格评定体系是一个动态的、复杂的、多层次的和市场推动的体系。政府机构、工业部门和私营机构都在一定程度上参与了这个体系的建立和完善过程,这个体系通常被描述为"强制性"和"自愿性"的结合。美国的合格评定体系主要包括认证体系和认可体系。

3.2.3.1　美国的认证体系

美国的认证体系主要包括产品认证和管理体系认证,美国标准技术研究院(NIST)负责美国认证计划的编制工作。按照认证的实施方不同,可以把美国的认证分为三种类别:

第一方认证,即以供应商的符合性声明作为评估的基础。在美国,第一方认证适用的评价标准和程序是美国国家标准学会(ANSI)建立的 Z-34.2-1987 "美国国家认证标准——生产商或供应商自我认证"。

第二方认证,即由买方或其代表机构进行的评定。

第三方认证,即由独立于买方和卖方的评定机构进行的评定。在美国,第三方认证适用的评价标准和程序是 ANSI 建立的 Z-34.1-1993"美国国家认证标准——产品、生产过程、服务第三方认证程序"。

其中,第三方认证在美国比较普遍,因此,在下文的认证体系中,主要阐述第三方认证。

---

① 刘春青.美欧日技术法规体系共性研究及其对我国的启示[J].标准科学,2010(2):69-77.

1) 产品认证

美国的产品认证包括政府机构的产品认证和私营机构的产品认证,其中政府机构的产品认证又分为联邦政府的产品认证和州政府的产品认证。政府机构的产品认证侧重于产品或服务对社会的影响,力求保护社会公众的利益,因此,其认证计划主要通过立法形式颁布,属于强制性认证;而私营机构的产品认证则侧重于产品或服务的市场功能,既保证消费者的利益,同时又兼顾生产者的市场占有份额,属于自愿性认证。

(1)联邦政府的产品认证。

联邦政府的产品认证共有 61 种,归纳起来可以分为三种类型:

第Ⅰ类型:对直接影响公众的人身安全或身体健康的产品进行认证。

第Ⅱ类型:为了避免不必要的重复测试而对产品进行测试的制度。

第Ⅲ类型:为了给贸易提供统一的评判依据而对产品的质量和状态进行评估的制度。

其中,第Ⅰ类认证属于强制性认证,例如新生产的动物药品、人用药品、生物制剂、医用设施以及其他相关产品必须经过美国食品药品管理局(FDA)以及美国卫生和人类服务部(HHS)的评估和批准。第Ⅱ类认证既有强制性的,又有自愿性的,如果认证产品是由政府机构采购的,或者是由政府提供资金担保的,则此类产品的认证就属于强制性认证,例如,美国国防部(DoD)的合格产品列表(Qualified Products List,QPL),该列表包括一切军用系统使用的部件、组件和材料的详细认证程序,该认证程序减少了购置 QPL 清单产品的机构对产品进行重复检测。第Ⅲ类认证大部分属于自愿性的,例如美国农业部(USDA)对肉类和肉类制品使用统一的质量分级标准,在自愿的基础上进行认证。表 3－2 列出了部分联邦政府产品认证计划表。

表 3－2　部分联邦政府产品认证计划表

机构名称	认证产品范围	法律依据	适用标准	认证性质	认证类型
消费品安全委员会(CPSC)	家庭、学校和娱乐场所用的消费品	消费品安全法案	机构制定和认可的标准	强制	Ⅰ
	服装、服饰用纺织品(阻燃性)	易燃纤维法案	机构制定和认可的标准	强制	

（续表）

机构名称	认证产品范围	法律依据	适用标准	认证性质	认证类型
环保署（EPA）	空气和水处理设备	联邦法规	机构指定的标准	自愿	Ⅰ、Ⅲ
	机动车辆发动机（汽油、柴油）	清洁空气法	机构制定、指定的标准	强制	
	机动车辆备件	联邦法规	符合联邦法规要求的标准	自愿	
	饮用水安全	饮水法	机构制定的标准	强制	
联邦通讯委员会（FCC）	电磁兼容	联邦通讯法	FCC 颁布的标准	强制	Ⅰ
运输部（DOT）	电动车、摩托车及其零部件，汽车及其零部件，轮船，飞机，卡车，油罐车，轮胎，气囊，压力容器工业用气瓶、罐等	公路法	美国联邦机动车辆安全标准（FMVSS）	强制	Ⅰ
能源部（DOE）	空调、冰箱、荧光灯、计算机等 40 多类终端耗能产品	能源法规	能源部、环保署制定的标准	自愿	Ⅲ
食品药物管理局（FDA）	食品添加剂——食品、化妆品、药品用着色剂	联邦法规	机构制定的标准	强制	Ⅰ
	电子产品——微波炉、激光、太阳灯、超声波治疗设备、电视机、汞气灯	联邦法规	机构制定的标准	强制	
	人类用药品	食品、化妆品、药品法令	联邦药典，机构制定、认可的标准	强制	
	食品——包装、标签	食品、化妆品、药品法令	FDA 文件	强制	
	婴儿食品	食品、化妆品、药品法令	FDA 文件	强制	
	医疗器械	食品、化妆品、药品法令	FDA 制定、认可的标准	强制	

（续表）

机构名称	认证产品范围	法律依据	适用标准	认证性质	认证类型
农业部（USDA）	奶制品	市场法	农业部制定的标准	自愿	Ⅲ
	新鲜水果	市场法	农业部制定的标准	自愿	
	加工的水果、蔬菜	农产品销售法	国家标准	自愿	
	猪、牛、羊肉半成品和制品	农产品销售法	农业部选用的标准	自愿	
	家禽、带壳蛋、蛋类制品、兔类	农产品销售法	农业部选用的标准	自愿	

资料来源：根据美国各联邦政府机构网站整理。

（2）州政府的产品认证。

各州政府的产品认证主要包括以下几种类型：

第Ⅰ类型：由联邦政府有关部门授权或委托而对某些产品进行检测、认证，并颁发相关标志或合格证书等。例如，美国多个州使用农业部（USDA）的认证标准对肉制品进行检测、认证，并对合格产品在其授权权限内颁发 USDA 的合格认证标志。

第Ⅱ类型：各州可以根据自己对安全和健康的理解，在联邦政府的相关法规中额外增加一些具体要求。这种状况一般取决于该类产品对其公众健康和安全所产生的不利影响的程度，该类产品可以由各州直接进行检验、测试，也可以根据需要由国家认可的实验室进行检验和测试。

第Ⅲ类型：各州可以对直接或间接给当地经济产生重要影响的产品进行认证管理，例如，佛罗里达州和加利福尼亚州对柑橘产品（柑橘生产对两州经济发展的贡献度较高）进行专门的检测和认证。

第Ⅳ类型：各州自己制定标准，并由其下级部门对某类产品进行检查、测试和认证（通常对道路、桥梁等所用建筑材料进行认证）。

（3）私营机构的产品认证。

美国私营机构的产品认证体系十分发达。在美国，专门从事产品认证的私营机构有很多，主要包括以下类型：

第Ⅰ类型：独立的测试检验机构，如美国保险商实验室（UL），它在美国乃至国际上具有非常重要的影响力。

第Ⅱ类型：专业协会或技术团体，如美国材料与试验协会（ASTM）、美国电气电子工程师学会（IEEE）。

第Ⅲ类型：一些行业协会，如家用电器厂商协会（AHAM）、国际安全运输协会（ISTA）。

第Ⅳ类型：与工业管理相关的政府官员组成的认证机构，如国际管理及机械会员协会（IAPMO）。

第Ⅴ类型：为了保障消费者或用户的权益而设立的机构，如《家庭管理》杂志社、美国试验室认证协会（AALA）、国家电子检验学会（NETA）等。

第Ⅵ类型：由生产商、测试实验室以及与之相关的工业集团或者消费者组成的认证机构，如太阳能评估认证公司（SRCC）。

2）管理体系认证

管理体系认证与产品认证的实施方相类似，包括第一方认证，即生产商的自我符合性声明；第二方认证，即购买方对生产商质量管理体系或者环境管理体系的符合性评定；第三方认证，通常被称为管理体系认证，确切地讲，应该被称为管理体系注册。

管理体系认证（注册）基本上是一种自愿行为，是生产者为了证明其生产过程或生产环境符合该类产品适用的某项标准要求而申请管理体系注册，它并不能够代替产品质量认证。但是，进行管理体系注册仍然具有重要意义，其主要作用在于能够赢得消费者对其产品的安全性或者其他良好性能的信任。

管理体系注册既包括产品质量管理体系注册（适用于 ISO9000），也包括环境管理体系注册（适用于 ISO14000）。对于管理体系注册，目前美国尚没有出台强制性的要求，但是，一些政府部门已经或准备考虑如何在其法规中采用它。例如，美国食品药品管理局（FDA）对其良好操作规范（Good Manufacture Practice，GMP）做出了修订，以便保证其与 ISO9001 质量管理体系的要求相一致，而且 FDA 也开始考虑在其管制的其他产品中应用 ISO9000 系列标准。同时联邦政府机构也正在考虑将 ISO9000 标准应用于其政府采购领域。另外，一些美国联邦政府机构也开始考虑将 ISO14000 标准应用于其法规中的可能性。

3.2.3.2　美国的认可体系

美国的认可体系中既包括对认证机构的认可,也包括对实验室的认可。对认证机构的认可和对实验室的认可工作是由美国国家标准学会(ANSI)专门负责的,同时它也代表美国政府参与国际认证的互认活动。

1) 产品认证机构的认可

凡进入美国市场的产品都要获得认证机构对产品的认证,但是,认证机构的认证是否具有权威性、是否值得信任,这就取决于认证机构的认证资格。第三方认可就是由认证机构、产品的相关者之外的第三方根据一定的标准、准则对认证机构的认证资格进行评价,这就是认证机构的认可程序。

在美国,认证机构的认可程序比实验室的认可程序简单得多,因此,认证机构认可体系也比实验室认可体系少很多。美国有两个最重要的认证机构认可体系:一个是由美国劳工部职业安全与健康管理局(Occupational Safety and Health Administration,OSHA)来运作;另一个是由美国国家标准学会(ANSI)来运作。其中,OSHA认可体系涵盖的领域主要是所有工作场所中的电气设备和材料,也就是说,所有在工作场所中使用的电气设备和材料都必须接受OSHA认可的认证机构,即国家认可测试实验室(Nationally Recognized Testing Laboratory,NRTL)的测试、列名或加贴标志。OSHA认可体系属于自愿性的,但是,如果认证机构希望对这些工作场所使用的电气设备和材料进行测试,则必须获得OSHA的认可和批准。ANSI涉及的工作范围非常广泛,不仅从事产品认证和管理体系认证,而且还从事认证机构和实验室的认可工作。它的认可体系涵盖很多领域,包括建筑材料、饮用水添加剂、燃气和电器用品及其部件等。①

2) 实验室认可

美国的实验室认可体系与其他国家存在着很大的区别,其他国家的认可体系主要采用集中式管理,即由一个统一的政府部门或直接参与政府管理的组织进行管理。而在美国,实验室认可体系则采用分散式管理,即它是由各级政府部门和私营机构分别来运作的,虽然各级政府部门和私营机构之间处在一个特定的体系之中,或者与其他相关利益方存在着一定的协调关系,但是,它们之间并不存在一个集中统一的协调机构。

---

① 李珣.美国合格评定体系简介[J].世界标准化和质量管理,2008(7):53-55.

美国的实验室认可体系可分为三个不同层次：即联邦政府实验室认可体系、州和地方政府实验室认可体系以及私营机构实验室认可体系。

（1）联邦政府的实验室认可体系。

国家标准技术研究院（NIST）实施管理的国家自愿性实验室认可体系（National Voluntary Laboratory Accreditation Program，NVLAP）和美国实验室认可协会（American Association For Laboratory Accreditation，A2LA）是两个最大的联邦政府实验室认可体系。

联邦政府各种实验室认可制度的要求存在着很大差异，如 NVLAP 的认可程序就相对比较复杂，它不仅适用于对官方机构实验室的检测和校准，也适用于对私营机构实验室的检测和校准。因此，它是一个综合性和全面性的国家实验室认可机构。NVLAP 对实验室的认可，主要是通过其颁发的认可证书和认可范围说明书这两个证书来证明的。

除了 NVLAP 之外，美国还有其他的实验室认可体系，但是，这些认可体系的认可要求则相对比较简单。

（2）州和地方政府实验室认可体系。

美国各州和地方政府可能会基于各种因素的考虑来建立自己的实验室认可体系。州和地方政府通常根据其对某些产品的具体要求来开展实验室认可工作，它们认可由已经获得认可资格的实验室对这些产品进行检验和测试。同时，州和地方政府也会要求对政府采购的产品进行检验和测试。

（3）私营机构实验室认可体系。

基于许多因素的考虑，美国的私营机构也建立了相关的实验室认可体系，这些因素主要包括：证明其设立的实验室具有进行专业测试的能力、协助政府机构实施相关的技术法规，如对建筑产品进行测试等等。

美国私营机构实验室认可体系在认可规模和认可范围上存在着很大差异。总体来讲，私营机构实验室认可体系的认可规模比较小，认可范围也受到很大的限制，认可的领域比较单一，但是，这些私营实验室认可机构的专业性很强。[①]

---

① 　周建安，山巍，张峰，高志宏.美国技术法规体系研究[J].检验检疫科学，2002(5)：14 - 16.

3.3　欧盟的技术性贸易措施体系

随着欧盟的不断扩容,欧盟不仅在经济总量上成为世界上最大的经济体,而且进出口贸易量也居世界首位。欧盟的前三大主要出口目的地分别是美国、中国和俄罗斯;而前三大进口主要来源地分别是中国、俄罗斯和美国。因此,不管从进口角度还是从出口角度,欧盟都是中国重要的贸易伙伴。

欧盟作为世界上最大的区域经济一体化组织,一直致力于在其内部构建统一的大市场。为了消除因各成员国在技术法规、技术标准和合格评定程序方面的差异而给各成员带来的贸易不便,欧盟开始制定协调一致的技术法规、技术标准和合格评定程序体系。从旧方法指令(old approach directives)到新方法指令(new approach directives),加之欧洲协调标准和使合格评定模式规范化的"全球方法"的制定,从而使欧盟逐步形成了较为系统、完善和协调一致的技术性贸易措施体系。①②③

3.3.1　欧盟的标准体系

3.3.1.1　欧盟标准体系中的组织机构

在欧盟的标准化体系中,其组织机构主要包括欧洲标准化委员会(European Committee for Standardization,CEN)、欧洲电工标准化委员会(European Committee for Electrotechnical Standardization,CENELEC)、欧洲电信标准协会(European Telecommunications Standards Institute,ETSI)、欧洲各国的国家标准机构等。其中,欧洲标准化委员会(CEN)、欧洲电工标准化委员会(CENELEC)、欧洲电信标准协会(ETSI)这三大机构是当前欧洲最主要的标准化组织,同时也是接受欧盟委员会的委托制定欧盟协调标准的标准化机构,它们各自独立运作,分别制定各自领域的欧洲标准,但是又相互协作,形成欧洲的标准化体系。

欧洲标准化委员会(CEN)成立于1961年,是一个非营利性的标准化机构。

---

① 杨辉.欧盟技术性贸易措施体系分析及对我国的启示[J].机械工业标准化与质量,2007(9):40-45.

② 杨辉.欧盟技术性贸易措施体系初探[J].中国质量技术监督,2007(6):52-53.

③ 张丽莉,孟冬,崔路,等.欧盟技术性贸易措施体系初探[J].中国标准化,2006(2):27-30.

其成员目前共有 30 个,分为成员国和协会成员,主要由欧盟的 27 个成员国和欧洲自由贸易联盟(European Free Trade Association,EFTA)的 3 个成员国(冰岛、挪威和瑞士)构成。其主要职责是承担除电工电子之外的所有领域的标准制定工作,贯彻执行国际标准,协调各成员国之间的标准,制定欧洲标准(European Norm,EN),并开展区域性认证,以加强成员国间的贸易和技术交流。目前,欧洲标准化委员会(CEN)制定的标准大约有 8 500 个。

欧洲电工标准化委员会(CENELEC)成立于 1973 年,是一个非营利性的标准化组织,其成员共有 18 个,包括欧盟 15 国(奥地利、比利时、丹麦、芬兰、法国、德国、希腊、爱尔兰、意大利、卢森堡、荷兰、葡萄牙、西班牙、瑞典、英国)和欧洲自由贸易联盟的 3 个成员国(冰岛、挪威和瑞士)。除冰岛和卢森堡外,其余 16 国均为国际电工委员会(International Electrotechnical Commission,IEC)的成员国。其主要职责是制定除国际电工委员会(IEC)所覆盖范围以外的欧洲电子、电气工程领域的标准,协调各成员国之间的电工标准,并实行电工产品的合格认证制度。目前,欧洲电工标准化委员会(CENELEC)制定的标准大约有 4 500 个。

欧洲电信标准协会(ETSI)成立于 1988 年,是一个非营利性的电信标准化组织。其主要职责是贯彻执行欧洲邮电管理委员会(Confederation of European Posts and Telecommunications,CEPT)和欧洲共同体委员会(Commission of the European Community,CEC)所确定的电信政策,制定用于欧洲甚至更大范围的电信标准,以促进欧洲电信基础设施的融合。与欧洲标准化委员会(CEN)和欧洲电工标准化委员会(CENELEC)不同,欧洲电信标准协会(ETSI)允许非欧盟成员国的企业直接参与相关技术标准的制定。目前,欧洲电信标准协会(ETSI)制定的标准大约有 3 200 个。

3.3.1.2　欧盟的协调标准体系

欧盟的标准体系主要由欧盟标准和欧盟协调标准构成,其中,欧盟协调标准是欧盟标准体系的主要构成部分。与欧盟标准相比,欧盟协调标准必须与相关的欧盟指令相一致,而且须在欧盟的官方公报上进行公布,欧盟成员国必须将这些协调标准转换为本国的国家标准,同时,凡是按照协调标准生产的产品,即意味着它符合欧盟指令的基本要求。

"欧盟协调标准"(European Harmonized Standards)是指由欧洲标准化委

员会（CEN）、欧洲电工技术标准化委员会（CENELEC）、欧洲电信标准化组织（ETGSI）根据欧盟委员会（European Commission，EC）与各成员国达成的指导原则进行起草，并被欧盟委员会（EC）批准实施的欧洲标准。

欧洲标准化委员会（CEN）、欧洲电工技术标准化委员会（CENELEC）、欧洲电信标准化组织（ETGSI）这三大机构制定"协调标准"的程序是公开和透明的，而且是建立在所有利益相关方意见一致的基础之上的。

据欧盟官方网站统计，截至 2014 年，由 CEN、CENELEC 和 ETSI 这三个欧洲标准化组织（European standardization organization，ESO）制定的涉及低电压指令（Directive 2014/C 149/03）的协调标准有 1 400 多个、涉及建筑产品指令（Directive 305/2011/EU/－CPR）的协调标准有 600 多个，涉及机械安全指令（Directive2006/42/EC）的协调标准有 400 多个，涉及电磁兼容指令（Directive 2014/C 53/04）的协调标准有 250 多个，涉及医疗设备指令（Directive 2007/47/EC）的协调标准有 250 多个，涉及燃气设备指令（Directive 2009/142／EC）的协调标准有 130 个，涉及无线电通信和电信终端设备指令（Directive 1999/5/EC）的协调标准有 295 个。

1）协调标准转换为国家标准的要求

按照欧洲标准化组织的要求，各成员国必须将协调标准转换成本国的国家标准，这一转换意味着协调标准必须同时以成员国的国家标准形式出现，而且必须在规定的期限内取消与协调标准不一致的成员国国家标准，同时还必须将协调标准的标题和代码在欧盟的官方公报上予以公布，这是强制性的规定。

2）协调标准应与欧盟指令的基本要求相匹配

在欧盟的指令体系中，对产品应满足的基本要求做出了明确的规定，这些产品的基本要求在指令的附件中被详细列出，它要么与产品的某种危险有关，要么与产品的性能有关。规定产品的基本要求主要是为了保护消费者和生产者的健康和安全，是为了对公共利益提供一个较高水平的保护。为了确保产品符合相关的公共利益，不同指令的基本要求是可以同时适用的，也就是说，几个不同的指令可能同时适用于同一个产品。

根据欧盟的协调标准，产品只有在符合了这些基本要求后，方可被投放到欧盟市场。但是，遵循欧盟的协调标准完全是一种自愿性的行为，制造商也可以选择采用其他技术方法以满足欧盟指令的基本要求。

3）协调标准的"假定符合"要求

根据欧盟指令的规定,协调标准除了必须转换为成员国的国家标准以及必须与指令的基本要求相一致之外,同时还有"假定符合"的要求,即如果协调标准的标题和代码已经在欧盟的官方公报上公布,而且已经转换为成员国的国家标准,那么与该协调标准相符合,就意味着与指令的基本要求相符合,按照此协调标准所生产的产品应被假定为满足了产品的基本要求,可以投放欧盟市场。根据欧盟委员会《技术协调与标准化新方法》的相关规定:按照协调标准生产的产品应该被视为符合了产品的基本要求,成员国不得以任何理由限制、禁止依据此标准生产的产品在其市场上进行销售。

但是,假如制造商所生产的产品仅仅满足了欧盟协调标准的部分要求,或者说所适用的协调标准并没有将欧盟指令中所有的基本要求包含其中,那么,这种"假定符合"也就仅限于与基本要求相一致的那部分标准。

3.3.2　欧盟的技术法规体系

3.3.2.1　欧盟技术法规的主要表现形式

在欧盟,欧盟委员会(European Commission)、欧盟理事会(Council of the European Union)以及欧洲议会(European Parliament)三者分享欧盟的立法权,它们在各自所管辖的领域内参与制定欧盟的技术法规,其中,欧盟理事会是欧盟的主要决策机构,同时也是欧盟的立法机构,它享有决定性的权力;欧盟委员会的主要职能是为欧盟的技术法规立法提供议案;欧洲议会是通过直接选举而产生的多国议会,它与欧盟理事会共同构成欧盟技术法规的重要立法机构。

欧盟的技术法规体系主要由欧盟理事会和欧盟委员会依据《欧洲煤钢共同体条约》《欧洲经济共同体条约》《欧洲原子能共同体条约》以及《欧洲联盟条约》这四个基础条约所制定的各种规范性的法律文件构成的。这些规范性的法律文件以"条例"(regulations)、"指令"(directives)、"决定"(decisions)等形式出现,但它们的法律约束力和效力等级是不同的。其中,"条例"具有普遍的约束力,它等同于议会所颁布的法令,一旦公布生效后,要求各成员国务必执行,无须转化成各成员国的国内法律;"指令"是以成员国作为发布对象的,不具有普遍的约束力,仅仅对发布的成员国具有约束力,并要求相关成员国在一定期限内将其转化为本国的国内法律,但各成员国可自行选择实施的方法,因此,"指令"的法律效力是以成员国的具体实施作为前提条件的;"决定"与"条例"具有类似的法律效力,但是它只具有特定的适用性,只对特定的发布对象具有法律约束力,它既可以针对所有的成员国发布,也可以针对特定的成员国发布,既可以针对特定的企业或个人发布,也可以针对来自欧盟以外经济体的具体进口产品发布。①

3.3.2.2　欧盟技术法规体系的构成

在欧盟的技术法规体系中,大部分的法律文件都是以"指令"的形式发布的,只有少数法律文件是以"条例"或"决定"的形式发布的。因此,"指令"在欧盟的技术法规体系中占据着主导的地位。

欧盟之所以在其技术法规体系中主要采用"指令"这种法律形式,其主要目的是允许各成员国在符合本国国情的情况下执行欧盟的法规,从而在保证欧盟一体化建设中所要求的统一性的基础上,也保留了各成员国的特色;同时,采用"指令"这种法律形式也是欧盟协调各成员国国内法律的主要手段,使各成员国的立法能够最大限度地趋于一致。

欧盟技术协调指令的制定和执行可以分为两个阶段,以1985年欧盟理事会通过的《技术协调与标准化新方法》(The New Approach to technical harmonization and standardization)为界,1985年之前制定和执行的技术协调指令称为旧方法指令(old approach directives),1985年之后制定和执行的技术协调指令称为新方法指令(new approach directives)。两种指令在相当长的时间内呈现出并存的局面。这样既能反映欧盟技术法规体系的科学性和完整性,也有利于发挥两种指令各自的优势。

1)旧方法指令

在欧共体/欧盟建立初期,其内部缺乏协调一致的技术法规、技术标准和合格评定程序,从而给各成员国之间的贸易带来极大的不便,阻碍了欧共体/欧盟内部统一大市场的形成。从20世纪60年代起,欧共体/欧盟便致力于建立协调一致的技术法规、技术标准和合格评定程序的制定工作。欧共体/欧盟所制定的技术协调指令便是为了规范和协调其成员之间的技术法规和标准,这一协调指令主要是针对某一特定产品或某一特定产品的某个部件的具体规格和具体技术

———————————————

① 李玫.欧盟技术法规体系的建设及对中国的启示[J].河北法学,2008(4),159－164.

指标做出详细的规定,而且要求所有成员国一致同意方可执行。从 1960 年至 1985 年,欧共体/欧盟制定了大约 300 项技术协调指令,这些指令主要集中在具有潜在威胁的药品、食品、化学品、机动车辆等领域,被称为"旧方法指令"。"旧方法指令"由于过分强调个别产品的具体技术细节,而且程序繁琐,因此,使指令的执行效果直接受到影响,在各成员国推行难度很大。

2) 新方法指令

1985 年 5 月,欧共体/欧盟理事会通过了《技术协调和标准化新方法》决议,并相继出台了一系列指令,由于该指令改变了"旧方法指令"中法规内容过于具体繁琐的做法,是对原有的技术协调方法的改进,因此,称其为"新方法指令"。与"旧方法指令"相比,"新方法指令"只规定了产品在安全、健康、消费者保护和环境保护等方面的"基本要求",对于产品如何能够满足指令中的"基本要求",《新方法指令》并没有对其具体的实现路径做出强制性的规定,而是通过制定"协调标准"(harmonized standards)这种方式为制造商满足这些"基本要求"提供必要的指导。这样,"新方法指令"就明确界定了欧洲立法机构和欧洲标准化组织(ESO)之间的职责。欧洲立法机构负责制定指令的"基本要求",而欧洲标准化组织(ESO)则专门负责制定符合指令"基本要求"的相应技术规范,即"协调标准"。满足这些技术规范的产品便可假定其符合指令的"基本要求"。

根据"新方法指令",除食品、药品、化学品、化妆品和机动车辆等继续沿用"旧方法指令"之外,其他消费产品都将启用"新方法指令"。

到目前为止,欧盟颁布了 32 个新方法指令,这 32 个指令分属于 11 个领域,其中,最常涉及的指令有 4 个,分别是 Low Voltage (LVD) 低电压指令(Directive 2014/C149/03)、Electromagnetic Compatibility(EMC)电磁兼容性指令(Directive 2014/C53/04)、Machinery(MD)机械指令(Directive 2006/42/EC)和 Medical Devices (MDD) 医疗器械指令(Directive 2007/47/EC)。这些指令的中英文名称以及编号详见表 3-3。

表 3 - 3　欧盟新方法指令的中英文名称及其编号

序号	指令名称	指令编号	指令所属领域
1	Chemical Substances (REACH) 化学物质指令	Regulation（EC）No 1907/2006	chemicals 化学品
2	Explosives for Civil Uses 民用防爆物指令	Directive 93/15/EEC	
3	Pyrotechnic Articles 烟火用品指令	Directive 2013/29/EU	
4	New Legislative Framework (NLF) and Eco-Management and Audit Scheme（EMAS）新立法框架和生态管理与审计计划	Decision 768/2008/EC and Regulation（EC）1221/2009	conformity assessment and management systems 合格评定和管理系统
5	Construction Products（CPD/CPR）建筑产品指令	Directive305/2011/EU/-CPR	construction 建筑
6	Cosmetics Products 化妆品指令	Regulation（EC）No 1223/2009	consumers and workers protection 消费者和劳动者保护
7	General Product Safety 通用产品安全指令	Directive 2001/95/EC	
8	Personal Protective Equipment (PPE) 个人防护设备指令	Directive 89/686/EEC	
9	Toys Safety 玩具安全指令	Directive 2009/48/EC	
10	Ecodesign and Energy Labeling 生态设计和能源标签指令	Directive 2010/30/EU	energy efficiency 能源效率

（续表）

序号	指令名称	指令编号	指令所属领域
11	Electromagnetic Compatibility (EMC)电磁兼容指令	Directive 2014/C53/04	electric and electronic engineering 电气与电子工程
12	Equipment for Explosive Atmospheres（ATEX）防爆设备指令	Directive 94/9/EC	
13	Low Voltage（LVD）低电压指令	Directive 2014/C 149/03	
14	Radio and Telecommunications Terminal Equipment（RTTE）无线电设备和电信终端设备	Directive 1999/5/EC	
15	Restriction of the Use of Certain Hazardous Substances（RoHS）限制使用某些有害物质指令	Directive 2011/65/EU	
16	Active Implantable Medical Devices 主动可植入医疗器械指令	Directive 90/385/EEC	healthcare engineering 健康工程
17	In Vitro Diagnostic Medical Devices 体外诊断医疗器械指令	Directive 98/79/EC	
18	Medical Devices（MDD）医疗器械指令	Directive 2007/47/EC	
19	Measuring Instruments（MID）计量器具指令	Directive 2004/22/EC	measuring technology 测量技术
20	Non-automatic Weighing Instruments（NAWI）非自动称重设备指令	Directive 90/384/EEC	

（续表）

序号	指令名称	指令编号	指令所属领域
21	Cableway Installations Designed to Carry Persons 索道装置指令	Directive 2000/9/EC	mechanical engineering and means of transport 运输机械工程和手段
22	Equipment for Explosive Atmospheres（ATEX）防爆设备指令	Directive 94/9/EC	
23	Gas Appliances（GAD）燃气用具指令	Directive 2009/142/EC	
24	Inspection of Pesticide Application Equipment 施药设备检验指令	Directive 2009/128/EC	
25	Lifts 升降机指令	Directive 95/16/EC	
26	Machinery（MD）机械指令	Directive 2006/42/EC	
27	Pressure Equipment（PED）压力设备指令	Directive 97/23/EC	
28	Rail System：Interoperability 铁路系统的互操作性	Directive 2008/57/EC	
29	Recreational Craft 娱乐游艇指令	Directive 94/25/EC	
30	Simple Pressure Vessels（SPVD）简单压力容器指令	Directive 2009/105/EC	
31	Community Postal Services 社区邮政服务指令	Directive 97/67/EC	services 公共事业机构
32	Packaging and Packaging Waste 包装和包装废弃物指令	Directive 94/62/EC	sustainability 可持续发展

资料来源：欧盟官网（http://ec.europa.eu/enterprise/policies/european-standards/）。

　　"新方法指令"是欧盟技术法规体系的重要组成部分,其对欧盟的各个成员国具有普遍的约束力。为了确保相关产品对人类的健康和安全不构成威胁和损害,"新方法指令"允许各成员国可以采取任何必要的措施;同时,"新方法指令"

还明确规定,非欧盟成员国的产品欲进入欧盟市场也必须符合指令的相关要求。

3.3.3　欧盟的合格评定程序体系

为了保证《技术协调和标准化新方法》决议的有效实施,提高投放到欧盟市场的产品质量,欧共体/欧盟理事会于 1989 年 12 月颁布了《认证和测试全球方法》(Global Approach to Certification and Testing),简称"全球方法"(Global Approach),确定了合格评定全球方法的基本框架和合格评定政策的指导原则。在此框架和指导原则基础上,1990 年欧共体/欧盟理事会通过了 90/683/EEC,对"全球方法"进行了补充,1993 年欧共体/欧盟理事会又通过了《关于用于技术协调指令不同阶段的各种合格评定程序模式以及加贴 CE 标志规则的理事会决定》(Council Decision of 22 July 1993 concerning the modules for the various phases of the conformity assessment procedures and the rules for the affixing and use of the CE conformity marking, which are intended to be used in the technical harmonization directives),即 93/465/EEC,以此取代 90/683/EEC。93/465/EEC 明确了欧盟合格评定程序的 8 种基本模式以及加贴和使用 CE 标志的规则。

3.3.3.1　欧盟合格评定的主要机构

在欧盟的合格评定程序中,对于大多数产品来说,制造商是可以自己进行符合性评定的。但是,对于高风险产品而言,则需要第三方机构介入,参与合格评定的第三方机构称为公告机构(Notified Body,NB)。公告机构(NB)是由欧盟各成员国负责指定的,并告知欧盟委员会。欧盟委员会为所有公告机构(NB)分配一个安全识别码(Identification Number),并在"欧盟公报"(Official Journal of the European Communities)上公布公告机构的名单。

欧盟各成员国根据相关指令以及国际标准化组织(International Organization for Standardization,ISO)发布的 ISO/IEC17021:2006《合格评定——对提供管理体系审核和认证机构的要求》(Conformity Assessment-Requirements for Bodies Providing Audit and Certification of Management Systems)的相关要求对公告机构(NB)进行审查。欧盟各成员国认定公告机构(NB)的基本原则是:该机构是否具有执行合格评定程序的能力、该机构是否具有独立性和公正性、该机构是否能够保证审核时获取信息的机密性等等。公告机构(NB)的主要任务是依据欧盟的相关指令进行合格评定程序。

目前,在欧盟,依据相关指令获得符合性评定资格的公告机构(NB)共计1 200多家。一般情况下,一家公告机构(NB)仅能获得欧盟就某一类或某几类产品进行某一种或某几种模式的认证许可。也就是说,一家获得欧盟许可的认证机构绝不可能获得对所有产品种类进行认证的授权,更进一步地来讲,即便是获得认证授权的产品种类,也不可能获得所有模式的认证。例如,在医疗器械领域,依据相关指令被欧盟授权的公告机构共计 121 家,其中,依据医疗器械指令 Directive 2007/47/EC 获得评估资格的公告机构 78 家,依据可移植医疗器械指令 Directive 90/385/EEC 获得评估资格的公告机构 21 家,依据体外诊断医疗器械指令 Directive 98/79/EC 获得评估资格的公告机构 22 家。

3.3.3.2   欧盟合格评定程序的基本模式

1993 年欧共体/欧盟理事会通过的 93/465/EEC 规定了欧盟合格评定程序的 8 种基本模式。这 8 种基本模式涉及产品的设计阶段或生产阶段,或同时涉及设计和生产两个阶段。依据 8 种基本模式的要求,合格评定程序要么由第一方(即制造商)参与,要么由第三方认证机构,即公告机构(Notified Body,NB)参与。通常情况下,不管产品处于设计阶段,还是处于生产阶段都必须依据某一模式来进行合格评定。每一种模式都具体规定了产品可能要进行的合格评定程序,以及所要达到的基本要求。表 3-4 具体列出了欧盟合格评定程序的 8 种基本模式及其具体要求。

表 3-4   欧盟合格评定程序的 8 种基本模式及其具体要求

模式类型	模式描述	模式要求
Module A	内部生产控制 (internal production control)	该模式属于符合性评定程序,不需要第三方认证机构 NB 介入。制造商可进行自我评价和检验,在其产品符合技术文件和立法文件要求的基础上,加贴符合性标识(CE 标识),签署符合性声明

（续表）

模式类型	模式描述	模式要求
Module B	EC 型式检验 （EC type-examination）	该模式是符合性评定程序的一部分,它要求制造商的产品的工艺设计须由第三方认证机构 NB 进行测试,以证实其符合立法文件的相关要求,并出具检验证书。该模式只涉及产品的设计阶段,必须与评价生产过程的模式结合,方可加贴 CE 标识
Module C	符合型式 （conformity to type）	该模式也是符合性评定程序的一部分,它要求制造商必须保证其生产过程与 EC 型式检验证书所描述的内容相一致,满足立法文件的要求,签署符合性声明,方可加贴 CE 标识
Module D	生产质量保证 （production quality assurance）	该模式要求制造商必须保证其生产质量体系与 EC 型式检验证书所描述的内容相一致,满足立法文件的要求,通过公告机构的认证,签署符合性声明,方可加贴 CE 标识
Module E	产品质量保证 （product quality assurance）	该模式要求制造商必须保证其最终产品的质量检测和测试与 EC 型式检验证书所描述的内容相一致,满足立法文件的要求,通过公告机构的认证,签署符合性声明,方可加贴 CE 标识
Module F	产品验证 （product verification）	该模式要求制造商必须接受第三方认证机构 NB 对其工厂进行适当的检查,并对所有产品进行检验,以确保其提供的产品与 EC 型式检验证书所描述的内容相一致
Module G	单件验证 （unit verification）	该模式要求制造商的所有产品必须分别接受第三方认证机构 NB 的检测,以确保其符合立法文件的要求
Module H	全面质量保证 （full quality assurance）	该模式要求制造商必须确保其整个生产质量体系（包括设计、生产、最终产品的检验和测试）满足立法文件的要求,通过公告机构的认证,签署符合性声明,方可加贴 CE 标识

资料来源:欧盟官网（http://eur-lex.europa.eu/legal-content/EN/TXT/? uri = CELEX:31993D0465）。

上述 8 种基本模式可以进行任意组合,因此,可以派生出其他若干种不同的模式。这些合格评定模式为制造商提供了一定的选择空间,但是,制造商并非可以随意选择任何一种模式来对其产品进行 CE 认证。制造商选择合格评定模式的依据是所涉及产品的风险水平。

通常情况下,当所涉及产品的风险水平较低时,制造商往往会选择模式 A,即"内部生产控制"模式。采用这种模式,制造商可进行自我评价和检验,在其产品符合技术文件和立法文件要求的基础上,加贴符合性标志(CE 标志),签署符合性声明。这种模式不需要第三方认证机构 NB(Notified Body)介入,节约时间和费用,是"新方法"指令的首选模式。

当所涉及产品的风险水平较高时,制造商则必须选择模式 A 以外的其他模式,或者模式 A 与其他模式的组合,也就是说,必须通过欧盟指定的第三方公告机构(NB)进行合格评定,方可满足指令的"基本要求",从而达到 CE 认证。

模式 A 以外的其他模式的认证,通常需要至少一家获得欧盟认可的认证机构参与一部分或全部的认证过程。根据不同的模式,第三方认证机构可采取不同的介入方式,并出具相应的检测报告、证书等。

3.3.3.3　欧盟的强制性产品认证——CE 标志认证(CE Marking Certification)

根据 1993 年欧共体/欧盟理事会通过的《关于用于技术协调指令不同阶段的各种合格评定程序模式以及加贴 CE 标志规则的理事会决定》,即 93/465/EEC,它不仅规定了欧盟合格评定程序的 8 种基本模式,而且还对加贴和使用 CE 标志做出了具体的规定。

按照欧盟 93/465/EEC 的规定,凡是进入欧盟市场销售和使用的产品,不管是欧盟成员国企业生产的产品,还是非欧盟成员国企业生产的产品,都必须加贴"CE"标志。产品加贴"CE"标志,即表明产品符合欧盟指令在安全、健康、消费者保护和环境保护方面的基本要求,同时也是向消费者和政府监管部门做出的产品安全保证和承诺。所以,"CE"标志被视为生产商打开并进入欧洲市场的特别通行证。也就是说,凡是加贴"CE"标志的产品就可以在欧盟各成员国之间进行自由流通,而不需要满足每个成员国的要求。

在欧盟指令中,有关健康和安全的要求是强制性的,只有完全符合健康和安全要求的产品才被允许在欧盟市场销售和使用。因此,"CE"标志是一种产品安全认证标志,属于强制性认证标志。

"CE"标志认证主要适用于欧洲经济区(European Economic Area,EEA)的 30 个成员国中的任何一个国家,包括欧盟(EU)27 国及欧洲自由贸易联盟 (European Free Trade Association,EFTA)中除瑞士之外的其他 3 个国家,也就是说,如果制造商的产品欲进入上述国家进行销售,则必须进行"CE"标志认证。

1) 需要进行"CE"标志认证的产品类别

在 CE 认证过程中,共涉及 32 个欧盟指令,这些指令被分为三类:基本指令 (A 类指令)、通用指令(B 类指令)、以产品分类的指令(C 类指令)。其中,B 类指令中的要求优先于 A 类指令中的要求、C 类指令中的要求优先于 A 类和 B 类指令中的要求。在 C 类指令中,共涉及 20 类产品,具体产品种类及适用的指令详见表 3-5。

表 3-5　欧盟强制性要求进行"CE"标志认证的产品种类及其适用的指令

序号	适用的指令	产品类别名称(英文)	产品类别名称(中文)
1	Directive 2009/105/EC	Simple Pressure Vessels	简单压力容器
2	Directive 2009/48/EC	Toys	玩具
3	Directive305/2011/EU/ －CPR	Construction Products	建筑产品
4	Directive 89/686/EEC	Personal Protective Equipment(PPE)	个人防护设备
5	Directive 90/384/EEC	Non-automatic Weighing Instruments	非自动称量仪器
6	Directive 2009/142/EC	Appliances Burning Gaseous Fuels (AppliGas)	燃气用具
7	Directive 92/42/EEC	Efficiency of (Liquid or Gaseous fueled) Hot Water Boilers	燃烧液体或气体燃料的热水锅炉的效益
8	Directive 93/15/EEC	Explosives for Civil Uses	民用爆破器材
9	Directive 2007/47/EC	Medical Devices	(普通)医疗器械

（续表）

序号	适用的指令	产品类别名称（英文）	产品类别名称（中文）
10	Directive 90/385/EEC	Active Implantable Medical Devices	主动可植入医疗器械
11	Directive 98/79/EC	In Vitro Diagnostic Medical Devices	体外诊断医疗器械
12	Directive 94/9/EC	Equipment & Protective Systems used in Potentially Explosive Atmospheres（Atex）	用于具有爆炸性环境中的设备和防护系统
13	Directive 94/25/EC	Recreational Craft	娱乐游艇
14	Directive 95/16/EC	Lifts	升降机
15	Directive 96/57/EC	Energy Efficiency：Household Refrigerators & Freezers	家用电冰箱或电冷柜节能效益
16	Directive 97/23/EC	Pressure Equipment	压力设备
17	Directive 1999/5/EC	Radio Equipment & Telecommunications Terminal Equipment（R&TTE）	无线电及电信终端设备
18	Directive 2000/9/EC	Cableway Installations to Carry Persons	载人的索道装置
19	Directive 2014/C 149/03	Low Voltage（LVD）	低电压电气设备
20	Directive 2006/42/EC	Machinery（MD）	机械

资料来源：欧盟官网（http://eur-lex.europa.eu）。

　　一般地讲，如果制造商的产品欲进入欧盟和欧洲自由贸易联盟的 30 个成员国中的任何一个国家的市场销售，而且其产品属于上述 20 种产品中的任何一类，则该制造商的产品就必须进行"CE"标志认证。

　　2）获得"CE"标志认证的要求

　　"CE"标志认证是一种产品安全标志认证，为了获得"CE"标志认证，欧盟指令要求制造商应确保其产品从设计、生产、包装、运输、销售以及使用后产品的回收等所有环节，均符合欧盟指令在安全、健康、消费者保护和环境保护方面的基本要求。因此，对于制造商而言，获得"CE"标志认证通常需要满足以下 4 方面的要求：

- 在产品投放市场之前,制造商应在其产品上加贴"CE"标志。

- 在产品投放市场之后,制造商应将其技术文件存放于产品销售国境内,以便于监督部门随时检查。如果技术文件的内容有所变化,则技术文件也应及时进行调整。

- 如果已加贴"CE"标志的产品在使用过程中出现故障,制造商必须及时采取补救措施。

- 对于已加贴"CE"标志的产品在投放市场之后,如果欧盟的相关技术法规发生了变化,则后续生产的同型号的产品必须进行相应调整,以便满足欧盟新的技术法规要求。

3.4　日本的技术性贸易措施体系

自20世纪90年代以来,中日双边贸易规模呈现迅速扩大的态势。2002年,日本来自中国的进口额第一次超过来自美国的进口额,中国首次成为日本第一大进口来源地。2007年,日中总贸易额超过日美总贸易额,中国首次成为日本第一大贸易伙伴。2009年,日本向中国的出口额超过向美国的出口额,中国首次成为日本第一大出口市场。由此可见,中国与日本之间存在着非常密切的经济贸易关系,双方互为重要的贸易伙伴,而且两国经济存在很强的互补性,因此,保持并发展互利互惠的经贸关系符合中日两国的共同利益。

然而,随着中日两国贸易规模的扩大,两国之间的贸易摩擦也伴随而来。尤其是进入21世纪之后,中日之间的贸易摩擦呈现愈演愈烈之势,不仅数量增多、范围扩大,而且程度也不断加深。在中日之间的贸易摩擦中,基于技术性贸易措施所引发的贸易摩擦占比最高,而且多集中于农食产品和纺织品领域。这与日本是中国农食产品的第一大出口市场以及日本近乎严厉的食品安全监管体系有着直接的关系。因此,了解日本的技术性贸易措施体系,对于避免两国贸易摩擦升级以及减少两国贸易损失有着直接的影响。

3.4.1　日本强制性的技术法规体系

日本是一个法制比较健全、法律体系比较完善的国家。和美国、欧盟一样,在日本的法律体系中,也不存在独立的技术法规类别。日本的技术法规散见于由政府各部门制定的各种政令、省令、通告和条例之中。

3.4.1.1　日本技术法规的制定主体和主要表现形式

和美国一样,日本技术法规的制定主体也包括两类:一类是立法机构——国会;一类是经法律授权的政府机构和地方公共团体。据此,日本的技术法规也分为两个层次:一是法律层次的技术法规,二是法规层次的技术法规。其中,法律层次的技术法规主要是指日本国会依据宪法所制定的法律,其效力等级高于宪法以外的其他任何法律形式;而法规层次的技术法规主要是指日本政府机构和地方公共团体依据法律所制定的各种法规。

在日本的技术法规体系中,法规层次的技术法规是以政府机构和地方公共团体所发布的政令、省令、通告和条例等为主要表现形式的。其中,政令是日本内阁为了实施宪法和法律的规定,或者依据法律的特别授权而制定的政府法令;省令是各省大臣根据法律、政令规定的有关行政业务条款,或者根据法律、政令的特别委任所发布的命令;通告则是各省大臣、各委员会、各厅行政长官向所管辖的各个机构、职员所下达的指示;而条例则是地方公共团体依据宪法和地方自治法所制定的法律规范形式。这些法规形式的名称都是专用的,根据这些法规名称不仅可以判断该项法规在日本法律体系中所处的地位,而且还可以明确其制定机构、适用范围、效力等级及其与其他法规的关系等等。①

这些法规层次的技术法规都是为实施法律而制定的配套法规,都是法律的派生物。在这些法规形式中,省令和通告是日本技术法规的主要表现形式,它们是日本技术法规的主要构成部分。

3.4.1.2　日本技术法规体系的构成

日本的技术法规体系由法律层面的技术法规和法规层面的技术法规两个层次构成,而且这些技术法规主要都是以工业安全、产品安全、保护消费者权益、保护环境和人类健康等为出发点来制定有关产品的"技术基准"和"技术规则"的。

在法律层面的技术法规中,日本应用于产品技术方面的法律主要包括:"电气用品安全法"(Electrical Appliance and Material Safety Law)、"消费品安全法"(Consumer Product Safety Law)、"使用天然气工业法"(Gas Utility Industry Law)、"高压气体管制法"(High Pressure Gas Control Law)、"食品卫

---

① BRAIN WOODALL.Japan's double standard:technical standards and U.S.-Japan economic relations [R].Workingpaper,1995.

生法"(Food Sanitation Law)、"药事法"(Pharmaceutical Affairs Law)、"道路车辆法"(Road Vehicles Law)、"建筑标准法"(Building Standards Law)、"环境基本法"(Environmental Basic Law)、"大气污染防治法"(Law on Prevention and Control of Atmospheric Pollution)、"水质污染防治法"(Water pollution prevention and control law)、"噪声规制法"(Noise Regulation Law)、"计量法"(Measurement Law)、"消防法"(Fire Service Law),等等。

在法规层面的技术法规中,日本的有关政府机构和地方公共团体根据上述法律制定了大量属于省令、通告和条例层次的技术法规。而这些省令、通告和条例就成为日本技术法规体系的主要构成部分。这些技术法规涉及日本的各个行业,包括纺织业、机械制造业、汽车制造业、化学工业、农业、食品加工业等,而且,每个行业又有不同的技术法规从不同角度对其进行规范。例如,在农业和食品加工业方面,就有"食品与日用消费品管理法""蔬菜水果进口检验法""肉类制品进口检验法""包装与标签法""家畜传染病预防法""动植物防疫法""食品卫生法"等多部法规对农食产品的安全同时进行规范。

3.4.2　日本的标准体系

在日本的标准体系中,政府机构发挥着主导的作用,而专业机构则扮演着十分重要的角色。这种机制不仅能确保政府机构在标准化活动中的主导地位,而且能体现专业机构制定标准的原则,同时还能够保证所颁布的标准符合行业发展的需求。

3.4.2.1　日本标准体系中的组织机构

在日本的标准体系中,其组织机构主要包括:官方机构、民间标准化组织和行业标准化机构。其中,官方机构主要负责标准化的集中管理,民间标准化组织主要负责承办各种具体的事务,而行业标准化组织则主要负责制定供本行业使用的行业标准。

1) 官方机构

在日本的标准体系中,官方机构主要包括经济产业省(Ministry of Economy,Trade and Industry,METI)属下的日本工业标准调查会(Japanese Industrial Standards Committee,JISC)和农林水产省(Ministry of Agriculture,Forestry and Fisheries,MAFF)属下的日本农林标准调查会(Japanese

Agricultural Standard Committee,JASC)等。

日本工业标准调查会(JISC)是根据《日本国工业标准化法》建立的负责日本工业产品标准化的管理机构,其成立于 1949 年。2001 年之前,日本工业标准调查会(JISC)隶属于日本通商产业省工业技术院(Agency of Industrial Science and Technology,AIST)的标准部。2001 年,日本政府将通商产业省重组为经济产业省(METI),将工业技术院(AIST)划转成为经济产业省的产业技术综合研究所,但仍沿用"AIST"的简称。日本工业标准调查会(JISC)现隶属于经济产业省(METI)的产业技术综合研究所(AIST)。

日本工业标准调查会(JISC)的主要职责是:①制定和维护日本工业标准(Japanese Industrial Standard,JIS);②参与国际标准化活动;③对认证和认可进行监督管理;④制定测量标准和标准化的技术基础设施。

日本农业标准委员会(JASC)是根据《有关农林产品标准化和适当标识法规》(the Law Concerning Standardization and Proper Labeling of Agricultural and Forestry Products,简称《JAS Law》)建立的负责日本农林水产品标准化的管理机构,它隶属于日本农林水产省(Ministry of Agriculture,Forestry and Fisheries,MAFF)。其主要职责是负责制定、审议和调查日本农业标准(Japanese Agriculture Standard,JAS)及标准的普及宣传工作,向农林水产省(MAFF)大臣在农林水产品标准化方面提供咨询,收集与农林水产品标准有直接利害关系的各方的意见、要求,并体现在标准中。

2)民间标准化组织

日本有很多民间标准化组织,它们大多数接受日本工业标准调查会(JISC)和日本农林标准调查会(JASC)的委托,承担日本工业标准(JIS)和日本农林标准(JAS)的研究、起草工作,然后,将标准草案提交给日本工业标准调查会(JISC)和日本农林标准委员会(JASC)进行审议。日本每年新制定的标准中,其中四分之三是由民间标准化组织制定的。在众多民间标准化组织中,最重要的是日本规格协会(Japanese Standards Association,JSA)。

日本规格协会(JSA)是一个公益性的民间机构,它成立于 1945 年,是由日本航空技术协会和日本管理协会合并而成的。它是由日本经济产业省认可的法人机构,接受经济产业省的业务指导,其主要任务包括:

(1)组织制定、修订标准,并负责出版发行标准化刊物;

（2）进行标准化的教育与培训活动；

（3）代表日本参加国际标准化组织的活动；

（4）对日本工业标准（JIS）的实施进行监督检查等。

3）行业标准化组织

在日本的标准体系中，除了官方机构和民间标准化机构之外，日本大约有200 多个行业标准化机构，它们自行制定供本行业使用的行业标准。

3.4.2.2　日本标准体系的构成

在日本的标准体系中，按照制定标准的部门不同可分为四个类型，即国家级标准、专业团体标准、政府部门标准和行业标准。其中，国家级标准是主体，主要包括日本工业标准（JIS）和日本农林标准（JAS）。

1）日本工业标准（Japanese Industrial Standard）

日本工业标准（JIS）是由日本工业标准调查会（Japanese Industrial Standard ，简称为 JISC）依据《日本工业标准化法》（Japanese Industrial Standardization Law，简称《JIS LAW》）而制定的自愿性国家标准，是日本国家级标准中最重要、最权威的标准。它涵盖除药品、农药、化学肥料、蚕丝、食品以及其他农林产品之外的各种矿产品和工业制成品领域。

按照标准的对象，日本工业标准（JIS）可细分为土木建筑、一般机械、电子仪器及电器机械、汽车、铁路、船舶、钢铁、非铁金属、化学、纤维、矿山、纸浆及纸、管理系统、陶瓷、日用品、医疗安全用具、航空、信息技术、其他等共 19 个类别，它是以大类划分，并按英文字母由 A 至 Z 顺序排列的。日本 JIS 标准编号由 JIS、字母类号、数字类号、序号和制定或修订年份组成，其中，字母表示 JIS 所属的技术领域，4 位数或 5 位数数字表示产品的品种类别和用途。比如："耐洗涤色牢度试验方法"的 JIS 标准编号为"JIS L 0844－2005"，其中"L"表示 JIS 所属的技术领域，代表"纺织品"；"0844"表示产品的品种种类和用途，代表"色牢度试验方法"；2005 则代表修订年份。根据日本工业标准调查会（JISC）公布的最新数据显示，2012 年财年新制定的 JIS 标准数共计 170 个、修订的 JIS 标准数共计 392 个、取消的 JIS 标准数 57 个、净增标准数 113 个、现行的 JIS 标准数共计 10 399 个。具体情况详见表 3－6。

表 3 - 6 新制定、修订、取消以及正在实施的 JIS 标准数情况

（2012 年 4 月至 2013 年 3 月底）

字母符号	JIS 分类	新制定标准数	修订标准数	取消标准数	净增标准数	现行标准数
A	土木工程与建筑（Civil Engineering and Architecture）	4	31	8	—4	571
B	机械工程（Mechanical Engineering）	15	53	15	0	1 651
C	电子与电气工程（Electronic and Electrical Engineering）	43	39	8	35	1 601
D	汽车工程（Automotive Engineering）	8	2	2	6	372
E	铁道工程（Railway Engineering）	2	3	1	1	148
F	造船（Shipbuilding）	0	4	0	0	395
G	有色金属材料和冶金（Ferrous Materials and Metallurgy）	20	52	3	17	440
H	非有色金属材料及冶金（Non-ferrous Materials and Metallurgy）	2	29	1	1	410
K	化学工程（Chemical Engineering）	15	64	10	5	1 740
L	纺织工程（Textile Engineering）	0	5	1	—1	218
M	采矿（Mining）	2	2	3	—1	162
P	纸浆和造纸（Pulp and Paper）	8	0	3	5	77
Q	管理系统（Management System）	2	6	0	2	80
R	陶器制造（Ceramics）	17	5	0	17	371
S	日用品（Domestic Wares）	1	16	0	1	190
T	医疗设备和安全设备（Medical Equipment and Safety Appliances）	17	38	0	17	525
W	航空（Aircraft and Aviation）	0	0	0	0	97
X	信息处理（Information Processing）	3	15	0	3	515
Z	其他（Miscellaneous）	11	28	2	9	836
总计		170	392	57	113	10 399

数据来源：日本工业标准调查会网站（http://www.jisc.go.jp/eng/index.html）。

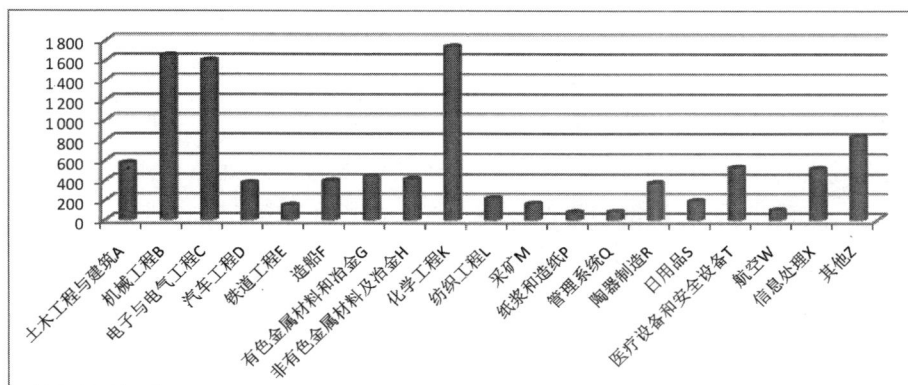

图 3-3　现行 JIS 标准数(2012 年 4 月至 2013 年 3 月底)

数据来源:日本工业标准调查会网站(http://www.jisc.go.jp/eng/index.html)。

按照标准内容的性质,日本工业标准(JIS)可分为产品标准、方法标准和基础标准。其中,产品标准包括产品形状、尺寸、耐用性、可靠性、可维修性、安全性等,共计 4 000 个;方法标准包括试验方法、检测与测量方法、操作方法等,共计 1 600个;基础标准包括术语、符号、单位、数值等,共计 2 800 个。

2) 日本农业标准(Japanese Agriculture Standard)

日本农业标准(JAS)是由日本农林标准调查会(JASC)依据《有关农林产品标准化和适当标识法规》(the Law Concerning Standardization and Proper Labeling of Agricultural and Forestry Products,简称《JAS Law》)而制定的自愿性国家标准,它主要适用于除酒类、药品、准药品和化妆品之外的所有食品、农产品及林产品等。日本农业标准(JAS)主要包括两类:一般的日本农业标准(General JAS)和特殊的日本农业标准(Specific JAS)。一般的日本农业标准主要是指产品的品质标准,是对农产品的成分构成、等级以及性能等方面所做出的标准化要求;而特殊的日本农业标准主要是指产品的生产方法标准,如有机食品等。

目前,日本已对 393 种农林水产品及食品制定了相应的标准,其中,53 种产品涉及饮料、食品和食用油,10 种林产品等。

3.4.3　日本的合格评定程序体系

日本的合格评定工作主要由政府管理,其合格评定体系主要由认证体系构成。而认证体系又可分为强制性认证体系和自愿性认证体系。

3.4.3.1　日本的认证机构

日本的认证制度是由政府部门负责管理的,各部门不仅对其所管辖的产品领域进行质量检验和认证,而且还对符合认证资格的认证机构和实验室进行认可,同时还设计和发布各自的认证标志。日本的合格评定工作主要由经济产业省和农林水产省负责。其中,经济产业省(METI)主要负责对工业制品和矿产品的合格评定,其认证的产品占日本认证产品总数的90%左右,通过认证的产品可加贴 JIS 标志。日本经济产业省(METI)对工业制品和矿产品实行质量检验、认证和认可的法律依据是《日本工业标准化法》(即《JIS LAW》);而农林水产省(MAFF)则主要负责对食品、农产品、林产品和水产品的合格评定,其法律依据是《有关农林产品标准化和适当标识法规》(即《JAS Law》)。凡是通过认证的食品、农产品、林产品和水产品均可加贴 JAS 标志。

在日本,获得经济产业省(METI)注册认可的认证机构(Registered Certification Bodies,RCB)共有25家(包括获得认可的外国机构),表 3-7 列出了这25家认证机构的名称及其认证领域(表中的字母分别代表认证机构的认证领域,与 JIS 分类相对应)。

表 3-7　日本政府认可的对工业产品进行认证的国内外机构及其注册类型

认证机构名称	认证领域
日本涂料检验协会 Japan Paint Inspection and Testing Association	A,K
日本建筑材料测试中心 Japan Testing Center for Construction Materials	A,B,G,H,K,L,R,S,Z
日本建筑综合试验所 General Building Research Corporation of Japan	A,K,R,S
日本燃气用具检验协会 Japan Gas Appliances Inspection Association	S
日本电气安全与环境技术实验室 Japan Electrical Safety & Environment Technology Laboratories	B,C,G,H,K,T

（续表）

认证机构名称	认证领域
日本纺织品质量和技术中心 Japan Textile Products Quality and Technology Center	A，B，L，S，Z
日本液化石油气仪检查协会 Japan LP Gas Instrument Inspection Association	S
日本娱乐和杂项商品安全实验室 Japan Recreation and Miscellaneous Goods Safety Laboratory	R，S，T
日本药品评估研究所 Japan Chemicals Evaluation and Research Institute	A，B，D，K，R，S，T，Z
日本车辆检验协会 Japan Vehicle Inspection Association	D，T
日本质量保证组织 Japan Quality Assurance Organization	A，B，C，D，E，G，H，K，L，P，R，S，T，Z
日本水道协会 Japan Water Works Association	B，G，H，K
日本污水工程协会 Japan Sewage Works Association	A，G，K
JIC 质量保证公司 JIC Quality Assurance Ltd.	A，B，E，G，H，R，Z
日本加热器检验协会 Japan Heating Appliances Inspection Association	S
日本电缆技术中心 Japan Electric Cable Technology Center	C
管理系统评估中心 Management System Assessment Center	A
法国国际检验局日本有限公司 Bureau Veritas Japan Co.Ltd.	A，B，H，K，Z
"生活更美好"中心 Center for Better Living	A，R
摩迪国际认证公司 Moody International Certification Ltd.	A

（续表）

认证机构名称	认证领域
日本瓷砖检测工程协会 Japan Tile Testing & Engineering Association	A
韩国标准协会 Korean Standards Association	A,B,C,D,G,H,K,R,S,T,Z
韩国测试研究所 Korea Testing & Research Institute	A,B,C,D,G,H,K,L,P,R,S,T,Z
AWPA 测试中心协会 AWPA Test Centre Association Inc.	A
日本船舶设备检验社团 The Ship Equipment Inspection Society of Japan	F

数据来源：日本工业标准调查会网站(http://www.jisc.go.jp/eng/index.html)。

　　获得日本农林水产省（MAFF）注册认可的认证机构（RCB）共有 97 家（包括获得认可的外国机构）。其中，对食品和饮料（foods and beverages）进行认证的机构有 9 家，对林产品（forestry products）进行认证的机构有 13 家（日本国内有 3 家，国外有 10 家），对有机产品（organic products）进行认证的机构有 72 家（日本国内有 56 家，国外有 16 家），对自然生长的鸡（naturally grown chicken）进行认证的机构有 3 家。

3.4.3.2　日本的强制性认证体系

　　日本的强制性认证主要是以法律的形式颁布执行的，其认证和评定的对象主要包括：消费品、电器产品、液化石油气器具和煤气用具等。

　　目前，日本有 25 项认证制度，其中，强制性认证有以下 4 种：

- 消费品安全认证，指使用不当可能发生事故的产品；
- 电器产品安全认证，指使用中容易引起危险的产品；
- 石油液化器具安全认证，如调压器、高压管道等；
- 煤气用具安全认证的产品。

　　实行强制性认证的产品，其质量、形状、尺寸和检验方法等都必须满足特定的标准要求，否则，不能生产和销售。

　　在日本，所有的电子电气产品都必须通过 PSE 标志认证。PSE 标志是

"Product Safety of Electrical Appliance & Materials"的缩写,是日本的强制性安全认证标志。根据《电气用品安全法》(Electrical Appliance and Material safety Law,DENAN)规定,日本将电气用品分为"指定产品"(specified products)和"非指定产品"(non-specified products),其中"指定产品"又称 A 类产品,有 165 种;"非指定产品"又称 B 类产品,有 333 种。所有 A 类产品必须经由日本经济产业省(METI)所授权的符合性评估机构(CAB)进行评估测试。评估测试合格的 A 类产品可取得菱形的"PSE 标志"。同样,评估测试合格的 B 类产品可取得圆形的"PSE 标志"。如图 3 - 4 所示。

图 3 - 4　"PSE 标志"

3.4.3.3　日本的自愿性认证体系

除了实施严格的强制性认证体系之外,日本还形成并完善了其自愿性认证体系。通常情况下,日本的自愿性认证采取的是企业自愿申请的原则,适用于实施强制性认证以外的所有产品,主要采用 JIS 认证标志、JAS 认证标志、SG 认证标志、ST 认证标志等。

1) JIS 认证标志(JIS Mark)

JIS 认证标志是日本工业产品的认证标志,是产品符合日本工业标准的证明标志,可加贴于任何工业产品和矿产品上。根据新修订的《日本工业标准化法》(JIS Law),自 2005 年 10 月 1 日起,日本开始实施新的 JIS 标志认证计划。

和旧 JIS 标志认证计划相比,新 JIS 标志的认证主体由原来的经济产业省等政府部门或这些政府部门指定的认证机构转变为获得经济产业省认可的注册认证机构,这些机构一般为私营认证机构,也就是说,新 JIS 标志的认证主体由原来的政府主导转变为社会中介机构为主;而且新 JIS 标志认证将产品的认证范围由原来的 520 种扩大到了 1 700 多种,将认证企业的范围由原来的制造商或加工厂扩大到制造商、加工厂、进口商或销售商;同时,新 JIS 标志认证还引入了

"自我合格声明",即企业可以在其产品上标示该产品满足对应的 JIS 标准要求,但不能在该产品上擅自加贴 JIS 标志。另外,新 JIS 标志图案在旧 JIS 标志图案的基础上增加到了三种,分别是:用于"产品特性"的标志、用于"加工技术"的标志和用于"特别指定方面"的标志。其中,用于"特别指定方面"的标志是新增的。三种标志图案如图 3-5 所示。

鉱工業品　　　　加工技術　　　　特定側面

图 3-5　新 JIS 认证标志图案

在日本,JIS 标志认证已有半个多世纪的历史,日本的消费者对其具有很高的认知度。JIS 标志认证虽然是一种自愿性认证,但是,没有加贴 JIS 标志的产品,很难得到日本消费者的认可,因此,消费者的选择使得 JIS 标志认证具有了半强制性的特点。

2) JAS 认证标志(JAS Mark)

JAS 认证标志是日本有机农产品和食品的认证标志,是日本农林水产省(MAFF)对农产品和食品所进行的最高级别的认证,属于自愿性认证的范畴。

图 3-6　新 JAS 认证标志图案

根据日本 2001 年修订的《有关农林产品标准化和适当标识法规》(《JAS Law》)的规定,凡在日本市场上出售的有机农产品和食品都应加贴 JAS 认证标志(见图 3-6),销售者(餐饮业不受此限)都要将其出售的农产品和食品的原产地名称进行明确标识。同时,《JAS 法》还明确规定,有机 JAS 认证的基本原则是:有机农产品和食品在生产过程中不得使用化学合成的农药和肥料;有机农产品和食品在生产、制造、仓储、发货和运输过程中不得被禁用的物质所污染;有机农产品和食品在生产、制造、仓储、发货和运输过程中不得与常规产品相混合;有机农产品和食品必须具备可追溯性。

日本的有机 JAS 认证包括四种类型:种植基地认证、加工工厂认证、分装工厂认证和进口商认证。如果生产商或销售商只在日本市场生产或销售农产品原材料,那么其只需取得种植基地认可即可;如果生产商或销售商在日本市场生产或销售的农产品加工产品,其使用的农产品原材料已经取得了 JAS 认证,则这些生产商或销售商只需取得加工工厂认证或分装工厂认证即可。

和 JIS 标志认证一样,日本的有机 JAS 认证主要由农林水产省注册认可的认证机构实施第三方认证,通过认证的产品可加贴 JAS 标志。同时,也可由经农林水产省注册认可的认证机构或农林水产大臣认可的生产商和制造商进行"自我合格声明"。

3.5　主要结论

技术法规、技术标准、合格评定程序等这些技术性贸易措施的表现形式既是用来保证产品满足消费者需求的基本技术要求,同时也是一个经济体构建其技术性贸易措施体系的必不可少的要素。但是,当进口国对进口贸易实施管制时,这些基本的技术要求就被用来作为产品市场准入的技术门槛,从而对商品在国际市场的自由流动构成事实上的阻碍。

欧盟、美国和日本不仅是中国最主要的贸易伙伴,同时也是世界上技术性贸易措施体系最完善的经济体。对于每一个经济体而言,其技术性贸易措施体系的形成和完善,不仅会受到其特定的历史、文化和法律传承的影响,而且也会受到其现有的经济、科技发展水平的制约。因此,每一个经济体的技术性贸易措施体系都具有其各自鲜明的特点。美国的技术性贸易措施体系具有私人部门主导与政府部门参与的基本特征,而这一基本特征主要是由美国自由的政治体制和完全市场化的经济体制所决定的。欧盟作为世界上最大的区域经济一体化组织,为了消除因各成员国在技术法规、技术标准和合格评定程序方面的差异而给各成员带来的贸易不便,欧盟致力于将各成员国的技术法规、技术标准和合格评定程序进行协调,从而形成较为系统、完善和协调一致的技术性贸易措施体系。日本是一个法制比较健全、法律体系比较完善的国家,在日本的法律体系中,并不存在独立的技术法规类别,日本的技术法规都是散见于由政府各部门制定的各种政令、省令、通告和条例之中的。

第4章 中国企业遭受国外技术性贸易措施的影响分析

自加入 WTO 以来,中国的进出口贸易取得了跨越式的发展,这不仅使中国成为世界第二大经济体和世界最大外汇储备国,而且也使中国成为世界第一货物贸易大国。根据 WTO 所公布的数据显示,在 164 个 WTO 成员中,中国是107 个成员的前三大进口来源地,也是 42 个成员的前三大出口市场,同时,还是48 个最不发达国家的最大出口市场。

然而,随着中国进出口贸易的迅猛增长,中国与主要贸易伙伴之间的贸易摩擦也越来越多,尤其是在受到金融危机、欧债危机等不利因素影响的背景下,世界经济的增长速度有所放缓,美国、欧盟和日本等主要发达经济体的贸易保护主义倾向日益增强。但是,由于受到 WTO 多边贸易规则的约束,这些主要发达经济体的贸易保护方式也变得越来越多样化了。除了反倾销措施、反补贴措施等非关税壁垒措施之外,以技术法规、技术标准和合格评定程序为主要内容的技术性贸易措施更多地受到这些经济体的青睐和广泛使用。由该措施所引发的贸易摩擦的占比也越来越高,中国出口企业遭受该措施的影响不仅频率高、范围广,而且程度也很深。

自 2006 年以来,中国国家质检总局连续 14 年开展了全国范围的出口企业调查活动,该调查采用双层复合不等比例抽样法从全国 31 个省、自治区、直辖市随机抽取样本企业进行问卷调查,旨在了解中国出口企业遭受国外技术性贸易措施的影响情况。本书将利用中国国家质检总局的调查结果,对中国出口企业遭受国外技术性贸易措施的影响进行分析。

4.1　中国出口企业遭受国外技术性贸易措施的总体影响分析

中国是世界货物贸易第一出口大国，也是 WTO 107 个成员的前三大进口来源地。由于各进口国或地区在技术发展水平、经济发展阶段以及政府经济政策等方面存在着较大差异，因此，它们对进口产品所采取的措施也各有侧重，对中国不同行业、不同性质和不同规模的出口企业产生着不同的影响。但是，总体上来讲，各主要进口国/地区所实施的技术性贸易措施已经成为中国出口企业普遍面临的挑战。

4.1.1　中国不同类别出口企业遭受国外技术性贸易措施的影响

依据 HS 编码和企业所经营的产品，本书将中国出口企业分为七大类别：

第 1 类为农食产品类企业，该类企业所生产的产品涵盖 HS 编码 01～24 的产品，主要涉及活动物和活植物等动植物产品、食用蔬菜和食用水果等农产品、食品、饮料、酒、醋、烟草等。

第 2 类为机电仪器类企业，该类企业所生产的产品涵盖 HS 编码 84～93 的产品，主要涉及电机和电气等设备、车辆、航空航天器、船舶、光学和医疗等仪器设备、钟表、乐器、武器类等产品。

第 3 类为化矿金属类企业，该类企业所生产的产品涵盖 HS 编码 25～38、72～83 的产品，主要涉及矿物及其产品、化学产品、钢铁等贱金属及其制品。

第 4 类为纺织鞋帽类企业，该类企业所生产的产品涵盖 HS 编码 50～67 的产品，主要涉及各种天然纤维及其制品、化学纤维及其制品、纺织品、服装、鞋、帽类产品等。

第 5 类为橡塑皮革类企业，该类企业所生产的产品涵盖 HS 编码 39～43 的产品，主要涉及塑料及其制品、橡胶及其制品、皮革及其制品、毛皮及其制品等。

第 6 类为玩具家具类企业，该类企业所生产的产品涵盖 HS 编码 71、94～97 的产品，主要涉及珠宝、贵金属及其制品、家具、玩具、艺术品、收藏品等。

第 7 类为木材纸张非金属类企业，该类企业所生产的产品涵盖 HS 编码 44～49、68～70 的产品，主要涉及木及木制品、纸浆及纸制品、印刷品、矿物材料制品、陶瓷产品、玻璃及其制品等。

中国不同类别出口企业遭受国外技术性贸易措施的影响程度是不同的。总体上来讲,在受调查的样本企业中,中国每年有四分之一甚至二分之一的出口企业遭受了国外技术性贸易措施的影响。表4-1列出了2005年至2018年中国不同类别出口企业遭受国外技术性贸易措施影响的总体情况。

表4-1　中国不同类别出口企业遭受国外技术性贸易措施影响的占比

（2005—2018）

企业类别 年份	农食产品类	机电仪器类	化矿金属类	纺织鞋帽类	橡塑皮革类	玩具家具类	木材纸张非金属类
2005	42.0%	21.7%	26.2%	21.5%	22.4%	23.6%	25.8%
2006	45.0%	42.0%	21.9%	31.6%	22.8%	25.6%	30.8%
2007	54.5%	38.6%	23.1%	29.7%	33.2%	42.9%	31.8%
2008	52.5%	36.9%	26.3%	33.5%	32.6%	45.2%	35.3%
2009	47.2%	36.2%	23.8%	31.1%	28.8%	42.5%	31.4%
2010	40.0%	36.4%	23.3%	28.8%	24.0%	36.8%	30.4%
2011	44.2%	40.0%	24.9%	28.9%	29.9%	48.4%	32.5%
2012	27.1%	26.3%	19.5%	20.0%	21.0%	32.1%	26.8%
2013	48.1%	39.2%	32.2%	30.5%	35.3%	49.2%	39.4%
2014	46.8%	35.0%	33.0%	30.3%	35.1%	41.0%	39.2%
2015	47.2%	38.1%	36.7%	32.4%	37.5%	49.3%	41.5%
2016	38.3%	31.7%	32.9%	30.5%	36.7%	35.9%	38.0%
2017	30.9%	21.9%	23.4%	21.2%	24.4%	25.1%	26.1%
2018	39.0%	27.1%	33.2%	25.9%	29.0%	32.1%	32.8%

数据来源:根据《中国技术性贸易措施年度报告》(2006—2019)的相关数据计算所得。

从表4-1可以看出,农食产品类企业遭受国外技术性贸易措施影响的企业数目最多,占比也最高。除2012年和2017年之外,从2005年至2018年,在受调查的农食产品类企业中,每年约有40%的出口企业遭受了国外技术性贸易措施的影响,其中,2007年和2008年甚至有超过50%以上的企业受到了影响;玩具家具类企业遭受国外技术性贸易措施影响的企业数目也比较多,位居第二位,

2013 年和 2015 年,在受调查的玩具家具类企业中,有接近 50% 的企业遭受了国外技术性贸易措施的影响,2005 年,遭受影响的企业数最少,但占比也达到 23.6%;机电仪器类企业遭受国外技术性贸易措施影响的企业数位居第三位;木材纸张非金属类企业紧随其后,位居第四位;其他依次为橡塑皮革类企业、纺织鞋帽类企业和化矿金属类企业。

为了能够更直观地反映中国不同类别出口企业遭受国外技术性贸易措施的总体情况,图 4-1 利用各年均值通过柱状图将其描绘出来。

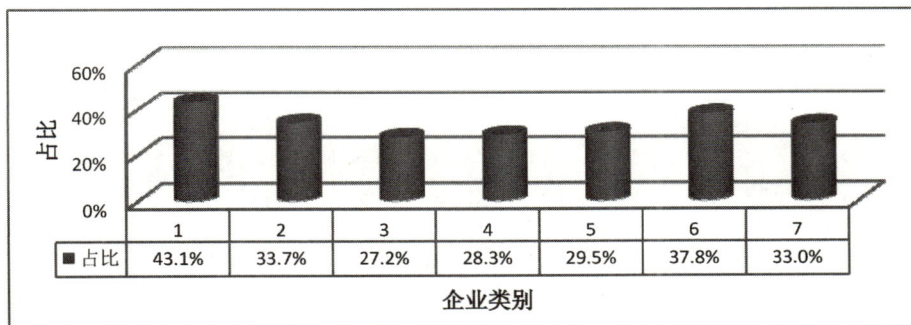

图 4-1　中国不同类别出口企业遭受国外技术性贸易措施的影响情况(按各年均值)

数据来源:根据《中国技术性贸易措施年度报告》(2006—2019)的相关数据计算所得。

注:1.农食产品类企业　2.机电仪器类企业　3.化矿金属类企业　4.纺织鞋帽类企业　5.橡塑皮革类企业　6.玩具家具类企业　7.木材纸张非金属类企业。

另外,在遭受国外技术性贸易措施影响的所有出口企业中,中国不同类别出口企业受影响的程度也存在着明显差异。在受影响的所有类别样本企业中,虽然不同类别出口企业在不同年份受到的影响程度存在一定的差异,但是,总体来看,在遭受国外技术性贸易措施影响的所有样本企业中,机电仪器类企业遭受影响的企业数最多,占比也最高,按照各年均值,其在受影响的所有类别样本企业中的占比高达 21.8%,尤其是 2010 年和 2011 年,其占比竟高达 25% 以上;农食产品类企业遭受影响的企业数也比较多,其在受影响的所有类别样本企业中的占比位居第二,为 17.4%;纺织鞋帽类企业的占比位居第三,为 17.1%;橡塑皮革类企业在遭受影响的出口企业中的占比最低,只有 9.2%。表 4-2 列出了 2005 年至 2018 年在遭受国外技术性贸易措施影响的出口企业中中国不同类别出口企业受影响的程度。

表 4 - 2　在遭受影响的出口企业中中国不同类别出口企业受影响的程度

（2005—2018）

行业类别 年份	农食 产品类	机电 仪器类	化矿 金属类	纺织 鞋帽类	橡塑 皮革类	玩具 家具类	木材纸张 非金属类	合计
2005	14.9%	17.7%	16.1%	15.8%	12.5%	11.0%	12.0%	100%
2006	13.9%	21.3%	13.1%	19.6%	9.7%	9.7%	12.7%	100%
2007	14.3%	21.4%	10.5%	20.1%	10.6%	13.0%	10.1%	100%
2008	13.1%	19.7%	11.5%	21.9%	10.0%	13.1%	10.7%	100%
2009	20.9%	23.2%	10.8%	18.3%	7.8%	10.7%	8.3%	100%
2010	19.5%	25.2%	11.3%	18.2%	7.1%	9.9%	8.8%	100%
2011	19.4%	25.0%	10.9%	16.5%	7.9%	11.8%	8.5%	100%
2012	13.4%	23.6%	13.7%	17.0%	8.5%	13.8%	10.0%	100%
2013	15.1%	22.9%	14.3%	16.2%	9.0%	13.4%	9.1%	100%
2014	15.5%	21.5%	15.4%	17.0%	9.4%	11.7%	9.5%	100%
2015	19.2%	24.9%	13.5%	13.4%	6.9%	15.6%	6.5%	100%
2016	22.6%	23.6%	12.4%	16.3%	8.1%	9.9%	7.1%	100%
2017	24.1%	22.7%	13.5%	14.1%	8.7%	9.1%	7.8%	100%
2018	17.8%	11.8%	12.4%	15.0%	13.1%	14.7%	15.2%	100%
各年均值	17.4%	21.8%	12.8%	17.1%	9.2%	12.0%	9.7%	100%

数据来源：根据《中国技术性贸易措施年度报告》（2006—2019）的相关数据计算所得。

4.1.2　中国不同性质的出口企业遭受国外技术性贸易措施的影响

在中国国家质检总局的调查中，按照被调查企业的投资主体的不同，将被调查企业分为性质不同的四类企业：国有企业、民营企业、港澳台企业和外资企业。

根据调查结果，四种不同性质的出口企业遭受国外技术性贸易措施的影响程度并不存在明显的差异。从 2005 年至 2018 年，无论是国有企业和民营企业等内资企业，还是港澳台企业以及外资企业，遭受国外技术性贸易措施的影响程度基本相当。在受调查的四种不同性质的企业中,分别有大约 1/3 的企业遭受了国外技术性贸易措施的影响。但是,相比较而言,民营企业受到的影响相对比较严重,其中,2014 年和 2015 年,有超过 40% 以上的民营企业受到了国外技术性贸易措施的影响;而外资企业遭受的影响则相对比较低。表 4 - 3 列出了 2005 年至 2018 年中国不同性质出口企业遭受国外技术性贸易措施的影响情况。

表 4 - 3　中国不同性质出口企业遭受国外技术性贸易措施的影响情况

(2005—2018)

企业性质 年份	国有企业	民营企业	港澳台企业	外资企业
2005	31.8%	28.9%	21.6%	21.0%
2006	27.9%	34.5%	31.5%	29.6%
2007	27.2%	34.0%	37.1%	36.7%
2008	32.2%	34.4%	45.6%	33.5%
2009	36.7%	34.3%	38.3%	30.2%
2010	32.8%	33.6%	33.6%	27.2%
2011	36.2%	36.3%	40.7%	29.6%
2012	29.7%	24.6%	25.6%	19.6%
2013	41.1%	38.9%	42.7%	33.0%
2014	36.4%	41.1%	31.2%	28.1%
2015	42.0%	43.5%	44.1%	29.0%
2016	33.9%	38.2%	33.5%	24.3%
2017	37.9%	36.3%	22.6%	22.6%
2018	34.1%	33.3%	25.6%	21.9%
各年均值	34.3%	35.1%	33.8%	27.6%

数据来源:根据《中国技术性贸易措施年度报告》(2006—2019)的相关数据计算所得。

但是,在遭受影响的出口企业中,中国不同性质出口企业的影响程度却存在着明显的差异。在遭受国外技术性贸易措施影响的所有样本企业中,民营企业受影响的程度是最高的,从 2005 年至 2017 年,其在影响的所有不同性质的样

本企业中的占比都超过了 40%,尤其是 2014 年至 2017 年,其占比均超过了
60%,2017 年其占比甚至超过了 70%;而国有企业的占比则最低,除 2005 年和
2006 年之外,其占比基本维持在 10% 左右;港澳台企业的占比也比较低,除
2008 年之外,大多数年份基本维持在 15% 左右;外资企业的占比也相对较高,大
多数年份维持在 20% 左右。按照各年均值,民营企业在遭受国外技术性贸易措
施影响的所有样本企业中的占比为 51.9%,外资企业的占比为 21.8%,港澳台企
业的占比为 15.5%,国有企业的占比为 10.8%。表 4-4 列出了 2005 年至 2017
年在遭受国外技术性贸易措施影响的出口企业中中国不同性质出口企业的影响
程度。

表 4-4　中国不同性质出口企业在受影响的出口企业中的影响程度

(2005—2017)

企业性质 / 年份	国有企业	民营企业	港澳台企业	外资企业	合计
2005	26.3%	40.8%	13.9%	19.0%	100%
2006	17.5%	40.0%	15.9%	26.6%	100%
2007	8.3%	43.0%	16.5%	32.2%	100%
2008	9.5%	39.4%	25.2%	25.9%	100%
2009	11.0%	42.5%	19.8%	26.7%	100%
2010	10.7%	47.3%	18.2%	23.8%	100%
2011	10.1%	47.1%	19.4%	23.4%	100%
2012	9.3%	59.4%	12.4%	18.9%	100%
2013	7.6%	56.5%	13.4%	22.5%	100%
2014	7.2%	61.2%	11.8%	19.8%	100%
2015	7.2%	60.9%	17.2	14.7%	100%
2016	9.3%	63.2%	11.6%	15.9%	100%
2017	6.9%	73.4%	6.2%	13.5%	100%
各年均值	10.8%	51.9%	15.5%	21.8%	100%

数据来源:根据《中国技术性贸易措施年度报告》(2006—2018)的相关数据计算所得。

4.1.3　中国不同规模的出口企业遭受国外技术性贸易措施的影响

在中国国家质检总局的调查中,按照被调查企业的职工人数,将被调查企业分为规模不同的四类企业:微型企业(50 人及以下)、小型企业(50~200 人)、中型企业(200~500 人)和大型企业(500 人及以上)。

根据调查结果显示,四种不同规模的出口企业在同类型出口企业中遭受国外技术性贸易措施的影响存在着明显差异。按照从低到高依次排序为:微型企业、小型企业、中型企业和大型企业。虽然不同规模企业在不同年份遭受国外技术性贸易措施的影响有所不同,但是,企业的规模与其所遭受的国外技术性贸易措施的影响程度呈明显正相关。在整个调查期间,大中型企业在同类型企业中遭受国外技术性贸易措施影响的比例明显高于小微型企业,从 2005 年至 2018 年的大部分年份中大中型企业在同类型企业中遭受国外技术性贸易措施影响的占比均超过了 35% 以上;小型企业的占比也超过了 30%;微型企业的占比超过了 20%。按照各年均值,遭受影响的大型企业在受调查的同类型企业中的占比为 38.1%,中型企业的占比为 36.8%,而微型企业受影响的比例最低,为 21.8%。表 4 - 5 列出了 2005 年至 2018 年中国不同规模出口企业在同类型出口企业中遭受国外技术性贸易措施的影响情况。

表 4 - 5　不同规模企业在同类型企业中遭受国外技术性贸易措施的影响情况

(2005—2018)

年份 ＼ 企业规模	微型企业	小型企业	中型企业	大型企业
2005	20.7%	23.0%	28.0%	30.7%
2006	22.1%	32.2%	33.7%	36.5%
2007	21.9%	34.6%	44.4%	38.9%
2008	24.7%	32.1%	40.8%	44.4%
2009	22.2%	31.0%	35.9%	41.2%
2010	16.1%	29.7%	35.5%	38.3%
2011	20.7%	31.5%	38.4%	42.3%
2012	15.4%	22.4%	31.9%	32.0%

（续表）

企业规模 年份	微型企业	小型企业	中型企业	大型企业
2013	27.0%	40.3%	41.3%	45.0%
2014	27.6%	40.4%	40.6%	35.9%
2015	30.1%	42.9%	42.4%	44.1%
2016	25.0%	34.9%	37.8%	40.3%
2017	20.0%	24.7%	27.5%	31.4%
2018	11.2%	21.3%	29,8%	32.2%
各年均值	21.8%	31.5%	36.8%	38.1%

数据来源:根据《中国技术性贸易措施年度报告》(2006—2019)的相关数据计算所得。

　　另外,在遭受影响的出口企业中,四种不同规模的出口企业遭受国外技术性贸易措施的影响程度也有所不同。根据各年均值,在遭受影响的出口企业中,大型企业遭受国外技术性贸易措施的影响程度最高,其占比为31.5%,小型企业次之,其占比为29.1%,而微型企业的占比最低,为17.3%。表4-6列出了2005年至2017年在受影响的出口企业中中国不同规模出口企业遭受国外技术性贸易措施的影响程度。

表4-6　在受影响的出口企业中中国不同规模出口企业受影响的程度

(2005—2017)

不同规模的企业 年份	微型企业	小型企业	中型企业	大型企业	合计
2005	26.6%	24.4%	19.8%	29.2%	100%
2006	18.0%	24.9%	21.1%	36.0%	100%
2007	14.7%	32.9%	25.7%	26.7%	100%
2008	14.0%	26.4%	24.1%	35.5%	100%
2009	10.6%	26.0%	24.2%	39.2%	100%
2010	7.7%	28.3%	25.2%	38.8%	100%
2011	8.5%	25.9%	26.7%	38.9%	100%

（续表）

不同规模的企业 年份	微型企业	小型企业	中型企业	大型企业	合计
2012	20.2%	27.4%	22.9%	29.5%	100%
2013	19.3%	31.8%	19.9%	29.0%	100%
2014	19.1%	34.0%	22.2%	24.7%	100%
2015	18.3%	32.6%	18.9%	30.2%	100%
2016	19.7%	30.6%	18.5%	31.2%	100%
2017	28.8%	33.4%	17.1%	20.7%	100%
各年均值	17.3%	29.1%	22.0%	31.5%	100%

数据来源：根据《中国技术性贸易措施年度报告》（2006—2018）的相关数据计算所得。

4.2　中国出口企业遭受国外技术性贸易措施的国别分布分析

根据中国国家质检总局的调查结果，中国出口企业遭受国外技术性贸易措施影响的地区分布非常广泛，遍布五大洲，但是，主要集中在欧洲、北美洲和亚洲；不仅包括发达国家/地区，而且也包括发展中国家/地区，其分布主要包括欧盟、美国、日本、东盟、韩国、俄罗斯、加拿大和澳大利亚等。

从总体的国家/地区分布来看，中国出口企业遭受国外技术性贸易措施影响的国别分布相对比较集中，以发达国家/地区为主，尤其以欧盟、美国和日本所占比例最高。其中，以欧盟为出口目的地的企业遭受其技术性贸易措施的影响程度最为严重，除少数年份之外，中国每年有超过 25% 以上的出口企业受到了欧盟技术性贸易措施的影响，其中，2005 年有大约 50% 的中国出口企业受到了影响；美国位居第二，除少数年份之外，每年约有 20% 的中国出口企业受到其技术性贸易措施的影响，其中，2018 年有超过 30% 的中国出口企业受到了影响；日本位居第三，除少数年份之外，每年约有 10% 的中国出口企业受到其技术性贸易措施的影响。在调查的大部分年份中，欧盟、美国和日本三个发达经济体对中国出口企业实施技术性贸易措施的比例合计接近或超过 60%。另外，中国出口企业在加拿大和澳大利亚遭受技术性贸易措施的影响也占有一定比例。按照各年均值,五个发达经济体对中国出口企业实施技术性贸易措施的比例超过70%。由此可见,发达国家/地区是中国出口企业遭受技术性贸易措施影响最集中的区域。表4-7列出了2005年至2018年中国出口企业在不同国家或地区遭受技术性贸易措施的影响情况。

表4-7　中国出口企业在不同国家/地区遭受技术性贸易措施的影响情况

(2005—2018)

出口目的地 \ 年份	欧盟	美国	日本	东盟	加拿大	韩国	澳大利亚	其他	欧美日合计
2005	48.9%	24.4%	10.6%	2.3%	1.7%	1.6%	2.1%	8.4%	83.9%
2006	25.0%	18.8%	13.0%	3.4%	5.5%	5.0%	4.8%	24.5%	56.8%
2007	31.2%	23.9%	12.5%	5.9%	5.9%	4.2%	5.0%	11.4%	67.6%
2008	18.0%	16.0%	7.2%	2.4%	5.2%	2.3%	4.2%	44.7%	41.2%
2009	25.2%	19.8%	10.4%	3.3%	7.3%	4.3%	5.9%	23.8%	55.4%
2010	27.0%	21.3%	11.1%	4.7%	7.4%	4.0%	7.2%	17.3%	59.4%
2011	25.7%	21.6%	11.1%	4.5%	7.5%	4.6%	7.4%	17.6%	58.4%
2012	25.7%	21.8%	9.1%	5.0%	8.0%	5.4%	6.9%	18.1%	56.6%
2013	26.2%	21.6%	10.1%	5.1%	7.5%	5.5%	6.5%	17.5%	57.9%
2014	23.1%	19.9%	11.2%	6.1%	7.1%	6.2%	8.1%	18.3%	54.2%
2015	23.8%	21.0%	9.5%	5.6%	7.1%	6.1%	8.1%	18.8%	54.3%
2016	23.3%	19.5%	10.3%	5.3%	6.7%	6.6%	7.3%	21.0%	53.1%
2017	21.8%	19.6%	11.1%	7.3%	7.1%	6.5%	7.7%	18.9%	52.5%
2018	26.4%	33.2%	13.0%	—	—	—	—	27.4%	72.6%
各年均值	26.5%	21.6%	10.7%	4.7%	6.5%	4.8%	6.2%	20.0%	57.8%

数据来源:根据《中国技术性贸易措施年度报告》(2006—2019)的相关数据计算所得。

从行业类别的国家/地区分布来看,中国不同类型出口企业遭受国外技术性贸易措施影响的国家/地区分布存在着较大差异。

农食产品类企业在欧盟和日本遭受的影响最为严重,每年有超过五分之一的农食产品类企业遭受欧盟和日本技术性贸易措施的影响,其次为美国,同时,该类企业在加拿大、东盟和澳大利亚也受到一定程度的影响。

机电仪器类企业、化矿金属类企业、纺织鞋帽类企业、橡塑皮革类企业在欧盟遭受的影响最为严重,每年有超过四分之一甚至三分之一的企业遭受欧盟技术性贸易措施的影响,其他依次为美国和日本,同时,该类企业在澳大利亚、加拿大、东盟也受到一定程度的影响。

玩具家具类企业、木材纸张非金属类企业在美国和欧盟遭受的影响最为严重,每年有超过四分之一的企业受到了美国和欧盟技术性贸易措施的影响,同时,该类企业也受到日本、澳大利亚、加拿大和东盟技术性贸易措施一定程度的影响。表 4 - 8 列出了 2005 年至 2018 年中国不同行业出口企业遭受国外技术性贸易措施影响的国家/地区分布情况。

表 4 - 8　中国不同类别出口企业遭受国外技术性贸易措施的国家/地区分布情况

（2005—2018）

出口目的地	企业类别 年份	1	2	3	4	5	6	7
欧盟	2005	14.4%	63.1%	34.6%	34.6%	60.0%	32.5%	50.0%
	2006	15.5%	24.8%	23.5%	30.2%	28.2%	37.1%	20.9%
	2007	26.1%	29.2%	27.4%	43.2%	34.6%	33.5%	18.9%
	2008	12.6%	17.2%	17.5%	22.7%	19.9%	20.1%	15.2%
	2009	18.2%	23.8%	26.3%	35.7%	29.8%	29.6%	21.9%
	2010	22.6%	23.9%	27.3%	37.4%	35.2%	28.7%	26.2%
	2011	21.3%	24.4%	26.0%	35.6%	30.9%	28.2%	21.2%
	2012	24.7%	20.7%	25.7%	33.6%	32.2%	27.3%	28.8%
	2013	22.6%	22.7%	27.0%	32.5%	25.2%	31.4%	26.0%
	2014	18.6%	21.6%	24.8%	25.9%	24.1%	24.0%	24.1%
	2015	23.4%	21.9%	21.3%	33.4%	24.9%	24.7%	22.6%
	2016	22.8%	20.9%	23.6%	34.8%	20.8%	22.9%	23.6%
	2017	21.3%	19.9%	22.7%	23.2%	25.3%	24.8%	21.3%
	2018	24.4%	25.5%	29.6%	27.6%	29.0%	27.1%	23.5%

（续表）

出口目的地	企业类别 年份	1	2	3	4	5	6	7
美国	2005	22.5%	11.2%	31.6%	45.5%	24.8%	55.3%	28.8%
	2006	11.9%	19.0%	18.9%	21.2%	19.1%	25.1%	19.1%
	2007	18.5%	21.6%	20.5%	28.8%	23.7%	32.9%	22.8%
	2008	9.2%	12.9%	15.7%	17.5%	15.0%	21.9%	21.7%
	2009	13.5%	17.8%	15.6%	24.2%	20.9%	29.9%	29.7%
	2010	18.7%	18.4%	16.7%	25.3%	24.1%	25.3%	32.5%
	2011	17.9%	19.2%	16.4%	28.4%	19.0%	27.7%	28.4%
	2012	17.6%	17.9%	19.2%	26.2%	19.0%	28.9%	31.0%
	2013	17.9%	17.5%	18.2%	28.2%	23.3%	27.0%	26.3%
	2014	16.4%	17.1%	19.5%	23.5%	19.5%	24.3%	21.7%
	2015	21.6%	18.2%	16.1%	26.2%	21.7%	25.9%	25.4%
	2016	19.3%	16.3%	14.7%	27.6%	19.2%	23.2%	27.1%
	2017	22.0%	15.2%	18.2%	21.6%	18.9%	25.4%	24.2%
	2018	26.9%	32.6%	29.0%	35.1%	36.6%	44.7%	38.0%
日本	2005	36.5%	6.8%	7.0%	12.8%	4.4%	2.1%	11.9%
	2006	25.3%	9.5%	12.1%	14.7%	13.5%	5.1%	8.8%
	2007	24.0%	9.0%	12.2%	12.6%	9.1%	10.4%	14.3%
	2008	13.1%	5.4%	5.2%	6.3%	5.9%	6.9%	9.4%
	2009	18.9%	7.3%	7.2%	9.6%	5.5%	11.2%	6.7%
	2010	21.5%	8.5%	6.9%	9.9%	7.7%	10.5%	7.0%
	2011	20.7%	7.8%	7.9%	15.3%	7.7%	8.7%	10.7%
	2012	14.9%	8.6%	10.2%	11.1%	7.0%	6.2%	6.7%
	2013	22.3%	6.3%	11.1%	9.9%	10.4%	9.4%	8.0%
	2014	22.8%	8.6%	10.4%	12.4%	10.7%	9.2%	10.0%
	2015	15.9%	7.7%	9.9%	10.5%	8.3%	8.2%	7.5%
	2016	16.6%	9.1%	10.6%	7.8%	7.9%	12.3%	6.3%
	2017	13.7%	10.6%	11.1%	11.8%	9.1%	7.9%	6.4%
	2018	18.7%	11.7%	12.6%	11.7%	12.9%	7.3%	11.2%

（续表）

出口目的地	年份＼企业类别	1	2	3	4	5	6	7
东盟	2005	1.1%	4.3%	2.4%	0.0%	0.6%	0.0%	0.8%
	2006	7.0%	3.2%	5.3%	1.2%	2.0%	2.2%	2.5%
	2007	6.9%	6.2%	8.7%	1.6%	7.0%	6.6%	4.8%
	2008	3.4%	2.7%	5.1%	1.1%	1.7%	1.4%	1.4%
	2009	4.0%	4.3%	6.1%	0.5%	3.6%	0.4%	1.8%
	2010	5.1%	4.9%	6.8%	4.2%	4.3%	3.3%	2.6%
	2011	5.3%	5.6%	7.6%	1.1%	6.8%	1.4%	2.1%
	2012	5.0%	6.2%	6.4%	1.1%	3.8%	5.2%	3.0%
	2013	6.8%	6.2%	6.1%	3.2%	6.2%	2.0%	4.4%
	2014	6.2%	7.0%	7.3%	5.0%	6.7%	4.7%	4.6%
	2015	5.5%	5.9%	8.2%	3.8%	5.6%	4.3%	4.6%
	2016	6.3%	6.7%	5.8%	1.7%	6.3%	4.4%	0.8%
	2017	7.6%	8.8%	8.0%	4.3%	7.4%	5.4%	4.3%
	2018	—	—	—	—	—	—	—
加拿大	2005	1.1%	2.0%	1.9%	0.4%	1.7%	1.5%	2.3%
	2006	6.0%	5.8%	5.3%	4.4%	4.8%	7.3%	5.2%
	2007	4.4%	5.8%	7.2%	4.4%	8.2%	5.5%	7.9%
	2008	4.0%	4.7%	5.3%	4.3%	5.4%	5.7%	7.7%
	2009	6.6%	8.1%	6.3%	4.5%	10.0%	8.7%	7.0%
	2010	6.4%	7.6%	7.9%	5.9%	5.6%	9.0%	9.2%
	2011	8.4%	7.1%	4.8%	6.0%	6.7%	9.3%	9.3%
	2012	5.3%	8.4%	7.3%	8.2%	6.8%	11.2%	4.6%
	2013	6.1%	9.4%	5.7%	5.2%	5.5%	8.7%	8.8%
	2014	4.8%	7.9%	6.3%	7.5%	5.7%	8.1%	7.4%
	2015	7.3%	7.9%	6.8%	5.0%	4.8%	7.8%	7.5%
	2016	8.2%	6.7%	4.1%	4.8%	6.9%	7.3%	8.6%
	2017	7.1%	6.7%	5.2%	9.4%	5.2%	8.7%	8.9%
	2018	—	—	—	—	—	—	—

（续表）

出口目的地	企业类别 年份	1	2	3	4	5	6	7
澳大利亚	2005	2.1%	2.4%	2.4%	0.2%	1.0%	3.9%	1.7%
	2006	2.7%	6.3%	4.7%	1.7%	5.3%	7.3%	6.6%
	2007	4.0%	6.7%	5.5%	2.0%	3.8%	4.6%	8.7%
	2008	2.1%	5.4%	6.0%	1.4%	2.6%	5.1%	6.5%
	2009	5.3%	7.8%	7.2%	1.8%	7.1%	5.3%	5.1%
	2010	5.0%	9.2%	7.6%	4.8%	5.6%	6.7%	9.6%
	2011	4.8%	8.5%	8.0%	5.5%	4.1%	8.2%	11.1%
	2012	5.4%	7.8%	6.4%	5.9%	5.3%	7.7%	7.2%
	2013	5.3%	7.4%	7.6%	3.2%	5.8%	7.1%	6.6%
	2014	6.1%	9.1%	6.4%	7.1%	7.7%	8.7%	10.1%
	2015	5.6%	8.4%	7.9%	7.8%	8.5%	9.3%	7.1%
	2016	6.1%	7.5%	6.7%	4.4%	9.2%	8.4%	9.9%
	2017	6.9%	7.6%	6.4%	5.5%	7.0%	13.7%	11.7%
	2018	—	—	—	—	—	—	—
其他	2005	22.3%	10.2%	20.1%	6.5%	7.5%	4.7%	4.5%
	2006	31.6%	31.4%	30.2%	26.6%	27.1%	15.9%	36.9%
	2007	16.1%	21.5%	18.5%	7.4%	13.6%	6.5%	22.6%
	2008	55.6%	51.7%	45.2%	46.7%	49.5%	38.9%	38.1%
	2009	33.5%	30.9%	31.3%	23.7%	23.1%	14.9%	27.8%
	2010	20.7%	27.5%	26.8%	12.5%	17.5%	16.5%	12.9%
	2011	21.6%	27.4%	29.3%	8.1%	24.8%	16.5%	17.2%
	2012	27.1%	30.4%	24.8%	13.9%	25.9%	13.5%	18.7%
	2013	19.0%	30.5%	24.3%	17.8%	23.6%	14.4%	19.9%
	2014	25.1%	28.7%	25.3%	18.6%	25.6%	21.0%	22.1%
	2015	20.7%	30.0%	29.8%	13.3%	26.2%	19.8%	25.3%
	2016	20.7%	32.8%	34.5%	18.9%	29.7%	21.5%	23.7%
	2017	21.4%	31.2%	28.4%	24.2%	27.1%	14.1%	23.2%
	2018	30.1%	30.3%	28.7%	25.5%	20.9%	27.3%	27.4%

数据来源：根据《中国技术性贸易措施年度报告》(2006—2019)的相关数据计算所得。

注：1.农食产品类企业 2.机电仪器类企业 3.化矿金属类企业 4.纺织鞋帽类企业 5.橡塑皮革类企业 6.玩具家具类企业 7.木材纸张非金属类企业。

为了更加清楚地了解中国不同类别出口企业遭受国外技术性贸易措施影响的国别分布情况,图 4-2 利用各年均值通过柱状图将其描绘出来。

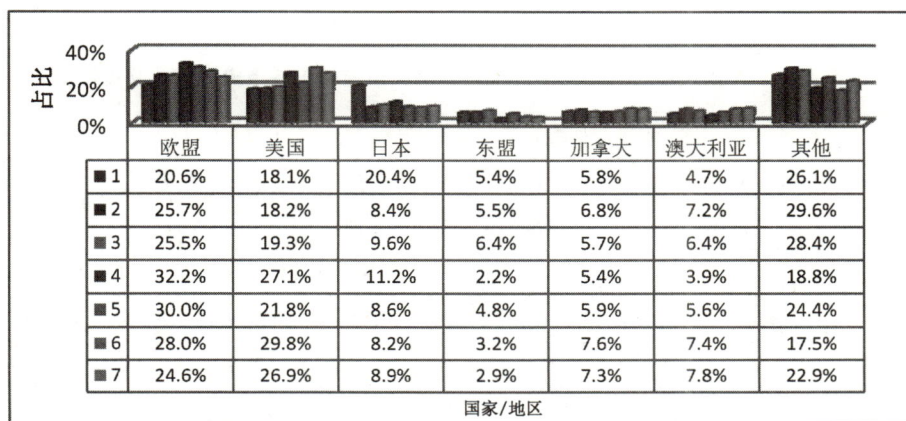

	欧盟	美国	日本	东盟	加拿大	澳大利亚	其他
■ 1	20.6%	18.1%	20.4%	5.4%	5.8%	4.7%	26.1%
■ 2	25.7%	18.2%	8.4%	5.5%	6.8%	7.2%	29.6%
■ 3	25.5%	19.3%	9.6%	6.4%	5.7%	6.4%	28.4%
■ 4	32.2%	27.1%	11.2%	2.2%	5.4%	3.9%	18.8%
■ 5	30.0%	21.8%	8.6%	4.8%	5.9%	5.6%	24.4%
■ 6	28.0%	29.8%	8.2%	3.2%	7.6%	7.4%	17.5%
■ 7	24.6%	26.9%	8.9%	2.9%	7.3%	7.8%	22.9%

国家/地区

图 4-2　中国不同类别出口企业遭受国外技术性贸易措施的国家/地区分布情况(按各年均值)

数据来源:根据《中国技术性贸易措施年度报告》(2006—2019)的相关数据计算所得。

注:1.农食产品类企业 2.机电仪器类企业 3.化矿金属类企业 4.纺织鞋帽类企业 5.橡塑皮革类企业 6.玩具家具类企业 7.木材纸张非金属类企业(柱状图中依次按照此顺序排列)。

4.3　中国出口企业遭受国外技术性贸易措施的贸易损失分析

4.3.1　中国出口企业遭受国外技术性贸易措施的主要损失形式

当中国出口企业遭受国外技术性贸易措施时,进口国/地区往往以中国企业的出口产品不能满足其特定的技术要求为由而对其进行特殊处理,从而给中国企业造成经济损失。这些特殊处理方式包括取消订单、扣留货物、销毁货物、退回货物、口岸处理、改变用途、降级处理等。

从整体上来讲,从 2006 年至 2018 年,取消订单是中国出口企业遭受国外技术性贸易措施的最主要损失形式,除 2008 年和 2009 年之外,在其余年份,取消订单在所有损失形式中所占的比例都在 40% 以上,尤其是 2011 年、2012 年、2013 年、2014 年、2015 年和 2016 年,取消订单的占比高达 55% 以上,分别为56.1%、56.2%、55.6%、55.5%、56.8% 和 56.4%;退回货物和降级处理在所有损失形式中所占的比例也比较高,大约为 10% 以上;而扣留货物、销毁货物、口岸处理、改变用途等在所有损失形式中所占的比例则比较低。表 4 - 9 列出了 2006 年至 2018 年中国出口企业遭受国外技术性贸易措施的主要损失形式及其占比情况。

表 4 - 9　中国出口企业遭受国外技术性贸易措施的主要损失形式及其占比

(2006—2018)

损失形式 / 年份	取消订单	扣留货物	销毁货物	退回货物	口岸处理	改变用途	降级处理	其他	合计
2006	43.1%	4.7%	3.9%	16.5%	7.4%	4.8%	0	19.6%	100%
2007	48.5%	8.9%	2.9%	13.3%	3.7%	4.7%	10.0%	8.0%	100%
2008	21.5%	10.2%	10.1%	12.8%	10.5%	10.1%	13.5%	11.3%	100%
2009	21.8%	10.3%	10.3%	12.3%	10.4%	10.3%	13.0%	11.6%	100%
2010	47.1%	6.5%	6.5%	11.9%	7.2%	2.5%	12.3%	6.0%	100%
2011	56.1%	4.1%	3.7%	12.8%	3.9%	2.9%	9.0%	7.5%	100%
2012	56.2%	4.0%	3.0%	10.9%	3.4%	3.1%	12.3%	7.1%	100%
2013	55.6%	3.2%	3.7%	11.6%	5.3%	2.6%	12.1%	5.9%	100%
2014	55.5%	4.0%	3.7%	11.6%	6.3%	3.5%	10.1%	5.3%	100%
2015	56.8%	4.1%	3.2%	11.8%	4.1%	1.6%	9.6%	8.8%	100%
2016	56.4%	3.8%	2.8%	11.4%	4.2%	1.7%	10.5%	9.1%	100%
2017	42.9%	5.9%	5.1%	13.9%	6.8%	3.3%	10.5%	11.6%	100%
2018	43.0%	7.1%	6.3%	13.6%	8.1%	4.7%	10.0%	7.2%	100%
各年均值	46.5%	5.9%	5.0%	12.6%	6.3%	4.3%	11.1%	9.2%	100%

数据来源:根据《中国技术性贸易措施年度报告》(2007—2019)的相关数据计算所得。

从不同行业来看,中国不同行业出口企业所遭受的损失形式存在着一定的差异。农食产品类企业和纺织鞋帽类企业遭受的主要损失形式是取消订单、退回货物和降级处理,三种损失形式在两类企业所遭受的损失形式中的占比均超过了 70%;机电仪器类企业、化矿金属类企业和玩具家具类企业遭受的主要损失形式是取消订单和退回货物,两种损失形式在三类企业所遭受的损失形式中的占比均达到 65% 以上;橡塑皮革类企业和木材纸张非金属类企业遭受的主要损失形式是取消订单和降级处理,两种损失形式在两类企业所遭受的损失形式中的占比大约在 60% 左右。图 4-3 利用各年均值描述了中国不同行业出口企业遭受国外技术性贸易措施的损失形式及其占比。

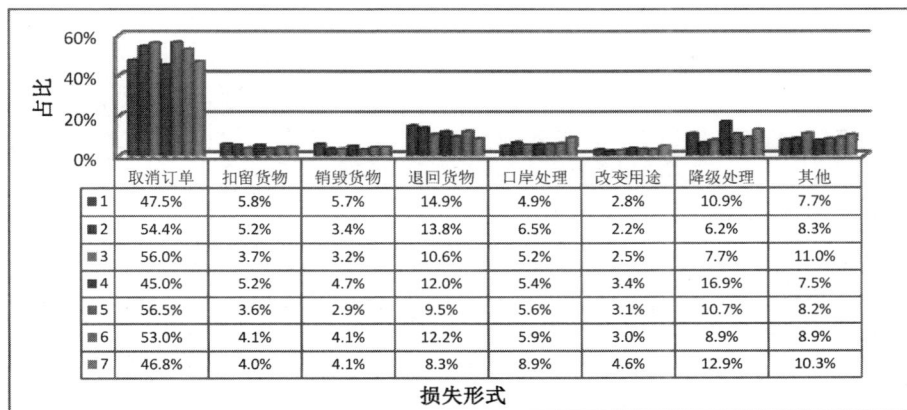

	取消订单	扣留货物	销毁货物	退回货物	口岸处理	改变用途	降级处理	其他
■1	47.5%	5.8%	5.7%	14.9%	4.9%	2.8%	10.9%	7.7%
■2	54.4%	5.2%	3.4%	13.8%	6.5%	2.2%	6.2%	8.3%
■3	56.0%	3.7%	3.2%	10.6%	5.2%	2.5%	7.7%	11.0%
■4	45.0%	5.2%	4.7%	12.0%	5.4%	3.4%	16.9%	7.5%
■5	56.5%	3.6%	2.9%	9.5%	5.6%	3.1%	10.7%	8.2%
■6	53.0%	4.1%	4.1%	12.2%	5.9%	3.0%	8.9%	8.9%
■7	46.8%	4.0%	4.1%	8.3%	8.9%	4.6%	12.9%	10.3%

损失形式

图 4-3　中国不同行业出口企业遭受国外技术性贸易措施的损失形式（按各年均值）

数据来源:根据《中国技术性贸易措施年度报告》(2006—2019)的相关数据计算所得。

注:1.农食产品类企业 2.机电仪器类企业 3.化矿金属类企业 4.纺织鞋帽类企业 5.橡塑皮革类企业 6.玩具家具类企业 7.木材纸张非金属类企业(柱状图中依次按照此顺序排列)。

另外,不同损失形式的行业分布也有所不同。在所有行业中,农食产品类企业、机电仪器类企业和纺织鞋帽类企业遭受各种损失形式的比例普遍比较高,包括取消订单、扣留货物、销毁货物、退回货物、口岸处理、改变用途、降级处理等。销毁货物是农食产品类企业遭受的最主要的损失形式,在所有损失形式中,农食产品类企业每年有大约三分之一的损失是由这种形式造成的;退回货物、口岸处理、扣留货物和取消订单是机电仪器类企业遭受损失的主要形式;降级处理则在纺织鞋帽类企业所遭受的损失形式中所占比例最高。但是,化矿金属类企业、橡塑皮革类企业、玩具家具类企业、木材纸张非金属类企业遭受各种损失形式的比例则比较低。表 4-10 列出了 2006 年至 2017 年不同损失形式在中国不同行业出口企业的分布情况。

表 4 - 10 不同损失形式在中国不同行业出口企业的分布情况

(2006—2017)

企业类别	损失形式年份	取消订单	扣留货物	销毁货物	退回货物	口岸处理	改变用途	降级处理	其他
1	2006	24.3%	14.3%	29.8%	25.8%	19.1%	43.1%	—	11.4%
	2007	15.8%	15.9%	51.2%	25.5%	34.5%	14.5%	15.5%	17.1%
	2008	16.2%	15.3%	16.4%	15.1%	14.9%	15.4%	14.0%	15.9%
	2009	25.4%	26.9%	27.7%	25.9%	24.3%	24.5%	25.0%	24.7%
	2010	21.4%	19.8%	22.9%	14.9%	14.2%	29.7%	23.8%	25.0%
	2011	19.4%	34.4%	37.0%	26.6%	17.5%	16.7%	28.0%	20.7%
	2012	15.7%	18.4%	13.9%	9.0%	12.2%	13.2%	16.1%	25.3%
	2013	14.8%	14.3%	30.4%	18.3%	19.8%	25.6%	15.8%	24.7%
	2014	12.3%	14.0%	17.6%	20.9%	9.6%	14.7%	15.1%	19.0%
	2015	19.2%	36.2%	34.9%	22.6%	17.0%	22.0%	28.7%	19.2%
	2016	24.3%	31.9%	40.7%	29.0%	29.1%	40.5%	26.8%	22.8%
	2017	25.7%	27.8%	32.4%	29.2%	16.5%	15.9%	21.5%	16.9%
2	2006	21.8%	35.7%	17.0%	26.3%	28.1%	22.4%	—	19.9%
	2007	27.1%	21.2%	7.0%	21.4%	38.2%	18.8%	14.2%	12.0%
	2008	21.1%	19.5%	18.5%	24.4%	18.4%	19.5%	18.4%	18.6%
	2009	21.3%	19.2%	19.2%	22.7%	20.2%	20.0%	16.7%	18.7%
	2010	24.7%	32.3%	26.0%	34.9%	21.7%	18.9%	17.7%	17.9%
	2011	29.3%	34.4%	33.3%	33.0%	40.4%	35.7%	15.2%	32.4%
	2012	25.3%	26.5%	13.9%	25.6%	22.0%	10.5%	12.8%	31.0%
	2013	21.9%	22.4%	14.3%	29.1%	23.5%	15.4%	9.3%	18.0%
	2014	27.2%	27.8%	24.1%	28.5%	22.1%	12.0%	9.1%	21.6%
	2015	26.5%	32.3%	22.9%	35.1%	34.0%	26.8%	13.7%	19.1%
	2016	23.5%	33.0%	15.9%	26.2%	25.2%	7.1%	12.2%	22.3%
	2017	21.6%	22.8%	19.1%	24.3%	25.2%	25.0%	17.1%	22.1%
3	2006	6.7%	1.8%	6.4%	13.1%	3.4%	15.5%	—	17.4%
	2007	8.1%	3.8%	7.0%	15.8%	7.3%	0	6.8%	15.4%
	2008	9.0%	9.1%	9.2%	8.3%	9.8%	9.6%	10.1%	10.3%

（续表）

企业类别	损失形式 年份	取消订单	扣留货物	销毁货物	退回货物	口岸处理	改变用途	降级处理	其他
	2009	8.1%	10.4%	9.7%	9.1%	11.6%	10.9%	9.8%	13.1%
	2010	10.3%	5.2%	13.5%	9.1%	8.5%	2.7%	14.4%	22.6%
	2011	8.6%	4.9%	0	6.4%	1.8%	11.9%	13.6%	12.6%
	2012	15.7%	10.2%	8.3%	9.8%	22.0%	18.4%	10.1%	14.9%
	2013	14.7%	10.2%	8.9%	10.9%	14.8%	12.8%	10.4%	23.6%
	2014	17.4%	17.4%	11.4%	14.9%	15.4%	12.0%	14.7%	10.3%
	2015	12.2%	2.9%	4.9%	9.5%	5.6%	4.9%	6.0%	23.9%
	2016	12.6%	6.4%	8.7%	10.4%	10.7%	11.9%	6.2%	12.5%
	2017	14.0%	13.9%	8.8%	7.0%	9.9%	13.6%	11.4%	19.5%
4	2006	17.0%	25.0%	10.6%	14.1%	16.9%	1.7%	—	15.7%
	2007	14.2%	10.6%	9.3%	18.9%	1.8%	2.9%	28.4%	15.4%
	2008	16.4%	20.2%	19.0%	17.6%	19.0%	18.2%	21.2%	19.1%
	2009	16.0%	16.8%	16.6%	16.2%	17.0%	17.6%	20.8%	15.8%
	2010	15.1%	15.6%	14.6%	19.4%	16.0%	24.3%	23.8%	15.5%
	2011	10.3%	9.8%	7.4%	18.1%	5.3%	4.8%	22.0%	12.6%
	2012	11.3%	10.2%	19.4%	22.6%	12.2%	21.1%	24.8%	14.9%
	2013	14.1%	26.5%	10.7%	18.2%	17.3%	17.9%	20.2%	11.2%
	2014	11.1%	14.0%	16.5%	15.7%	16.2%	13.3%	28.0%	12.1%
	2015	10.3%	12.4%	19.3%	11.8%	9.4%	14.6%	28.6%	9.1%
	2016	12.0%	10.6%	21.7%	10.0%	4.9%	14.3%	23.7%	6.3%
	2017	14.6%	15.2%	8.8%	14.1%	14.3%	18.3%	21.4%	15.6%
5	2006	6.9%	3.6%	4.3%	3.0%	10.1%	8.6%	—	5.9%
	2007	11.6%	25.0%	9.3%	8.7%	5.5%	33.3%	7.4%	18.8%
	2008	9.2%	11.0%	10.4%	11.3%	5.9%	11.8%	11.3%	9.8%
	2009	6.8%	7.1%	7.2%	6.6%	7.6%	6.4%	7.2%	6.6%
	2010	4.1%	5.2%	3.1%	4.5%	2.8%	0	4.4%	2.4%
	2006	6.9%	3.6%	4.3%	3.0%	10.1%	8.6%	—	5.9%
	2007	11.6%	25.0%	9.3%	8.7%	5.5%	33.3%	7.4%	18.8%
	2008	9.2%	11.0%	10.4%	11.3%	5.9%	11.8%	11.3%	9.8%

（续表）

企业类别	损失形式／年份	取消订单	扣留货物	销毁货物	退回货物	口岸处理	改变用途	降级处理	其他
	2009	6.8%	7.1%	7.2%	6.6%	7.6%	6.4%	7.2%	6.6%
	2010	4.1%	5.2%	3.1%	4.5%	2.8%	0	4.4%	2.4%
	2011	7.3%	3.3%	5.6%	4.8%	1.8%	7.1%	2.3%	3.6%
	2012	5.4%	6.1%	0	7.5%	4.9%	13.2%	8.1%	3.4%
	2013	8.9%	6.1%	10.7%	10.3%	4.9%	10.3%	16.4%	4.5%
	2014	7.4%	7.0%	6.3%	4.0%	7.4%	16.0%	10.6%	10.3%
	2015	8.0%	2.9%	3.6%	3.3%	10.4%	0	3.2%	8.7%
	2016	11.8%	6.4%	2.9%	9.7%	3.9%	2.4%	12.8%	5.8%
	2017	7.9%	8.9%	7.4%	6.5%	7.7%	4.5%	8.6%	8.4%
6	2006	11.4%	5.4%	12.8%	12.1%	2.2%	3.4%	—	11.4%
	2007	12.3%	13.6%	2.3%	3.6%	0	13.0%	7.4%	8.5%
	2008	15.1%	13.4%	14.8%	12.8%	15.2%	13.7%	13.2%	14.4%
	2009	12.3%	11.4%	11.3%	11.6%	11.1%	11.1%	12.3%	11.6%
	2010	15.8%	10.4%	11.5%	9.7%	9.4%	10.8%	5.5%	3.6%
	2011	15.4%	9.8%	9.3%	7.4%	19.3%	7.1%	6.8%	6.3%
	2012	13.0%	18.4%	30.6%	16.5%	12.2%	21.1%	12.8%	2.3%
	2013	11.9%	8.2%	7.1%	7.4%	2.4%	5.1%	12.0%	5.6%
	2014	13.3%	10.5%	20.3%	10.4%	11.8%	13.3%	6.4%	10.3%
	2015	16.6%	7.6%	6.0%	13.8%	3.8%	12.2%	9.7%	9.1%
	2016	8.6%	7.4%	4.3%	10.4%	9.7%	2.4%	5.8%	19.2%
	2017	9.0%	6.3%	13.2%	11.9%	16.5%	13.6%	12.1%	7.1%
7	2006	11.9%	14.2%	19.1%	5.6%	20.0%	5.3%	—	18.3%
	2007	10.9%	9.9%	13.9%	6.1%	12.7%	17.5%	20.3%	12.8%
	2008	12.9%	11.5%	11.7%	10.5%	16.8%	11.8%	11.8%	11.9%
	2009	10.1%	8.3%	8.3%	7.9%	8.2%	9.5%	8.2%	9.5%
	2010	8.6%	11.5%	8.4%	7.5%	27.4%	13.6%	10.4%	13.0%
	2011	9.7%	3.4%	7.4%	3.7%	13.9%	16.7%	12.1%	11.8%
	2012	13.6%	10.2%	13.9%	9.0%	14.5%	2.5%	15.3%	8.2%
	2013	13.7%	12.3%	17.9%	5.8%	17.3%	12.9%	15.9%	12.4%

（续表）

企业类别	损失形式\年份	取消订单	扣留货物	销毁货物	退回货物	口岸处理	改变用途	降级处理	其他
7	2014	11.3%	9.3%	3.8%	5.6%	17.5%	18.7%	16.1%	16.4%
	2015	7.2%	5.7%	8.4%	3.9%	19.8%	19.5%	10.1%	10.9%
	2016	7.2%	4.3%	5.8%	4.3%	16.5%	21.4%	12.5%	11.1%
	2017	7.2%	5.1%	10.3%	7.0%	9.9%	9.1%	7.9%	10.4%

数据来源：根据《中国技术性贸易措施年度报告》(2007—2018)的相关数据计算所得。

注：1.农食产品类企业 2.机电仪器类企业 3.化矿金属类企业 4.纺织鞋帽类企业 5.橡塑皮革类企业 6.玩具家具类企业 7.木材纸张非金属类企业。

　　为了更加直观地了解国外技术性贸易措施的不同损失形式在中国不同行业出口企业的分布情况，图 4 - 4 利用各年均值通过柱状图将其描绘出来。

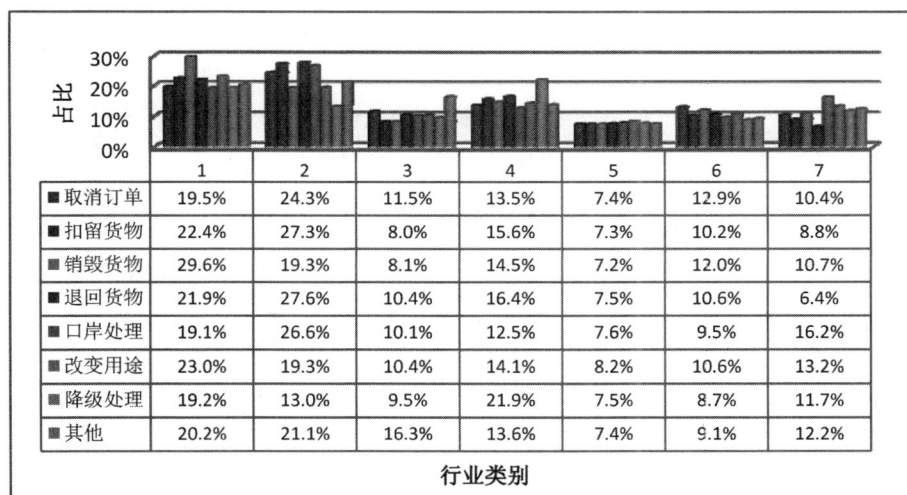

行业类别	1	2	3	4	5	6	7
■取消订单	19.5%	24.3%	11.5%	13.5%	7.4%	12.9%	10.4%
■扣留货物	22.4%	27.3%	8.0%	15.6%	7.3%	10.2%	8.8%
■销毁货物	29.6%	19.3%	8.1%	14.5%	7.2%	12.0%	10.7%
■退回货物	21.9%	27.6%	10.4%	16.4%	7.5%	10.6%	6.4%
■口岸处理	19.1%	26.6%	10.1%	12.5%	7.6%	9.5%	16.2%
■改变用途	23.0%	19.3%	10.4%	14.1%	8.2%	10.6%	13.2%
■降级处理	19.2%	13.0%	9.5%	21.9%	7.5%	8.7%	11.7%
■其他	20.2%	21.1%	16.3%	13.6%	7.4%	9.1%	12.2%

图 4 - 4　不同损失形式在中国不同行业出口企业的分布情况（按各年均值）

数据来源：根据《中国技术性贸易措施年度报告》(2007—2018)的相关数据计算所得。

　　注：1.农食产品类企业 2.机电仪器类企业 3.化矿金属类企业 4.纺织鞋帽类企业 5.橡塑皮革类企业 6.玩具家具类企业 7.木材纸张非金属类企业。

　　从损失形式的国家/地区分布来看，中国出口企业所遭受的技术性贸易措施的损失形式在不同进口国/地区的占比分布是不同的。无论哪一种损失形式,包括取消订单、扣留货物、销毁货物、退回货物、口岸处理、改变用途、降级处理等,欧盟的占比都是最高的,美国位居第二,日本位居第三。这三大贸易伙伴的占比之和均超过了50%。

销毁货物、降级处理、取消订单、扣留货物和退回货物是中国出口企业在欧盟所遭受的主要损失形式;取消订单、扣留货物和销毁货物是中国出口企业在美国所遭受的主要损失形式;降级处理是中国出口企业在日本所遭受的主要损失形式。在东盟、韩国、俄罗斯、加拿大和澳大利亚,中国出口企业遭受的损失形式所占比例比较低。其中,改变用途和退回货物分别是中国出口企业在东盟和韩国的主要损失形式;取消订单是中国出口企业在俄罗斯和加拿大的主要损失形式;而口岸处理则是中国出口企业在澳大利亚的主要损失形式。表4-11列出了2006年至2017年中国出口企业遭受技术性贸易措施的不同损失形式在不同进口国/地区的占比分布情况。

表4-11　不同损失形式在不同进口国/地区的占比分布情况

(2006-2017)

出口目的地	损失形式＼年份	取消订单	扣留货物	销毁货物	退回货物	口岸处理	改变用途	降级处理	其他
欧盟	2006	33.2%	33.9%	31.9%	25.8%	22.5%	29.3%	—	33.5%
	2007	30.5%	36.4%	32.6%	36.2%	24.6%	28.6%	31.8%	27.4%
	2008	17.4%	2.7%	2.7%	8.1%	2.6%	2.6%	10.5%	7.3%
	2009	17.6%	1.9%	3.5%	6.7%	2.5%	2.4%	9.1%	8.0%
	2010	31.7%	30.2%	34.4%	33.7%	25.5%	35.2%	34.8%	27.4%
	2011	29.9%	26.2%	35.2%	30.9%	22.8%	16.7%	34.9%	26.2%
	2012	30.6%	28.7%	38.9%	31.6%	29.3%	34.2%	30.9%	27.8%
	2013	29.8%	16.3%	32.1%	24.0%	22.2%	25.6%	27.9%	24.7%
	2014	27.9%	27.9%	25.3%	25.8%	19.1%	32.0%	28.9%	17.3%
	2015	27.2%	16.2%	26.6%	27.8%	17.0%	26.8%	26.2%	21.7%
	2016	26.3%	24.5%	33.4%	25.9%	17.5%	28.6%	30.0%	18.3%
	2017	25.5%	14.5%	21.4%	22.9%	17.6%	23.6%	29.0%	18.5%

（续表）

出口目的地	损失形式／年份	取消订单	扣留货物	销毁货物	退回货物	口岸处理	改变用途	降级处理	其他
美国	2006	24.4%	21.4%	19.1%	18.2%	23.6%	13.8%	—	24.2%
	2007	29.0%	28.8%	23.3%	23.5%	24.6%	14.3%	26.4%	25.6%
	2008	16.4%	3.0%	2.9%	5.8%	3.9%	2.2%	7.7%	5.0%
	2009	15.2%	2.8%	2.7%	6.7%	2.5%	2.4%	6.8%	5.3%
	2010	27.8%	35.4%	31.3%	27.4%	21.7%	29.7%	23.2%	20.2%
	2011	23.5%	21.3%	29.6%	22.9%	22.8%	19.0%	22.8%	19.8%
	2012	22.3%	20.4%	36.1%	29.3%	22.0%	21.1%	20.8%	19.5%
	2013	22.7%	22.4%	30.4%	19.4%	18.5%	15.4%	21.3%	18.0%
	2014	20.8%	22.1%	21.5%	21.7%	19.9%	16.0%	19.7%	20.7%
	2015	22.4%	27.6%	24.2%	20.7%	20.8%	19.5%	20.2%	20.4%
	2016	21.7%	28.7%	27.6%	23.4%	18.4%	19.1%	19.5%	17.9%
	2017	23.0%	21.0%	20.4%	21.9%	14.6%	14.7%	18.6%	15.3%
日本	2006	15.0%	7.1%	19.1%	22.2%	10.1%	19.0%	—	13.1%
	2007	14.2%	9.1%	11.6%	15.8%	8.2%	9.5%	15.5%	11.1%
	2008	6.1%	0.9%	1.6%	4.6%	1.2%	1.7%	3.2%	2.7%
	2009	5.9%	1.3%	1.7%	3.6%	1.1%	1.0%	3.8%	2.8%
	2010	10.7%	4.2%	10.4%	15.4%	8.5%	16.2%	8.3%	11.9%
	2011	11.0%	13.1%	20.4%	14.4%	8.8%	11.9%	14.4%	11.7%
	2012	8.8%	8.2%	2.8%	6.8%	7.3%	2.6%	12.1%	10.3%
	2013	8.9%	4.1%	12.5%	13.1%	9.9%	10.3%	13.7%	15.7%
	2014	8.7%	4.7%	13.9%	12.0%	6.6%	5.3%	13.3%	11.2%
	2015	8.6%	6.7%	9.6%	14.8%	4.7%	4.9%	11.7%	13.9%
	2016	7.8%	5.3%	17.4%	9.7%	6.8%	7.1%	9.3%	7.6%
	2017	8.7%	6.5%	11.2%	10.5%	8.0%	7.4%	9.5%	8.4%

（续表）

出口目的地	损失形式 年份	取消订单	扣留货物	销毁货物	退回货物	口岸处理	改变用途	降级处理	其他
东盟	2006	4.0%	5.4%	4.3%	5.6%	4.5%	10.3%	—	3.0%
	2007	6.6%	9.1%	7.0%	5.1%	11.5%	31.7%	5.4%	6.0%
	2008	2.6%	0.5%	0.2%	1.3%	0.5%	0.5%	1.1%	0.6%
	2009	2.5%	0.3%	0.2%	1.0%	1.0%	0.2%	1.5%	1.0%
	2010	3.0%	5.2%	2.1%	4.0%	7.5%	8.1%	8.3%	6.0%
	2011	4.2%	3.3%	—	3.7%	3.5%	4.8%	2.3%	7.2%
	2012	5.0%	8.2%	2.8%	3.8%	7.3%	0	3.4%	6.9%
	2013	6.3%	14.3%	1.8%	6.3%	8.6%	10.3%	9.3%	9.0%
	2014	6.6%	3.5%	3.8%	6.4%	8.1%	8.0%	6.9%	6.9%
	2015	5.6%	4.8%	8.4%	7.2%	7.5%	4.9%	6.5%	6.1%
	2016	5.4%	6.4%	1.4%	7.5%	3.9%	2.4%	5.1%	8.0%
	2017	7.2%	7.3%	3.1%	8.0%	9.5%	4.4%	7.2%	6.9%
韩国	2006	4.2%	—	6.4%	7.6%	3.4%	5.2%	—	5.1%
	2007	3.1%	3.0%	2.3%	4.1%	6.6%	3.2%	3.4%	4.3%
	2008	2.5%	0.3%	0.4%	1.3%	0.7%	0.2%	1.2%	0.8%
	2009	2.5%	0.3%	0.7%	1.7%	0.5%	0.5%	1.2%	0.7%
	2010	2.3%	3.1%	3.1%	4.6%	1.9%	5.4%	3.9%	4.8%
	2011	4.4%	1.6%	1.9%	5.9%	7.0%	4.8%	4.5%	2.7%
	2012	3.7%	2.0%	2.8%	3.8%	2.4%	2.6%	4.0%	6.9%
	2013	5.9%	4.1%	5.4%	10.3%	7.4%	7.7%	6.0%	3.4%
	2014	5.6%	7.0%	5.1%	8.8%	8.8%	4.0%	6.4%	4.3%
	2015	3.9%	3.8%	8.4%	7.5%	7.5%	7.3%	8.1%	6.1%
	2016	5.4%	3.2%	5.8%	8.2%	6.8%	11.9%	5.8%	4.9%
	2017	5.5%	4.8%	5.1%	6.9%	5.8%	5.9%	5.4%	3.8%

（续表）

出口 目的地	损失形式 年份	取消 订单	扣留 货物	销毁 货物	退回 货物	口岸 处理	改变 用途	降级 处理	其他
俄罗斯	2006	3.9%	8.9%	—	3.0%	5.6%	5.2%	—	2.5%
	2007	2.6%	3.8%	9.3%	4.1%	8.2%	4.8%	3.4%	1.7%
	2008	2.8%	0.7%	0.4%	1.7%	0.8%	0.4%	1.7%	0.3%
	2009	2.8%	1.2%	0.2%	1.1%	0.7%	0.5%	1.7%	0.6%
	2010	4.5%	6.3%	2.1%	4.0%	5.7%	—	3.9%	6.0%
	2011	4.8%	6.6%	1.9%	3.2%	—	2.4%	3.0%	5.4%
	2012	5.3%	6.1%	2.8%	3.0%	4.9%	5.3%	3.4%	2.3%
	2013	5.2%	12.2%	1.8%	5.1%	4.9%	10.3%	4.4%	4.5%
	2014	5.9%	1.2%	2.5%	3.6%	2.9%	6.7%	4.1%	5.2%
	2015	5.9%	7.6%	6.0%	4.6%	8.5%	9.8%	4.8%	2.2%
	2016	4.8%	6.4%	1.4%	3.9%	5.8%	9.5%	3.9%	4.5%
	2017	—	—	—	—	—	—	—	—
加拿大	2006	4.6%	5.4%	4.3%	7.1%	6.7%	5.2%	—	3.4%
	2007	3.6%	1.5%	2.3%	4.6%	1.6%	—	3.4%	5.1%
	2008	2.6%	0.3%	0.2%	1.5%	1.0%	0.7%	1.4%	0.8%
	2009	3.3%	0.5%	0.3%	1.1%	0.3%	0.7%	1.6%	0.6%
	2010	5.5%	5.2%	6.3%	3.4%	4.7%	—	6.1%	3.6%
	2011	4.6%	6.6%	5.6%	2.7%	7.0%	9.5%	4.5%	3.6%
	2012	5.7%	2.0%	5.6%	3.8%	2.4%	7.9%	7.4%	5.7%
	2013	4.7%	2.0%	5.4%	3.4%	6.2%	2.6%	3.8%	1.1%
	2014	4.7%	7.0%	5.1%	4.4%	5.1%	4.0%	6.0%	3.4%
	2015	4.6%	5.7%	4.8%	3.9%	4.7%	7.3%	5.6%	5.7%
	2016	4.6%	1.1%	—	3.2%	3.9%	—	2.7%	6.7%
	2017	4.7%	5.6%	3.1%	5.5%	2.2%	2.9%	4.5%	4.2%

（续表）

出口目的地	损失形式 年份	取消订单	扣留货物	销毁货物	退回货物	口岸处理	改变用途	降级处理	其他
澳大利亚	2006	4.0%	3.6%	6.4%	6.1%	7.9%	3.4%	—	3.8%
	2007	3.9%	2.3%	2.3%	3.1%	3.2%	—	3.4%	4.3%
	2008	2.5%	0.5%	0.2%	1.5%	0.3%	0.5%	2.1%	1.4%
	2009	3.1%	0.3%	0.2%	0.8%	0.7%	0.3%	1.3%	0.6%
	2010	5.2%	2.1%	5.2%	2.9%	5.7%	2.7%	3.9%	4.8%
	2011	4.4%	3.3%	—	5.3%	8.8%	7.1%	3.0%	7.2%
	2012	4.8%	2.0%	2.8%	3.8%	2.4%	2.6%	4.7%	5.7%
	2013	3.3%	—	1.8%	2.9%	12.3%	2.6%	3.8%	5.6%
	2014	5.7%	3.5%	6.3%	3.6%	7.4%	6.7%	3.2%	1.7%
	2015	5.9%	3.8%	1.2%	3.0%	8.5%	2.4%	5.2%	4.3%
	2016	4.4%	5.3%	2.9%	1.4%	8.7%	—	5.4%	8.0%
	2017	5.1%	5.6%	4.1%	2.5%	5.1%	2.9%	4.1%	4.6%
其他	2006	6.7%	14.3%	8.5%	4.4%	15.7%	8.6%	—	11.4%
	2007	6.5%	6.0%	9.3%	3.5%	11.5%	7.9%	7.3%	14.5%
	2008	47.1%	91.1%	91.4%	74.2%	89.0%	91.2%	71.1%	81.1%
	2009	47.1%	91.4%	90.5%	77.3%	90.7%	92.0%	73.0%	80.4%
	2010	9.3%	8.3%	5.1%	4.6%	18.8%	2.7%	7.6%	15.4%
	2011	13.2%	18.0%	5.4%	11.0%	19.3%	23.8%	10.6%	16.2%
	2012	13.8%	22.4%	5.2%	14.1%	22.0%	23.7%	13.3%	14.9%
	2013	13.2%	24.6%	8.8%	15.5%	10.0%	15.2%	9.8%	18.0%
	2014	14.1%	23.1%	16.5%	13.7%	22.1%	17.3%	11.5%	29.3%
	2015	15.9%	23.8%	10.8%	10.5%	20.8%	17.1%	11.7%	19.6%
	2016	17.5%	19.1%	10.1%	16.8%	28.2%	21.4%	18.3%	24.1%
	2017	20.3%	34.7%	31.6%	21.8%	37.2%	38.2%	21.7%	38.3%

数据来源：根据《中国技术性贸易措施年度报告》(2006—2019)的相关数据计算所得（注：表格中的"—"表示该相关数据空缺）。

为了更加直观地了解中国出口企业遭受技术性贸易措施的损失形式在不同进口国/地区的占比分布情况，图4-5利用各年均值通过柱状图将其描绘出来。

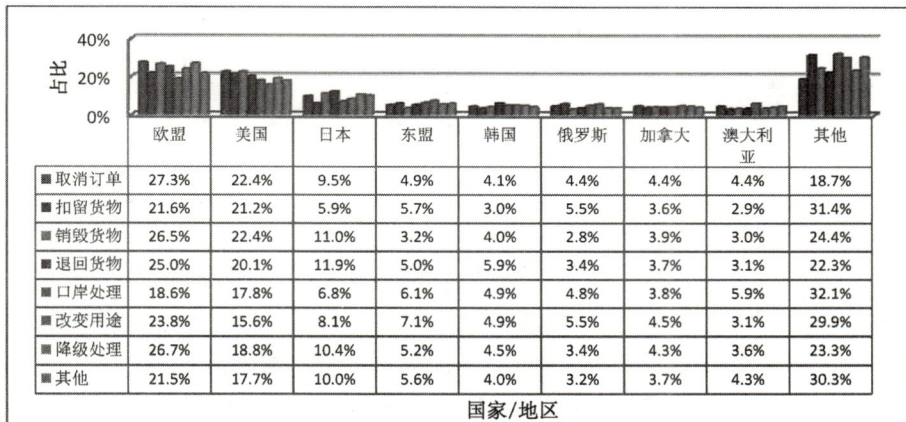

	欧盟	美国	日本	东盟	韩国	俄罗斯	加拿大	澳大利亚	其他
■取消订单	27.3%	22.4%	9.5%	4.9%	4.1%	4.4%	4.4%	4.4%	18.7%
■扣留货物	21.6%	21.2%	5.9%	5.7%	3.0%	5.5%	3.6%	2.9%	31.4%
■销毁货物	26.5%	22.4%	11.0%	3.2%	4.0%	2.8%	3.9%	3.0%	24.4%
■退回货物	25.0%	20.1%	11.9%	5.0%	5.9%	3.4%	3.7%	3.1%	22.3%
■口岸处理	18.6%	17.8%	6.8%	6.1%	4.9%	4.8%	3.8%	5.9%	32.1%
■改变用途	23.8%	15.6%	8.1%	7.1%	4.9%	5.5%	4.5%	3.1%	29.9%
■降级处理	26.7%	18.8%	10.4%	5.2%	4.5%	3.4%	4.3%	3.6%	23.3%
■其他	21.5%	17.7%	10.0%	5.6%	4.0%	3.2%	3.7%	4.3%	30.3%

图 4-5　不同损失形式在不同进口国/地区的占比分布情况（按各年均值）

数据来源：根据《中国技术性贸易措施年度报告》(2006—2019)的相关数据计算所得。

4.3.2　中国出口企业遭受国外技术性贸易措施的直接损失分析

本书中的直接损失特指出口国企业因遭受进口国/地区的技术性贸易措施而带来的损失，主要包括出口产品在进口国/地区遭到取消订单、扣留货物、销毁货物、退回货物、口岸处理、改变用途、降级处理等特殊处理方式所造成的损失。

从总体趋势来看，2016 年之前，中国出口企业遭受国外技术性贸易措施的直接损失呈逐年增长态势，但 2016 年之后，这一态势发生了逆转，中国出口企业遭受国外技术性贸易措施的直接损失开始逐年下降。2005 年中国出口企业遭受国外技术性贸易措施的直接损失为 288.1 亿美元，2006 年比 2005 年增长了 24.7%，达到 359.2 亿美元；2007 年的直接损失为 494.5 亿美元，其增长幅度达到了 37.7%；2013 年中国出口企业的直接损失小幅下降，和 2012 年相比，下降了 3.3%；2014 年中国出口企业遭受国外技术性贸易措施的直接损失继续增长，达到 755.2 亿美元，和 2013 年相比，增长了 14.1%；2015 年更是增长了 23.6%，达到 933.8 亿美元。2016 年中国出口企业遭受国外技术性贸易措施的直接损失出现比较大的逆转，和 2015 年相比，下降了 47.0%，2017 年和 2018 年继续下降，分别下降了 25.2% 和 10.9%。图 4-6 描述了 2005 年至 2018 年中国出口企业遭受国外技术性贸易措施的直接损失的变化趋势。

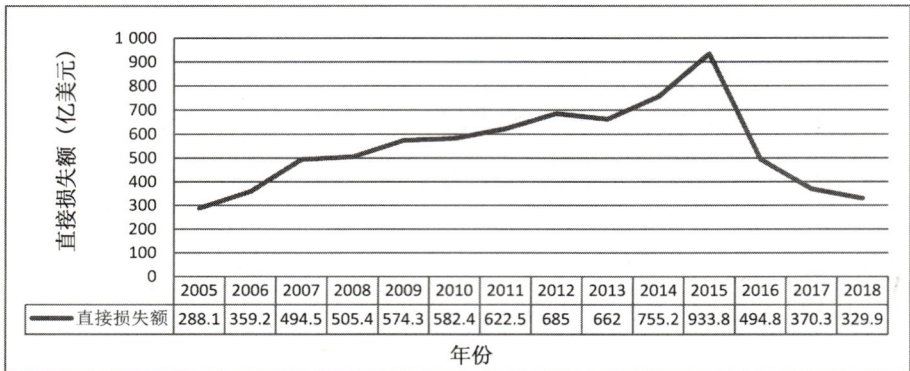

年份	2005	2006	2007	2008	2009	2010	2011	2012	2013	2014	2015	2016	2017	2018
直接损失额	288.1	359.2	494.5	505.4	574.3	582.4	622.5	685	662	755.2	933.8	494.8	370.3	329.9

图 4 - 6　中国出口企业遭受国外技术性贸易措施的直接损失的变化趋势（2005—2018）

数据来源：根据《中国技术性贸易措施年度报告》(2006－2019)的相关数据计算所得(注：2016 年、2017 年和 2018 年的数据是根据当年美元兑人民币年平均汇率换算所得)。

从不同行业来看,中国不同行业出口企业所遭受损失的严重程度是有所不同的。其中,机电仪器类企业遭受的损失最为严重,从 2005 年至 2018 年的大部分年份,其所遭受的损失在所有行业出口企业中的占比都在 30% 以上,尤其是2018 年,这一比例高达 51.1%,按照各年均值,其占比也达到 36.2%;化矿金属类企业位居第二,在大部分年份,其所遭受的损失在所有行业出口企业中的占比大约为 20%,其中,2012 年这一比例高达 32.7%,按照各年均值,其占比为17.5%;农食产品类企业位居第三,2008 年其所遭受的损失在所有行业出口企业中的占比高达 30.6%,按照各年均值,其占比为 11.7%;而木材纸张非金属类企业所遭受的损失最小,按照各年均值,其所遭受的损失在所有行业出口企业中的占比只有 6.9%,但是,2016 年其所遭受的损失在所有行业出口企业中的占比也达到了 17.8%。表 4 - 12 列出了 2005 年至 2018 年中国不同行业出口企业所遭受的直接损失在所有行业出口企业中的占比情况。

表 4 - 12　中国不同行业出口企业所遭受的直接损失的占比

（2005—2018）

年份＼行业类别	1	2	3	4	5	6	7	合计
2005	14.6%	13.7%	20.0%	5.5%	21.4%	13.0%	11.8%	100%
2006	23.8%	25.9%	23.8%	7.7%	9.3%	3.7%	5.8%	100%
2007	17.0%	39.1%	7.7%	10.7%	17.0%	6.8%	1.7%	100%
2008	30.6%	31.8%	6.3%	12.9%	5.3%	6.1%	7.0%	100%
2009	10.5%	38.8%	6.0%	5.7%	3.4%	22.2%	13.4%	100%
2010	6.4%	29.7%	18.6%	12.1%	8.0%	18.5%	6.7%	100%
2011	14.7%	34.2%	20.4%	8.8%	5.1%	13.7%	3.1%	100%
2012	6.1%	35.4%	32.7%	13.2%	3.6%	4.4%	4.6%	100%
2013	6.6%	41.7%	18.1%	23.9%	2.3%	4.6%	2.8%	100%
2014	7.0%	41.3%	20.4%	9.6%	7.2%	8.2%	6.3%	100%
2015	5.3%	43.6%	20.2%	15.6%	5.0%	4.3%	6.0%	100%
2016	7.3%	34.6%	18.2%	9.9%	8.1%	4.1%	17.8%	100%
2017	5.3%	46.1%	23.3%	13.2%	5.4%	3.9%	2.8%	100%
2018	8.5%	51.1%	9.6%	4.0%	9.6%	10.3%	6.9%	100%
各年均值	11.7%	36.2%	17.5%	10.9%	7.9%	8.8%	6.9%	100%

数据来源：根据《中国技术性贸易措施年度报告》（2006—2019）的相关数据计算所得。

注：1.农食产品类 2.机电仪器类 3.化矿金属类 4.纺织鞋帽类 5.橡塑皮革类 6.玩具家具类 7.木材纸张非金属类。

　　从国家/地区分布来看,中国出口企业在不同进口国/地区所遭受的直接损失的程度是不同的。欧盟和美国作为中国最主要的两个贸易伙伴以及中国产品的两个最大出口市场,其技术性贸易措施给中国出口企业所带来的损失也最大。除此之外,日本的技术性贸易措施给中国出口企业所带来的损失也比较大。其中,中国出口企业在欧盟所遭受的损失最为严重,从 2005 年至 2018 年,在所有出口目的地中,中国出口企业每年在欧盟所遭受的直接损失的占比都超过了30% 以上,2006 年和 2008 年这一占比竟高达 40% 以上;中国出口企业在美国所遭受的直接损失位居第二,从 2005 年至 2018 年,在所有出口目的地中,中国出口企业每年在美国所遭受的直接损失的占比都超过了 20% 以上,2018 年这一占比竟高达 59.8%;日本是因技术性贸易措施而给中国出口企业带来严重损失的第三个国家,中国出口企业每年在日本所遭受的直接损失的占比都超过了 5% 以上,2006 年这一比例高达 19.1%。因技术性贸易措施而给中国出口企业带来比较严重损失的国家/地区还包括东盟、韩国、俄罗斯、加拿大和澳大利亚等。表 4-13 列出了 2005 年至 2018 年中国出口企业在不同进口国/地区所遭受的直接损失的占比情况。

表 4-13   中国出口企业在不同进口国/地区所遭受的直接损失的占比

(2005—2018)

出口目的地 年份	欧盟	美国	日本	东盟	韩国	俄罗斯	加拿大	澳大利亚	其他	合计
2005	35.2%	23.3%	10.3%	0.1%	4.8%	0.3%	2.2%	1.8%	22.0%	100%
2006	43.6%	23.7%	19.1%	3.0%	1.1%	5.3%	1.7%	1.6%	0.9%	100%
2007	34.5%	36.8%	10.4%	4.4%	1.3%	3.6%	2.7%	2.2%	4.1%	100%
2008	43.4%	29.7%	8.6%	2.0%	2.8%	2.9%	1.5%	2.2%	6.9%	100%
2009	31.2%	34.1%	5.0%	1.7%	2.4%	17.0%	2.1%	2.9%	3.6%	100%
2010	37.3%	27.0%	6.1%	1.4%	1.4%	3.6%	1.5%	5.8%	15.9%	100%
2011	31.1%	34.0%	9.9%	2.7%	1.4%	2.3%	3.9%	2.6%	12.1%	100%
2012	32.6%	26.1%	5.1%	5.2%	3.5%	4.7%	1.6%	8.1%	13.1%	100%
2013	24.1%	20.1%	6.1%	4.7%	11.5%	4.2%	3.8%	1.2%	24.3%	100%
2014	32.8%	29.9%	4.6%	8.1%	4.5%	3.0%	2.3%	2.9%	11.9%	100%
2015	30.0%	23.3%	3.6%	7.2%	1.8%	5.8%	2.9%	2.5%	22.8%	100%
2016	33.4%	31.0%	4.7%	4.5%	1.8%	2.4%	4.8%	2.6%	14.8%	100%
2017	19.0%	32.7%	4.0%	16.7%	2.4%	—	1.5%	1.9%	21.8%	100%
2018	25.7%	59.8%	2.5%	—	—	—	—	—	12.0%	100%

数据来源:根据《中国技术性贸易措施年度报告》(2006—2019)的相关数据计算所得。

为了更直观地反映中国出口企业在不同进口国/地区遭受技术性贸易措施

所带来的直接损失情况,图 4-7 利用各年均值通过柱状图将其描述出来。从图
4-7 中可以看出,根据各年均值,中国出口企业在欧盟所遭受的损失在所有进
口国/地区中所占的比例最高,为 32.4%;美国位居第二,为 30.8%;日本位居第
三,为 7.1%。中国出口企业在欧盟、美国和日本所遭受的直接损失之和占其总
损失的比例高达 70.4%。

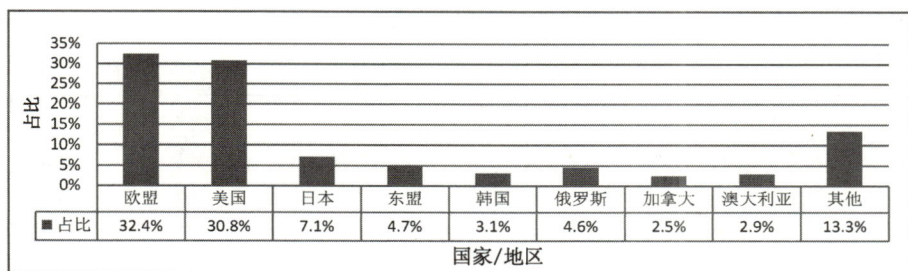

国家/地区	欧盟	美国	日本	东盟	韩国	俄罗斯	加拿大	澳大利亚	其他
占比	32.4%	30.8%	7.1%	4.7%	3.1%	4.6%	2.5%	2.9%	13.3%

图 4-7　中国出口企业在不同进口国/地区所遭受的直接损失的情况(按各年均值)

数据来源:根据《中国技术性贸易措施年度报告》(2006-2019)的相关数据计算所得。

另外,中国不同行业出口企业在不同进口国/地区所遭受的损失也存在着较
大差异。

农食产品类企业因技术性贸易措施在日本所遭受的损失最为严重,在 2005
年至 2017 年的大部分年份中,中国农食产品类企业在日本所遭受的损失在所有
进口国/地区中的占比均超过 20%,2005 年、2006 年、2013 年甚至接近或超过
50%;中国农食产品类企业在欧盟和美国所遭受的损失也比较严重;这三大经济
体给中国农食产品类企业所带来的损失之和超过了 60%,有的年份甚至超过
了 80%。

机电仪器类企业、化矿金属类企业、纺织鞋帽类企业和橡塑皮革类企业在欧
盟所遭受的损失最为严重,在 2005 年至 2017 年的大部分年份中,这四个行业的
出口企业在欧盟所遭受的损失在所有进口国/地区的占比均超过了 30%,有的
年份甚至会超过 50%;这四个行业的出口企业在美国遭受的损失也比较严重,
其所遭受的损失在所有进口国/地区的占比均超过了 20%,有的年份甚至会超
过 40%。

玩具家具类企业和木材纸张非金属类企业在美国遭受的损失最为严重,在

2005 年至 2017 年的大部分年份中,这两个行业的出口企业在美国所遭受的损失在所有进口国/地区的占比均超过了 40%,有的年份甚至会超过 60%;这两个行业的出口企业在欧盟遭受的损失也比较严重,其所遭受的损失在所有进口国/地区的占比均超过了 20%。表 4 - 14 列出了 2005 年至 2017 年中国不同行业出口企业在不同进口国/地区所遭受损失的占比情况。

表 4 - 14　中国不同行业出口企业在不同进口国/地区所遭受的直接损失情况

(2005—2017)

行业类别	出口目的地\年份	欧盟	美国	日本	东盟	韩国	俄罗斯	加拿大	澳大利亚	其他	合计
1	2005	4.6%	21.9%	48.1%	0	0.5%	1.1%	0.5%	0	23.3%	100%
	2006	32.1%	5.1%	52.6%	1.7%	1.9%	2.6%	1.4%	2.0%	0.6%	100%
	2007	29.5%	27.6%	32.5%	1.6%	1.9%	3.2%	1.3%	0.4%	2.0%	100%
	2008	44.9%	21.5%	21.3%	0.3%	6.8%	1.1%	1.0%	1.0%	2.1%	100%
	2009	27.0%	17.5%	20.3%	3.8%	14.6%	2.2%	4.5%	3.0%	7.1%	100%
	2010	16.7%	13.8%	36.4%	7.2%	4.0%	5.6%	0.7%	1.6%	14.0%	100%
	2011	25.4%	45.2%	17.7%	1.2%	5.1%	0.8%	0.6%	1.1%	2.9%	100%
	2012	23.1%	15.1%	13.7%	10.7%	17.6%	1.7%	1.6%	5.3%	11.2%	100%
	2013	18.8%	6.8%	53.1%	4.2%	4.6%	1.7%	5.7%	2.4%	2.7%	100%
	2014	16.3%	16.9%	22.9%	9.9%	12.4%	9.0%	2.7%	1.7%	8.2%	100%
	2015	25.7%	29.1%	10.9%	2.9%	4.2%	7.3%	1.1%	9.6%	9.2%	100%
	2016	19.6%	32.7%	10.6%	9.7%	3.0%	8.8%	1.4%	4.1%	10.1%	100%
	2017	23.5%	19.2%	8.7%	11.6%	2.1%	—	1.0%	1.6%	32.3%	100%

（续表）

行业类别	出口目的地 年份	欧盟	美国	日本	东盟	韩国	俄罗斯	加拿大	澳大利亚	其他	合计
2	2005	19.2%	12.0%	1.4%	0.7%	0.4%	0.9%	0.4%	4.2%	60.8%	100%
	2006	71.0%	11.5%	1.6%	7.6%	0.6%	2.4%	1.1%	3.5%	0.7%	100%
	2007	36.3%	27.1%	10.4%	8.5%	1.6%	5.8%	1.3%	3.5%	5.5%	100%
	2008	46.0%	20.9%	2.0%	4.4%	0.8%	5.0%	1.6%	4.3%	15.0%	100%
	2009	35.2%	13.6%	0.6%	1.3%	0.5%	40.1%	0.5%	4.1%	4.1%	100%
	2010	33.4%	16.1%	0.8%	0.9%	2.2%	9.2%	1.6%	15.8%	20.0%	100%
	2011	36.1%	28.0%	7.0%	1.7%	0.7%	1.1%	9.7%	1.9%	13.8%	100%
	2012	25.1%	32.5%	2.4%	5.5%	1.9%	5.4%	2.6%	10.0%	14.6%	100%
	2013	30.9%	9.4%	0.3%	5.6%	0.6%	7.7%	3.5%	0.6%	41.4%	100%
	2014	32.4%	28.8%	2.3%	8.0%	6.1%	3.1%	3.4%	2.6%	13.3%	100%
	2015	23.5%	13.8%	0.9%	12.0%	1.4%	7.2%	5.1%	2.1%	34.0%	100%
	2016	31.9%	25.6%	1.5%	6.8%	2.3%	1.7%	11.9%	0.1%	18.2%	100%
	2017	12.3%	29.9%	0.7%	27.6%	0.2%	—	0.6%	1.4%	27.3%	100%
3	2005	35.6%	43.1%	1.1%	0	15.2%	0.4%	1.4%	0.2%	3.0%	100%
	2006	33.3%	44.2%	1.0%	1.5%	0.2%	16.9%	2.3%	0.3%	0.3%	100%
	2007	41.4%	29.7%	5.7%	8.6%	3.7%	3.3%	0.1%	2.7%	4.8%	100%
	2008	39.0%	21.4%	4.7%	4.5%	5.1%	5.7%	2.5%	5.1%	12.0%	100%
	2009	17.9%	49.2%	3.7%	1.9%	3.3%	4.6%	0.9%	1.2%	17.3%	100%
	2010	49.2%	11.2%	5.3%	0.5%	0.7%	1.4%	1.3%	0.8%	29.6%	100%
	2011	23.5%	39.8%	9.5%	1.0%	0.4%	0.4%	0.9%	3.4%	21.1%	100%
	2012	37.4%	20.8%	8.5%	6.0%	0.8%	4.4%	0.2%	3.6%	18.3%	100%
	2013	19.5%	26.3%	10.1%	7.3%	5.0%	0.5%	0.6%	1.2%	29.5%	100%
	2014	43.0%	22.6%	2.0%	11.4%	3.7%	0.9%	1.1%	3.0%	12.3%	100%
	2015	43.4%	27.5%	4.2%	0.8%	0.8%	2.4%	0.5%	1.3%	19.1%	100%
	2016	53.9%	9.0%	1.7%	5.7%	0.4%	1.1%	0.3%	0.3%	27.6%	100%
	2017	24.0%	40.9%	4.4%	11.7%	3.6%	—	3.3%	0.7%	11.4%	100%

（续表）

行业类别	出口目的地/年份	欧盟	美国	日本	东盟	韩国	俄罗斯	加拿大	澳大利亚	其他	合计
4	2005	26.8%	24.1%	12.9%	0	8.4%	0	0	0	27.8%	100%
	2006	14.1%	29.6%	45.9%	0.5%	3.7%	0.4%	4.7%	0.4%	0.7%	100%
	2007	54.3%	38.4%	2.3%	0	0	4.8%	0	0	0.2%	100%
	2008	53.2%	37.1%	4.3%	0	0.6%	3.5%	0	0	1.3%	100%
	2009	45.3%	37.7%	7.0%	0.2%	0.9%	1.2%	0.6%	5.8%	1.3%	100%
	2010	46.8%	32.6%	8.5%	2.5%	0.4%	0	2.4%	0.2%	6.6%	100%
	2011	49.8%	6.7%	18.6%	7.6%	2.3%	0	0.1%	8.4%	6.5%	100%
	2012	37.0%	14.6%	4.5%	0.4%	10.6%	1.2%	0.7%	19.2%	11.8%	100%
	2013	9.0%	33.7%	1.3%	1.9%	41.5%	2.7%	6.9%	1.3%	1.7%	100%
	2014	30.8%	31.8%	12.4%	1.6%	0.2%	3.3%	2.1%	2.1%	15.7%	100%
	2015	22.2%	36.2%	7.1%	0.5%	3.3%	9.8%	2.3%	1.2%	17.4%	100%
	2016	38.7%	21.5%	2.4%	1.6%	1.7%	1.4%	3.8%	5.1%	23.8%	100%
	2017	28.0%	27.2%	11.9%	2.0%	3.0%	—	1.0%	6.6%	20.3%	100%
5	2005	55.7%	18.2%	4.1%	0	0	0	0	0	22.0%	100%
	2006	64.8%	30.7%	2.0%	0.7%	1.3%	0	0	0.1%	0.4%	100%
	2007	17.4%	66.5%	0.1%	0.3%	0	0	10.0%	0	5.7%	100%
	2008	37.7%	36.0%	5.3%	3.2%	0.2%	0	6.7%	1.3%	9.6%	100%
	2009	29.8%	56.0%	0.8%	0.1%	0	0.3%	0.2%	0.2%	12.6%	100%
	2010	36.2%	18.3%	16.3%	0	0.5%	0.9%	0	4.1%	23.7%	100%
	2011	30.2%	16.4%	0	5.8%	0	17.2%	0.4%	2.0%	28.0%	100%
	2012	55.6%	9.6%	0	3.4%	0	15.6%	2.2%	3.0%	13.6%	100%
	2013	34.2%	10.9%	4.6%	10.7%	0.3%	0.3%	2.2%	11.1%	25.7%	100%
	2014	36.1%	31.1%	3.8%	3.3%	2.4%	2.6%	0.6%	2.7%	17.4%	100%
	2015	34.8%	24.9%	0.5%	2.1%	—	0.7%	1.1%	3.7%	32.2%	100%
	2016	24.0%	18.5%	31.2%	0.3%	0.9%	0.2%	0.2%	1.8%	22.9%	100%
	2017	19.9%	43.3%	2.1%	5.8%	1.6%	—	0.5%	0.3%	26.5%	100%

（续表）

行业类别	出口目的地 / 年份	欧盟	美国	日本	东盟	韩国	俄罗斯	加拿大	澳大利亚	其他	合计
6	2005	75.5%	15.5%	4.8%	0	1.6%	0.1%	0	0.3%	2.2%	100%
	2006	44.4%	43.8%	3.8%	1.5%	1.0%	0.9%	2.2%	1.0%	1.4%	100%
	2007	38.7%	46.8%	0.5%	0	0	0	3.5%	7.1%	3.4%	100%
	2008	42.1%	53.4%	2.4%	0.6%	0	0.8%	0.2%	0.3%	0.2%	100%
	2009	21.4%	63.9%	5.0%	2.5%	0	3.5%	1.9%	0.9%	0.9%	100%
	2010	36.7%	55.5%	1.3%	0.6%	1.4%	0.4%	0.8%	2.1%	1.2%	100%
	2011	27.5%	48.5%	8.2%	3.8%	1.0%	6.1%	2.0%	1.5%	1.4%	100%
	2012	37.4%	36.1%	0	9.5%	0	6.7%	6.3%	1.4%	2.6%	100%
	2013	41.2%	48.4%	3.2%	1.1%	0.2%	1.3%	2.4%	0.5%	1.7%	100%
	2014	31.7%	53.2%	1.4%	2.5%	1.0%	3.5%	2.7%	1.0%	3.0%	100%
	2015	36.9%	35.7%	5.3%	0.5%	2.0%	4.0%	2.0%	1.4%	12.2%	100%
	2016	29.7%	45.7%	2.6%	2.3%	0.7%	11.6%	1.2%	0.2%	6.0%	100%
	2017	27.6%	30.4%	9.3%	0.8%	14.9%	—	3.9%	3.0%	10.1%	100%
7	2005	13.9%	22.3%	5.3%	0	2.1%	0	15.2%	9.3%	31.9%	100%
	2006	15.1%	38.0%	34.9%	1.4%	1.5%	0.4%	2.4%	0.3%	6.0%	100%
	2007	45.8%	35.7%	6.0%	4.3%	1.7%	1.0%	2.1%	2.8%	0.6%	100%
	2008	16.5%	73.5%	1.9%	0.8%	1.0%	1.3%	1.5%	1.3%	2.2%	100%
	2009	36.9%	40.3%	2.2%	1.1%	3.0%	0.3%	12.9%	2.2%	1.1%	100%
	2010	27.7%	52.9%	0	1.8%	0	0.9%	4.0%	0.9%	11.8%	100%
	2011	16.9%	50.0%	4.7%	7.1%	0.3%	1.8%	1.8%	2.4%	15.0%	100%
	2012	34.5%	37.0%	1.3%	1.5%	2.6%	5.1%	1.5%	4.0%	12.5%	100%
	2013	56.8%	16.3%	2.5%	2.3%	4.0%	3.3%	1.1%	0.6%	7.7%	100%
	2014	21.4%	39.9%	1.3%	19.4%	1.2%	1.0%	0.4%	10.7%	4.7%	%
	2015	46.8%	29.4%	7.6%	0.3%	3.8%	0.8%	1.0%	5.7%	4.6%	100%
	2016	20.1%	54.4%	1.4%	0.9%	2.6%	1.7%	0.7%	8.5%	9.7%	100%
	2017	22.0%	45.3%	3.5%	1.1%	11.5%	—	1.9%	0.4%	14.3%	100%

数据来源：根据《中国技术性贸易措施年度报告》(2006—2019)的相关数据计算所得。

注：1.农食产品类企业 2.机电仪器类企业 3.化矿金属类企业 4.纺织鞋帽类企业 5.橡塑皮革类企业 6.玩具家具类企业 7.木材纸张非金属类企业。

　　为了更直观地反映描述了中国不同行业出口企业在不同进口国/地区所遭受的直接损失情况,图4-8利用各年均值通过柱状图将其描绘出来。从图4-8中可以看出,根据各年均值,农食产品类企业在日本、欧盟、美国因技术性贸易措施所遭受的直接损失在所有进口国/地区中的占比均超过了20%;机电仪器类企业、化矿金属类企业、纺织鞋帽类企业、橡塑皮革类企业、玩具家具类企业在欧盟所遭受的直接损失在所有进口国/地区中的占比均超过了30%;玩具家具类企业、木材纸张非金属类企业在美国所遭受损失的占比甚至超过了40%。

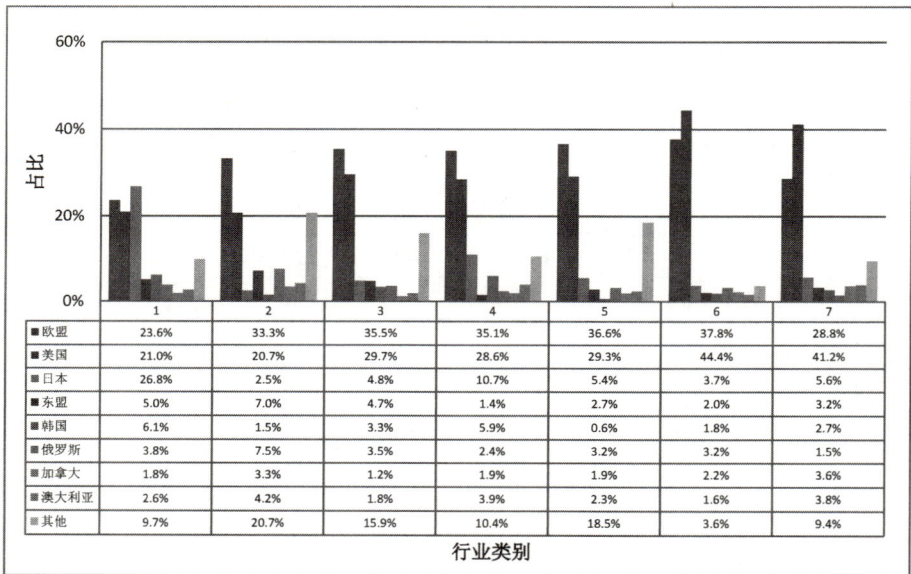

	1	2	3	4	5	6	7
■欧盟	23.6%	33.3%	35.5%	35.1%	36.6%	37.8%	28.8%
■美国	21.0%	20.7%	29.7%	28.6%	29.3%	44.4%	41.2%
□日本	26.8%	2.5%	4.8%	10.7%	5.4%	3.7%	5.6%
■东盟	5.0%	7.0%	4.7%	1.4%	2.7%	2.0%	3.2%
■韩国	6.1%	1.5%	3.3%	5.9%	0.6%	1.8%	2.7%
■俄罗斯	3.8%	7.5%	3.5%	2.4%	3.2%	3.2%	1.5%
□加拿大	1.8%	3.3%	1.2%	1.9%	1.9%	2.2%	3.6%
■澳大利亚	2.6%	4.2%	1.8%	3.9%	2.3%	1.6%	3.8%
■其他	9.7%	20.7%	15.9%	10.4%	18.5%	3.6%	9.4%

行业类别

图4-8　中国不同行业出口企业在不同进口国/地区所遭受的直接损失情况(按各年均值)

数据来源:根据《中国技术性贸易措施年度报告》(2006—2019)的相关数据计算所得。

注:1.农食产品类企业 2.机电仪器类企业 3.化矿金属类企业 4.纺织鞋帽类企业 5.橡塑皮革类企业 6.玩具家具类企业 7.木材纸张非金属类企业。

4.4　中国出口企业遭受国外技术性贸易措施所引致的新增成本分析

　　满足进口国/地区的技术性贸易措施要求会使中国出口企业产生各种各样的额外费用,主要包括技术改造费用、包装和标签更换费用、测试费用、检验费用、认证费用、注册费用、对产品进行其他处理或办理其他手续所产生的费用等等。这些费用增加了企业的出口成本,提高了出口产品的销售价格,压缩了企业的利润空间。

4.4.1　新增成本在不同类别企业出口总额中的占比情况

根据国家质检总局的调查结果显示,从 2005 年至 2018 年,为了满足进口国/地区的技术性贸易措施要求,中国七大类别的出口企业的新增成本普遍增长,在其出口总额中的占比也比较高。在所有年份中,2005 年七大类别出口企业的新增成本在其出口总额中的占比最高,接近或超过 10%,尤其是机电仪器类企业的新增成本在其出口总额中的占比甚至高达 24.5%,玩具家具类企业和木材纸张非金属类企业的新增成本的占比也都超过了 18%;其余年份七大类别出口企业的新增成本在其出口总额中都占有一定比例。

从各年的均值来看,机电仪器类企业的新增成本在其出口总额中所占的比例最高,为 5.9%;玩具家具类企业为 5.6%;农食产品类企业为 5.2%;木材纸张非金属类企业和化矿金属类企业均为 4.7%;橡塑皮革类企业为 4.4%;纺织鞋帽类企业为 3.7%。表 4 - 15 列出了 2005 年至 2018 年国外技术性贸易措施所引致的新增成本在中国不同类别企业出口总额中的占比情况。

表 4 - 15　国外技术性贸易措施引致的新增成本在不同类别企业出口总额中的占比

(2005—2018)

行业类别 年份	1	2	3	4	5	6	7
2005	13.2%	24.5%	12.6%	9.1%	12.1%	18.6%	18.2%
2006	1.9%	4.7%	1.6%	1.2%	0.9%	1.3%	1.8%
2007	8.6%	8.0%	5.4%	4.8%	5.5%	9.2%	6.3%
2008	6.8%	8.7%	6.1%	5.9%	7.4%	7.0%	5.9%
2009	5.8%	5.3%	7.8%	5.3%	4.2%	8.1%	5.5%
2010	2.9%	2.1%	1.9%	0.9%	2.9%	1.9%	1.9%
2011	3.1%	2.3%	2.1%	1.1%	1.5%	4.5%	1.9%

（续表）

年份 / 行业类别	1	2	3	4	5	6	7
2012	2.6%	2.9%	3.2%	3.1%	4.0%	3.8%	2.5%
2013	3.9%	3.6%	3.9%	3.1%	3.8%	5.8%	2.8%
2014	3.9%	3.7%	4.4%	3.2%	4.6%	4.6%	3.4%
2015	4.0%	3.8%	3.7%	2.5%	4.4%	4.4%	2.9%
2016	6.0%	4.2%	5.1%	2.5%	2.1%	2.4%	5.6%
2017	5.7%	5.8%	5.7%	5.8%	5.6%	4.2%	3.9%
2018	4.0%	3.2%	2.5%	3.1%	2.8%	2.6%	3.2%
各年均值	5.2%	5.9%	4.7%	3.7%	4.4%	5.6%	4.7%

数据来源：根据《中国技术性贸易措施年度报告》(2006—2019)的相关数据计算所得。

注：1.农食产品类企业 2.机电仪器类企业 3.化矿金属类企业 4.纺织鞋帽类企业 5.橡塑皮革类企业 6.玩具家具类企业 7.木材纸张非金属类企业。

4.4.2　新增成本在不同类别企业之间的分布情况

国外技术性贸易措施所引致的新增成本给中国不同行业所带来的影响是不同的。2005年至2007年在新增成本中化矿金属类企业贡献了超过35%的份额，在所有类别企业中其新增成本占比最高；2008年至2018年机电仪器类企业的新增成本在所有类别企业中的占比是最高的，大部分年份均超过了35%，有的年份甚至达到79%。

从各年的均值来看，在所有类别企业的新增成本中，机电仪器类企业的占比是最高的，为41.0%；化矿金属类企业次之，为20.6%；纺织鞋帽类企业位居第三，其占比为11.4%；而木材纸张非金属类企业的占比最低，只有4.6%。这说明机电仪器类企业遭受国外技术性贸易措施的影响最为严重。表4-16列出了2005年至2018年国外技术性贸易措施所引致的新增成本在中国不同类别出口企业中的分布情况。

表 4 - 16　国外技术性贸易措施所引致的新增成本在不同类别出口企业中的分布

（2005—2018）

年份 ＼ 行业类别	1	2	3	4	5	6	7	合计
2005	14.3%	17.2%	37.2%	7.8%	3.3%	11.5%	8.7%	100%
2006	4.9%	21.0%	40.4%	5.0%	16.1%	10.0%	2.6%	100%
2007	8.0%	24.0%	35.2%	11.1%	6.9%	11.9%	2.9%	100%
2008	6.1%	36.0%	19.3%	21.0%	8.9%	5.9%	2.8%	100%
2009	5.8%	37.0%	7.7%	9.3%	14.9%	15.0%	10.3%	100%
2010	7.8%	32.3%	26.8%	15.7%	6.3%	8.8%	2.3%	100%
2011	13.1%	35.3%	22.5%	10.6%	6.2%	10.5%	1.8%	100%
2012	2.3%	60.7%	17.4%	11.2%	3.9%	3.3%	1.2%	100%
2013	3.6%	48.8%	12.2%	22.2%	6.6%	4.1%	2.6%	100%
2014	3.2%	42.3%	20.3%	12.3%	8.0%	11.5%	2.5%	100%
2015	2.2%	61.0%	11.9%	8.8%	7.3%	5.5%	3.2%	100%
2016	1.7%	79.0%	4.9%	6.9%	2.1%	2.8%	2.5%	100%
2017	9.1%	33.2%	24.1%	10.2%	4.8%	10.6%	8.0%	100%
2018	3.7%	45.5%	8.4%	7.0%	6.9%	16.1%	12.4%	100%
各年均值	6.1%	41.0%	20.6%	11.4%	7.3%	9.1%	4.6%	100%

数据来源：根据《中国技术性贸易措施年度报告》(2006—2019)的相关数据计算所得。

注：1.农食产品类企业 2.机电仪器类企业 3.化矿金属类企业 4.纺织鞋帽类企业 5.橡塑皮革类企业 6.玩具家具类企业 7.木材纸张非金属类企业。

为了更直观地反映国外技术性贸易措施所引致的新增成本在中国不同类别出口企业中的分布情况，图 4 - 9 利用各年均值通过柱状图将其描绘出来。

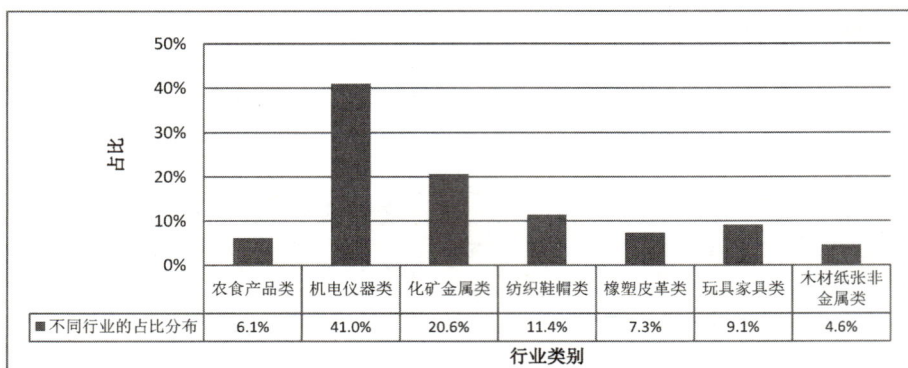

	农食产品类	机电仪器类	化矿金属类	纺织鞋帽类	橡塑皮革类	玩具家具类	木材纸张非金属类
■ 不同行业的占比分布	6.1%	41.0%	20.6%	11.4%	7.3%	9.1%	4.6%

图 4-9　国外技术性贸易措施所引致的新增成本在不同类别出口企业中的分布（按各年均值）

4.4.3　新增成本在不同进口国/地区的分布情况

中国出口企业遭受国外技术性贸易措施所引致的新增成本在不同进口国/地区的分布也存在着比较大的差异。其中，欧盟的技术性贸易措施给中国出口企业所带来的新增成本是最高的，在 2005 年至 2018 年的大部分年份中，欧盟在所有进口国/地区中的占比均超过了 30%，有的年份甚至超过 40%；美国次之，其占比也超过了 20%，有的年份甚至超过 30%；东盟位居第三，其占比超过了 6%，个别年份也超过了 30%。

从各年的均值来看，在所有进口国/地区中，欧盟的技术性贸易措施给中国企业所带来的新增成本最高，其占比高达 32.3%；美国位居第二，其占比为 24.9%；东盟位居第三，其占比为 6.7%；日本位居第四，其占比为 6.5%。表 4-17 列出了 2005 年至 2018 年因技术性贸易措施所引致的新增成本在不同进口国/地区的分布情况。

表 4-17　技术性贸易措施所引致的新增成本在不同进口国/地区的分布

（2005—2018）

出口目的地　年份	欧盟	美国	日本	东盟	韩国	俄罗斯	加拿大	澳大利亚	其他	合计
2005	26.7%	30.3%	15.3%	5.9%	0.9%	0.5%	3.7%	2.1%	14.6%	100%

出口目的地 \ 年份	欧盟	美国	日本	东盟	韩国	俄罗斯	加拿大	澳大利亚	其他	合计
2006	48.6%	36.1%	6.9%	0.8%	0.8%	3.5%	1.9%	0.8%	0.6%	100%
2007	0.2%	1.1%	1.9%	37.8%	3.7%	8.6%	4.0%	22.1%	20.6%	100%
2008	33.0%	29.9%	7.0%	3.6%	3.6%	6.4%	3.1%	6.1%	7.3%	100%
2009	40.3%	34.6%	4.9%	2.8%	2.4%	3.2%	1.4%	2.0%	8.4%	100%
2010	41.4%	21.3%	8.4%	1.3%	3.2%	5.3%	3.4%	5.2%	10.5%	100%
2011	41.6%	23.9%	11.8%	3.7%	2.6%	3.4%	2.9%	2.7%	7.4%	100%
2012	34.8%	27.8%	3.6%	3.3%	1.4%	10.2%	2.3%	4.1%	12.5%	100%
2013	30.7%	26.9%	7.7%	4.7%	4.8%	5.3%	1.7%	4.7%	13.5%	100%
2014	43.4%	20.3%	5.0%	3.9%	3.5%	7.4%	1.6%	1.9%	12.9%	100%
2015	35.2%	23.9%	3.5%	5.3%	2.2%	4.6%	1.7%	1.3%	22.3%	100%
2016	16.0%	11.3%	2.7%	3.3%	1.3%	2.0%	1.4%	1.4%	60.6%	100%
2017	28.6%	24.0%	5.6%	10.3%	3.4%	—	5.1%	3.8%	19.2%	100%
2018	31.0%	36.8%	—	—	—	—	—	—	32.2%	100%
各年均值	32.3%	24.9%	6.5%	6.7%	2.6%	5.0%	2.6%	4.5%	17.3%	100%

数据来源：根据《中国技术性贸易措施年度报告》(2006—2019)的相关数据计算所得。

4.5　中国出口企业遭受的主要技术性贸易措施类型分析

中国企业在出口过程中遭受的主要技术性贸易措施类型包括技术法规、技术标准、合格评定程序、动植物卫生与食品安全措施等。其中，针对工业产品的技术性贸易措施具体表现为标签和标志要求、认证要求、技术标准要求、产品的人身安全要求、包装及材料要求、厂商或产品的注册要求、工业产品中有毒有害物质限量要求、特殊检验要求(如指定检验地点、机构、方法)、环境保护要求(包括节能及产品回收)、木质包装要求等；针对农业产品的技术性贸易措施具体表现为食品标签要求、食品添加剂要求、加工厂/仓库注册要求、动物疫病方面的要求、植物病虫害杂草方面的要求、食品中重金属等有害物质限量要求、食品化妆品中过敏原要求、食品接触材料要求、食品中农兽药残留要求、食品微生物指标要求等。

根据中国国家质检总局的调查结果,中国出口的工业产品遭受国外技术性贸易措施的影响比农产品更为严重。在工业产品所遭受的各种技术性贸易措施类型中,认证要求所占的比例最高,按照各年均值,这一比例高达 12.2%;另外,技术标准要求、工业产品中有毒有害物质限量要求、包装及材料要求、标签和标志要求等所占比例也比较高,分别为 10.6%、8.8%、8.3%、8.3%;工业产品遭受的各种技术性贸易措施类型的占比之和高达 84.3%。在农产品所遭受的各种技术性贸易措施类型中,食品中农兽药残留限量要求所占比例最高,按照各年均值,这一比例为 2.3%;另外,食品中重金属等有害物质限量要求、食品微生物指标要求和食品添加剂要求也占有一定比例,分别为 2.0%、1.9% 和 1.4%;农产品所遭受的各种技术性贸易措施类型的占比之和只有 15.7%。表 4 – 18 列出了 2006－2017 年中国出口产品遭受的各种技术性贸易措施类型的分布情况。

4.5.1 中国不同行业出口企业所遭受的技术性贸易措施类型分析

根据本书的行业分类标准,中国七大类行业出口企业遭受国外技术性贸易措施的类型存在着明显差异。

农食产品类出口企业遭受的主要技术性贸易措施类型包括食品中农兽药残留限量要求、食品添加剂要求、食品微生物指标要求、食品中重金属等有害物质限量要求等。在农食产品类企业所遭受的各种技术性贸易措施中,这四种措施类型的占比分别为 90.6%、90.4%、85.4%、91.2%。食品标签要求、食品接触材料要求等措施也对该类产品的出口产生了一定的影响。

机电仪器类企业遭受进口国/地区各类技术性贸易措施的影响最为严重。在各种技术性贸易措施类型中,认证要求是机电仪器类企业所遭受的最主要的措施类型,按照各年均值,其占比高达 42.7%;同时,技术标准要求(占比为 38.3%)、产品的人身安全要求(占比为 37.8%)、环境保护要求(占比为 37.6%)、木质包装要求(占比为 36.5%)、标签和标志要求(占比为 35.9%)、厂商或产品注册要求(占比为 32.5%)、包装及材料要求(占比为 31.4%)、工业产品中有毒有害物质限量要求(占比为 30.5%)、特殊检验要求(占比为 29.2%)等措施类型对机电仪器类企业所造成的影响也比较严重。

表 4 - 18　中国出口产品遭受的各种技术性贸易措施类型的分布情况

（2006—2017）

产品类别	措施种类	年份	2006	2007	2008	2009	2010	2011	2012	2013	2014	2015	2016	2017	各年均值
工业产品	A		7.2%	7.0%	7.4%	7.8%	7.9%	8.4%	8.8%	9.3%	9.5%	9.1%	8.5%	8.1%	8.3%
	B		10.6%	10.9%	9.3%	10.1%	11.2%	11.9%	13.9%	13.6%	13.5%	15.5%	15.4%	10.4%	12.2%
	C		9.7%	11.5%	9.4%	9.9%	12.7%	10.7%	11.2%	11.4%	10.9%	10.8%	10.1%	8.9%	10.6%
	D		7.0%	7.4%	7.7%	6.9%	6.6%	7.2%	7.2%	6.9%	7.2%	7.0%	6.1%	5.4%	6.9%
	E		8.0%	9.0%	8.2%	7.4%	8.1%	8.2%	8.7%	8.6%	9.5%	7.8%	8.1%	7.8%	8.3%
	F		4.7%	7.8%	5.4%	4.9%	5.0%	5.2%	6.2%	5.6%	6.2%	7.0%	5.4%	5.7%	5.8%
	G		8.2%	9.7%	9.5%	8.8%	8.4%	9.1%	9.6%	9.3%	9.1%	8.4%	8.7%	7.0%	8.8%
	H		7.3%	7.2%	6.9%	6.4%	6.8%	6.9%	7.3%	6.8%	6.3%	5.8%	7.3%	5.0%	6.7%
	I		7.4%	9.6%	7.8%	7.2%	8.0%	7.8%	8.0%	7.5%	7.6%	7.9%	7.7%	6.6%	7.8%
	J		6.5%	5.4%	5.9%	5.2%	4.7%	5.2%	6.1%	5.9%	6.9%	5.3%	6.7%	6.6%	5.9%
	其他		4.8%	1.8%	8.6%	3.1%	2.0%	2.4%	2.3%	2.4%	2.9%	1.8%	2.4%	4.4%	3.2%
	合计		81.3%	87.3%	86.1%	77.7%	81.4%	83.0%	89.3%	87.3%	89.6%	86.4%	86.4%	75.9%	84.3%

（续表）

产品类别	措施种类	2006	2007	2008	2009	2010	2011	2012	2013	2014	2015	2016	2017	各年均值
农产品	K	1.5%	1.5%	1.4%	2.4%	2.0%	1.6%	1.1%	1.0%	0.9%	1.3%	1.2%	1.9%	1.4%
	L	2.2%	1.5%	1.4%	2.8%	2.4%	2.4%	1.1%	1.5%	1.4%	1.6%	2.1%	3.2%	2.0%
	M	2.8%	1.9%	1.6%	3.2%	2.7%	2.6%	1.4%	1.8%	1.6%	2.0%	2.3%	3.5%	2.3%
	N	2.0%	1.4%	1.4%	2.7%	2.1%	2.0%	1.3%	1.4%	1.2%	1.7%	1.8%	3.2%	1.9%
	其他	10.2%	6.4%	8.1%	11.2%	9.4%	8.4%	5.8%	7.0%	5.3%	7.0%	6.2%	12.3%	8.1%
	合计	18.7%	12.7%	13.9%	22.3%	18.6%	17.0%	10.7%	12.7%	10.4%	13.6%	13.6%	24.1%	15.7%
合计		100%	100%	100%	100%	100%	100%	100%	100%	100%	100%	100%	100%	100%

数据来源：根据《中国技术性贸易措施年度报告》（2007—2018）的相关数据计算所得。

注：A. 标签和标志要求 B. 认证要求 C. 技术标准要求 D. 产品的人身安全要求 E. 包装及材料要求 F. 厂商或产品注册要求 G. 工业产品中有毒有害物质限量要求 H. 特殊检验要求 I. 环境保护要求 J. 木质包装要求 K. 食品添加剂要求 L. 食品中重金属等有害物质限量要求 M. 食品中农兽药残留限量要求 N. 食品微生物指标要求

　　玩具家具类企业遭受进口国/地区各类技术性贸易措施影响的严重程度仅次于机电仪器类企业。在各种技术性贸易措施类型中,产品的人身安全要求是玩具家具类企业所遭受的最主要的技术性贸易措施类型。按照各年均值,其占比为 17.9%;另外,工业产品中有毒有害物质限量要求、特殊检验要求、包装及材料要求、环境保护要求、标签和标志要求等对玩具家具类企业的影响也比较大,在各种技术性贸易措施中,其所占比例分别为 17.6%、17.3%、17.2%、17.0%、15.9%。

　　纺织鞋帽类企业遭受进口国/地区技术性贸易措施的影响程度位居第三。特殊检验要求(指定检验地点、机构、方法)是纺织鞋帽类企业遭受的最主要的技术性贸易措施类型,在中国出口企业所遭受的所有技术性贸易措施类型中,按照各年均值,其比例为 20.0%;另外,纺织鞋帽类企业遭受的主要措施类型还包括工业产品中有毒有害物质限量要求(占比为 17.5%)、产品的人身安全要求(占比为 16.3%)、环境保护要求(占比为 16.1%)、包装及材料要求(占比为 15.7%)、标签和标志要求(占比为 13.8%)。

　　化矿金属类企业遭受的最主要技术性贸易措施是木质包装要求,在中国出口企业所遭受的所有技术性贸易措施类型中,按照各年均值,其占比为 21.4%。厂商或产品注册要求、包装及材料要求、技术标准要求、认证要求、标签和标志要求等也是影响化矿金属类企业的主要技术性贸易措施类型,这些措施类型的占比分别为 17.2%、14.8%、14.5%、13.9%、13.5%。

　　橡塑皮革类企业遭受的主要技术性贸易措施类型包括厂商或产品注册要求、工业产品中有毒有害物质限量要求、认证要求、特殊检验要求、包装及材料要求等,按照各年均值,这些措施类型在中国出口企业所遭受的所有技术性贸易措施类型中的占比分别为 12.2%、10.3%、9.9%、9.8%、9.6%。

　　木材纸张非金属类企业遭受的最主要技术性贸易措施类型是木质包装要求,在中国出口企业所遭受的所有技术性贸易措施类型中,按照各年均值,木质包装要求的占比为 14.9%;另外,标签和标志要求(占比为 9.3%)、包装及材料要求(占比为 9.2%)、工业产品中有毒有害物质限量要求(占比为 9.1%)、特殊检验要求(占比为 8.6%)等也是影响木材纸张类企业的主要技术性贸易措施类型。表 4 - 19 列出了 2006 年至 2018 年中国七大类行业出口企业所遭受的各种技术性贸易措施类型的分布情况。

表4－19　中国不同行业出口企业遭受的技术性贸易措施类型的分布

（2006—2018）

行业类别	年份	措施种类 A	B	C	D	E	F	G	H	I	J	K	L	M	N
1	2006	1.2%	1.4%	1.5%	1.1%	0.8%	2.1%	1.8%	1.4%	1.0%	0.8%	76.7%	72.2%	74.6%	78.5%
	2007	1.2%	0.4%	0.9%	1.1%	1.4%	2.5%	2.0%	2.4%	0.6%	—	100%	100%	100%	100%
	2008	0.6%	1.0%	0.9%	0.5%	0.7%	1.1%	0.8%	0.8%	0.5%	0.6%	83.2%	85.4%	87.3%	80.7%
	2009	2.8%	2.2%	2.2%	2.3%	1.8%	3.4%	2.9%	3.1%	1.9%	2.4%	95.1%	89.8%	94.4%	89.9%
	2010	2.1%	1.0%	1.1%	1.7%	1.5%	3.3%	1.8%	2.0%	1.0%	0.3%	98.0%	98.3%	98.5%	98.1%
	2011	3.5%	2.6%	2.6%	2.7%	3.5%	4.5%	2.9%	3.1%	2.6%	3.9%	92.3%	90.6%	93.4%	93.1%
	2012	0.7%	0.5%	0.1%	0.4%	0.7%	1.7%	0.6%	0.4%	0.6%	0.5%	97.3%	92.2%	99.0%	96.6%
	2013	0.6%	0.7%	0.4%	0.8%	0.9%	0.9%	0.5%	0.2%	0.3%	—	87.5%	93.6%	91.3%	92.5%
	2014	0.6%	0.5%	0.6%	0.4%	0.8%	0.7%	0.7%	0.9%	0.7%	0.3%	96.4%	89.0%	91.0%	92.6%
	2015	1.6%	1.0%	1.4%	0.9%	1.2%	1.9%	1.4%	1.3%	0.5%	0.3%	92.5%	92.8%	94.0%	95.0%
	2016	1.5%	1.1%	1.2%	1.1%	1.3%	2.2%	1.3%	1.2%	0.9%	1.0%	98.6%	98.8%	99.6%	99.1%
	2017	7.0%	4.8%	3.8%	4.8%	5.4%	7.3%	5.9%	3.3%	2.8%	1.9%	92.2%	95.9%	9.7%	95.5%
	2018	9.7%	7.6%	8.2%	8.2%	9.0%	13.8%	8.0%	9.9%	7.2%	8.3%	68.6%	76.0%	77.3%	74.3%

（续表）

行业类别	年份	A	B	C	D	E	F	G	H	I	J	K	L	M	N
2	2006	27.5%	39.5%	33.3%	37.3%	30.2%	27.3%	26.9%	19.4%	32.9%	25.5%	—	1.1%	0.9%	0.6%
	2007	32.3%	44.5%	37.1%	34.9%	27.4%	28.0%	28.5%	32.0%	37.6%	41.9%	—	—	—	—
	2008	23.5%	34.7%	29.5%	28.7%	22.7%	27.1%	22.7%	23.3%	25.9%	27.6%	—	—	—	—
	2009	39.2%	44.8%	40.1%	37.8%	31.7%	39.5%	30.6%	30.8%	39.7%	34.7%	—	—	—	—
	2010	37.1%	48.7%	40.9%	40.2%	32.7%	36.0%	34.6%	28.7%	40.7%	39.2%	—	—	—	—
	2011	40.3%	50.2%	41.8%	39.7%	35.1%	39.1%	32.1%	30.2%	40.7%	34.2%	4.5%	2.2%	0.4%	—
	2012	39.7%	40.4%	40.3%	44.0%	30.8%	32.5%	31.7%	33.9%	40.9%	40.1%	—	—	—	—
	2013	35.9%	41.2%	37.9%	40.5%	30.7%	31.8%	29.1%	27.8%	39.2%	38.8%	—	—	—	—
	2014	37.2%	42.0%	34.9%	34.4%	31.4%	22.2%	26.8%	25.6%	34.3%	36.7%	—	—	—	—
	2015	38.8%	46.9%	42.3%	41.6%	34.7%	31.9%	35.3%	30.1%	45.3%	34.2%	0.5%	—	—	—
	2016	46.1%	48.7%	47.0%	40.5%	35.9%	35.2%	36.5%	33.4%	47.0%	45.8%	—	—	—	—
	2017	38.5%	40.5%	40.3%	41.6%	36.0%	43.9%	33.2%	37.2%	35.6%	46.1%	1.2%	0.2%	1.6%	0.5%
	2018	30.8%	32.5%	32.0%	29.8%	28.7%	28.1%	28.6%	26.6%	28.8%	29.9%	10.6%	8.3%	6.8%	8.8%

（续表）

行业类别	年份	A	B	C	D	E	F	G	H	I	J	K	L	M	N
3	2006	11.3%	12.8%	14.4%	8.9%	12.5%	15.6%	10.3%	15.0%	10.2%	14.9%	4.2%	3.4%	8.9%	4.9%
	2007	13.3%	12.0%	12.0%	6.1%	15.8%	11.8%	7.9%	11.1%	10.4%	16.8%	—	—	—	—
	2008	13.9%	13.2%	13.7%	12.0%	16.4%	13.9%	12.5%	13.4%	14.9%	18.6%	6.5%	4.3%	2.4%	3.3%
	2009	10.6%	12.4%	12.7%	10.9%	13.1%	12.5%	10.7%	9.6%	11.8%	22.2%	—	5.7%	2.0%	5.8%
	2010	14.5%	14.8%	14.7%	13.3%	13.8%	16.3%	11.2%	14.9%	13.3%	24.5%	0.7%	0.6%	0.5%	0.6%
	2011	11.5%	9.5%	11.5%	7.4%	12.7%	14.1%	11.6%	9.3%	8.5%	18.8%	1.9%	3.6%	4.1%	3.7%
	2012	15.3%	18.1%	15.6%	9.3%	16.6%	19.7%	14.5%	14.0%	9.2%	25.8%	—	6.5%	1.0%	—
	2013	15.2%	13.1%	16.5%	12.6%	14.6%	21.2%	13.0%	13.7%	10.3%	17.3%	—	—	0.6%	—
	2014	14.7%	13.7%	15.5%	8.4%	16.1%	20.8%	14.8%	14.6%	9.1%	23.1%	2.2%	1.4%	1.2%	4.8%
	2015	17.0%	14.1%	16.8%	9.2%	18.0%	23.7%	14.7%	10.4%	9.4%	29.9%	6.4%	5.9%	4.2%	5.0%
	2016	8.9%	13.0%	14.7%	9.7%	12.2%	24.6%	11.9%	13.3%	5.4%	22.8%	1.4%	0.8%	—	0.9%
	2017	14.2%	17.9%	15.0%	13.0%	16.3%	14.2%	17.0%	13.9%	14.3%	24.2%	4.2%	1.9%	2.5%	2.6%
	2018	14.9%	15.9%	15.1%	13.3%	13.9%	15.2%	14.1%	13.9%	12.2%	19.1%	5.3%	3.5%	4.0%	3.7%

（续表）

行业类别	年份	措施种类 A	B	C	D	E	F	G	H	I	J	K	L	M	N
4	2006	20.0%	11.4%	18.9%	16.5%	17.6%	18.8%	20.1%	24.7%	18.8%	16.4%	14.2%	8.5%	9.4%	8.6%
	2007	12.7%	11.7%	15.4%	25.2%	14.6%	15.9%	25.1%	25.7%	15.1%	11.5%	—	—	—	—
	2008	20.4%	14.1%	16.9%	20.6%	20.2%	20.0%	19.9%	24.7%	19.9%	11.6%	—	0.5%	0.9%	0.6%
	2009	16.5%	10.7%	14.0%	16.8%	19.9%	15.9%	18.9%	19.2%	16.3%	7.8%	0.4%	0.8%	1.0%	0.4%
	2010	15.4%	9.1%	14.1%	16.6%	19.1%	12.2%	18.5%	21.7%	17.9%	4.3%	—	—	—	—
	2011	9.5%	5.5%	8.8%	13.3%	10.5%	9.2%	12.9%	14.7%	10.0%	4.5%	—	—	—	0.5%
	2012	11.8%	8.8%	12.9%	13.2%	13.4%	12.4%	14.2%	16.1%	15.0%	6.6%	2.7%	—	—	2.3%
	2013	10.6%	8.9%	11.6%	12.7%	13.5%	10.3%	15.3%	16.2%	15.6%	7.7%	3.1%	—	0.6%	0.7%
	2014	12.9%	10.4%	12.3%	15.1%	15.2%	14.9%	16.4%	19.5%	15.8%	9.2%	0.7%	0.5%	0.8%	0.5%
	2015	9.1%	9.1%	8.0%	10.9%	11.2%	9.0%	12.5%	17.8%	12.0%	6.0%	—	—	—	—
	2016	8.3%	9.1%	10.1%	17.3%	13.6%	11.4%	16.3%	19.6%	17.1%	5.8%	—	—	—	—
	2017	14.6%	12.6%	14.6%	15.7%	16.5%	12.7%	18.8%	19.8%	17.3%	6.9%	0.6%	0.2%	0.2%	0.2%
	2018	17.4%	15.4%	17.1%	17.8%	18.3%	16.7%	18.7%	20.0%	19.1%	12.8%	6.2%	4.9%	4.0%	3.7%

（续表）

行业类别	年份	A	B	C	D	E	F	G	H	I	J	K	L	M	N
5	2006	11.1%	11.9%	12.6%	12.4%	13.1%	16.2%	15.3%	17.0%	12.5%	11.2%	0.8%	0.6%	2.2%	2.5%
	2007	12.5%	11.6%	13.3%	12.3%	13.3%	23.1%	10.2%	9.1%	12.9%	3.7%	—	—	—	—
	2008	11.2%	11.3%	11.3%	11.6%	11.5%	10.1%	13.8%	10.8%	11.9%	12.2%	7.0%	4.9%	4.2%	9.4%
	2009	8.6%	10.1%	10.6%	10.9%	8.4%	11.4%	9.4%	12.5%	7.2%	6.8%	2.2%	1.9%	0.7%	1.9%
	2010	5.0%	5.1%	4.2%	4.6%	5.6%	6.8%	6.7%	7.0%	5.6%	2.9%	—	—	0.5%	—
	2011	6.3%	9.3%	9.1%	8.9%	6.3%	12.8%	8.6%	11.6%	7.3%	5.5%	—	2.2%	1.2%	1.6%
	2012	5.5%	8.1%	6.5%	7.2%	9.0%	11.4%	9.5%	6.9%	7.9%	6.8%	—	—	—	—
	2013	11.6%	12.2%	10.2%	10.3%	12.7%	13.2%	11.0%	11.7%	9.7%	11.9%	—	—	—	—
	2014	10.4%	9.6%	10.0%	10.0%	9.2%	11.5%	12.9%	10.6%	9.7%	9.8%	—	3.7%	2.3%	—
	2015	7.9%	8.4%	7.8%	5.9%	8.3%	11.9%	8.4%	6.7%	5.4%	8.8%	—	—	0.4%	—
	2016	12.0%	13.0%	9.6%	12.5%	11.6%	13.3%	10.4%	8.1%	10.0%	4.5%	—	—	—	—
	2017	8.1%	9.7%	10.4%	6.6%	7.4%	8.8%	8.5%	6.9%	9.0%	5.5%	—	—	—	—
	2018	7.1%	8.6%	7.2%	8.0%	8.3%	8.3%	9.0%	8.2%	9.2%	7.9%	1.8%	2.4%	1.7%	2.0%

（续表）

行业类别	年份	A	B	C	D	E	F	G	H	I	J	K	L	M	N
6	2006	10.6%	9.3%	7.3%	8.2%	9.8%	8.0%	10.9%	11.2%	11.9%	6.5%	—	—	0.4%	—
	2007	16.1%	14.3%	15.9%	18.4%	18.7%	13.2%	16.7%	13.6%	16.7%	5.5%	—	—	—	—
	2008	17.2%	14.7%	14.9%	18.2%	17.8%	15.6%	17.0%	17.3%	16.9%	10.7%	2.2%	1.1%	1.9%	3.3%
	2009	13.7%	12.2%	12.3%	13.6%	14.8%	12.5%	15.9%	13.8%	13.4%	9.8%	1.3%	1.1%	1.3%	1.2%
	2010	17.6%	14.1%	14.9%	16.6%	19.1%	15.4%	19.2%	19.9%	15.9%	8.6%	—	—	—	—
	2011	18.4%	14.7%	17.8%	21.3%	20.6%	13.0%	20.3%	20.9%	21.1%	11.9%	—	0.4%	—	—
	2012	20.7%	16.6%	19.2%	22.0%	22.2%	18.1%	23.2%	20.1%	20.4%	6.8%	—	1.3%	—	1.1%
	2013	15.2%	15.1%	15.4%	16.3%	16.4%	13.5%	20.5%	17.6%	16.1%	4.8%	9.4%	6.4%	5.8%	6.8%
	2014	16.9%	14.9%	18.3%	25.9%	17.7%	16.4%	19.7%	22.1%	22.8%	9.8%	—	0.5%	0.4%	—
	2015	21.7%	15.3%	18.9%	27.0%	22.3%	18.6%	23.0%	27.1%	23.6%	11.8%	—	0.8%	0.4%	—
	2016	14.6%	9.3%	11.0%	16.7%	17.6%	9.0%	16.9%	15.4%	13.8%	9.1%	—	—	0.4%	—
	2017	12.0%	9.0%	11.2%	13.6%	13.4%	8.3%	11.6%	11.7%	13.6%	7.3%	1.2%	1.7%	0.9%	1.0%
	2018	12.2%	12.5%	13.7%	15.1%	13.3%	11.6%	14.5%	14.6%	14.8%	11.9%	49%	3.1%	3.4%	5.4%

（续表）

行业类别	措施种类 年份	A	B	C	D	E	F	G	H	I	J	K	L	M	N
7	2006	18.3%	13.7%	11.9%	15.6%	16.0%	12.0%	14.7%	11.3%	12.7%	24.7%	4.1%	14.2%	3.6%	4.9%
	2007	11.9%	5.5%	5.4%	2.0%	8.8%	5.5%	9.6%	6.1%	6.7%	20.6%	—	—	—	—
	2008	13.2%	11.0%	12.8%	8.4%	10.7%	12.2%	13.3%	9.7%	10.0%	18.7%	1.1%	3.8%	3.3%	2.7%
	2009	8.6%	7.6%	8.1%	7.7%	10.3%	4.8%	11.6%	11.0%	9.7%	16.3%	1.0%	0.7%	0.6%	0.8%
	2010	8.3%	7.2%	10.1%	7.0%	8.2%	10.0%	8.0%	5.8%	5.6%	20.2%	1.3%	1.1%	0.5%	1.3%
	2011	10.5%	8.2%	8.4%	6.7%	11.3%	7.3%	11.6%	10.2%	9.8%	21.2%	1.3%	1.0%	0.9%	1.1%
	2012	6.3%	7.5%	5.4%	3.9%	7.3%	4.2%	6.3%	8.6%	6.0%	13.4%	—	—	1.7%	—
	2013	10.9%	8.8%	8.0%	6.8%	11.2%	9.1%	10.6%	12.8%	8.8%	19.5%	—	—	—	—
	2014	7.4%	8.8%	8.4%	5.9%	9.5%	7.2%	8.7%	6.7%	7.6%	1.2%	0.7%	5.0%	4.3%	2.1%
	2015	3.9%	5.2%	4.8%	4.5%	4.4%	3.0%	4.7%	6.6%	3.7%	9.0%	0.5%	0.4%	1.1%	—
	2016	8.5%	5.8%	6.3%	7.5%	7.8%	4.3%	7.0%	9.1%	5.8%	11.0%	—	—	—	—
	2017	5.7%	5.5%	4.7%	4.6%	5.1%	4.8%	5.0%	7.1%	7.4%	8.1%	0.6%	0.2%	0.2%	0.2%
	2018	7.9%	7.5%	6.7%	7.8%	8.6%	6.3%	7.1%	6.8%	8.6%	10.1%	2.7%	3.1%	2.8%	2.0%

数据来源：根据《中国技术性贸易措施年度报告》（2006—2019）的相关数据计算所得。

注 I：A. 标签和标志要求 B. 认证要求 C. 技术标准要求 D. 产品的人身安全要求 E. 包装及材料要求 F. 厂商或产品注册要求 G. 工业产品中有毒有害物质限量要求 H. 特殊检验要求 I. 环境保护要求 J. 木质包装要求 K. 食品添加剂要求 L. 食品中重金属等有害金属类要求 M. 食品中农兽药残留限量要求 N. 食品微生物指标要求

注 II：1.农畜产品类　2.机电仪器类　3.化矿金属类　4.纺织鞋帽类　5.橡塑皮革类　6.玩具家具类　7.木材纸张非金属类。

　　为了更直观地反映中国不同行业出口企业遭受的主要技术性贸易措施类型的分布情况,图 4－10 利用各年均值通过柱状图将其描绘出来。

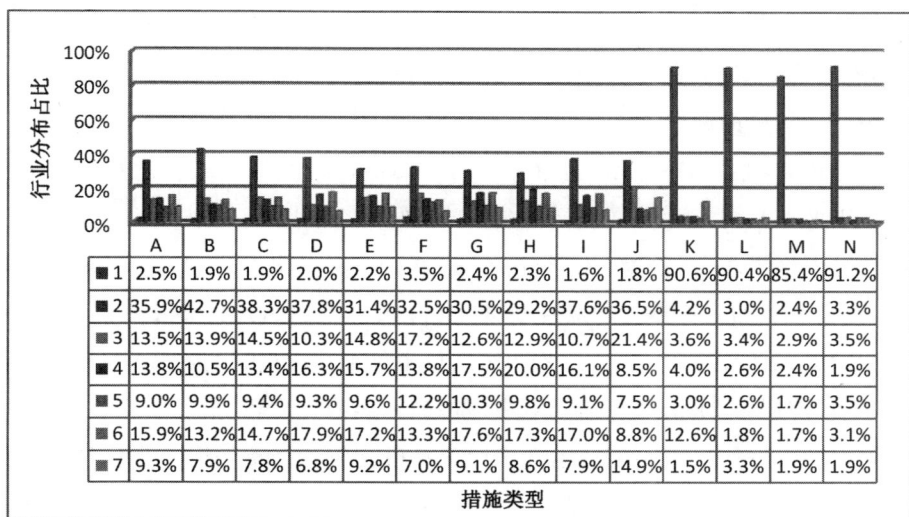

行业分布占比	A	B	C	D	E	F	G	H	I	J	K	L	M	N
1	2.5%	1.9%	1.9%	2.0%	2.2%	3.5%	2.4%	2.3%	1.6%	1.8%	90.6%	90.4%	85.4%	91.2%
2	35.9%	42.7%	38.3%	37.8%	31.4%	32.5%	30.5%	29.2%	37.6%	36.5%	4.2%	3.0%	2.4%	3.3%
3	13.5%	13.9%	14.5%	10.3%	14.8%	17.2%	12.6%	12.9%	10.7%	21.4%	3.6%	3.4%	2.9%	3.5%
4	13.8%	10.5%	13.4%	16.3%	15.7%	13.8%	17.5%	20.0%	16.1%	8.5%	4.0%	2.6%	2.4%	1.9%
5	9.0%	9.9%	9.4%	9.3%	9.6%	12.2%	10.3%	9.8%	9.1%	7.5%	3.0%	2.6%	1.7%	3.5%
6	15.9%	13.2%	14.7%	17.9%	17.2%	13.3%	17.6%	17.3%	17.0%	8.8%	12.6%	1.8%	1.7%	3.1%
7	9.3%	7.9%	7.8%	6.8%	9.2%	7.0%	9.1%	8.6%	7.9%	14.9%	1.5%	3.3%	1.9%	1.9%

措施类型

图 4－10　中国不同行业遭受的主要技术性贸易措施类型的分布情况(按各年均值)

数据来源:根据《中国技术性贸易措施年度报告》(2006—2019)的相关数据计算所得。

注Ⅰ:A.标签和标志要求 B.认证要求 C.技术标准要求 D.产品的人身安全要求 E.包装及材料要求 F.厂商或产品注册要求 G.工业产品中有毒有害物质限量要求 H.特殊检验要求 I.环境保护要求 J.木质包装要求 K.食品添加剂要求 L.食品中重金属等有害物质限量要求 M.食品中农兽药残留限量要求 N.食品微生物指标要求。

注Ⅱ:1.农食产品类　2.机电仪器类　3.化矿金属类　4.纺织鞋帽类　5.橡塑皮革类　6.玩具家具类 7.木材纸张非金属类。

4.5.2　中国出口企业在不同进口国/地区遭受的主要技术性贸易措施分析

　　不仅中国七大类行业出口企业所遭受的主要技术性贸易措施类型存在着较大差异,而且中国出口企业在不同进口国/地区所遭受的主要技术性贸易措施类型也存在明显差异。

　　中国出口到欧盟的产品,无论是工业产品还是农业产品,均遭受了欧盟各种技术性贸易措施最为严重的影响。其中,环境保护要求和工业产品中有毒有害物质限量要求是中国出口产品在欧盟遭受最多的技术性贸易措施,按照各年均值,其占比分别为 32.7%和 31.7%。另外,特殊检验要求(占比为 27.5%)、包装及材料要求(占比为 27.2%)、认证要求(占比为 26.5%)、产品的人身安全要求(占比为 26.3%)、技术标准要求(占比为 25.7%)、标签和标志要求(占比为 25.0%)、厂商或产品注册要求(占比为 24.9%)、食品中重金属等有害物质限量要求(占比为 21.5%)等也对中国产品出口到欧盟造成非常不利的影响。

中国出口产品在美国遭受各种技术性贸易措施的影响程度仅次于欧盟,而且遭受的措施种类也基本相同。在美国,中国出口产品遭受最多的技术性贸易措施是工业产品中有毒有害物质限量要求,按照各年均值,其占比为 23.4%;产品的人身安全要求(占比为 22.2%)、特殊检验要求(占比为 22.0%)、环境保护要求(占比为 21.8%)、厂商或产品注册要求(占比为 21.8%)、包装及材料要求(占比为 22.1%)、认证要求(占比为 21.9%)、技术标准要求(占比为 21.9%)、标签和标志要求(占比为 21.2%)等措施对中国产品的影响也比较大。

中国的农业产品遭受了日本技术性贸易措施较为严重的影响。食品添加剂要求(23.2%)、食品微生物指标要求(23.0%)、食品中农兽药残留限量要求(27.9%)、食品中重金属等有害物质限量要求(20.1%)等是中国农业产品在日本遭受最多的技术性贸易措施。

总之,中国出口产品遭受欧盟、美国和日本技术性贸易措施的影响占其全部影响的二分之一以上。除此之外,中国出口产品还遭受了来自加拿大、澳大利亚、韩国、俄罗斯、东盟等进口国/地区技术性贸易措施的影响。图 4-11 利用各年均值描述了中国出口产品在不同进口国/地区遭受的主要技术性贸易措施类型及其占比的情况。

4.6　主要结论

随着中国进出口贸易的迅猛增长,中国出口企业越来越多地遭受了主要进口国/地区技术性贸易措施的影响,这种影响不仅频率高,范围广,而且程度也深。通过对国家质检总局调查结果的分析,本书得出如下结论。

结论 1:就总体影响而言,中国不同行业、不同规模、不同性质的出口企业遭受国外技术性贸易措施的影响程度是不同的。农食产品类企业、玩具家具类企业和机电仪器类企业是遭受影响位居前三位的企业;在受影响的出口企业中,民

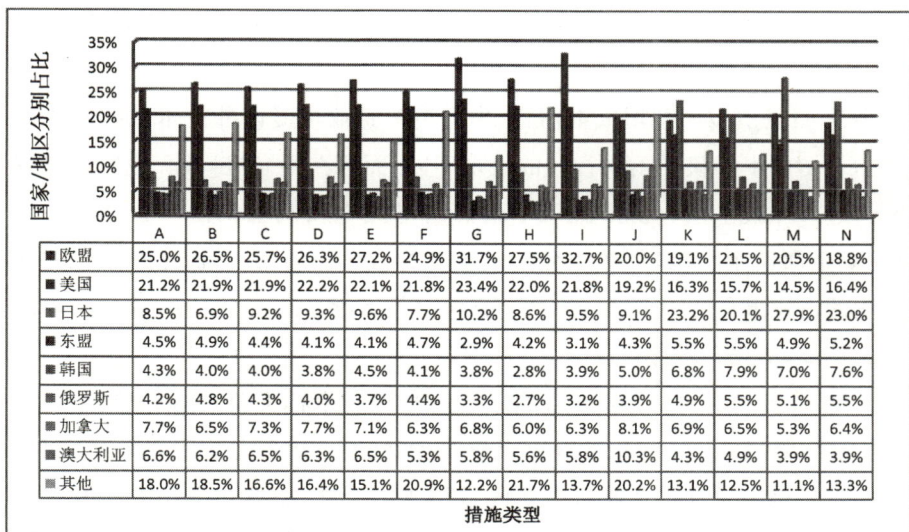

国家/地区分别占比	A	B	C	D	E	F	G	H	I	J	K	L	M	N
■ 欧盟	25.0%	26.5%	25.7%	26.3%	27.2%	24.9%	31.7%	27.5%	32.7%	20.0%	19.1%	21.5%	20.5%	18.8%
■ 美国	21.2%	21.9%	21.9%	22.2%	22.1%	21.8%	23.4%	22.0%	21.8%	19.2%	16.3%	15.7%	14.5%	16.4%
□ 日本	8.5%	6.9%	9.2%	9.3%	9.6%	7.7%	10.2%	8.6%	9.5%	9.1%	23.2%	20.1%	27.9%	23.0%
■ 东盟	4.5%	4.9%	4.4%	4.1%	4.1%	4.7%	2.9%	4.2%	3.1%	4.3%	5.5%	5.5%	4.9%	5.2%
■ 韩国	4.3%	4.0%	4.0%	3.8%	4.5%	4.1%	3.8%	2.8%	3.9%	5.0%	6.8%	7.9%	7.0%	7.6%
■ 俄罗斯	4.2%	4.8%	4.3%	4.0%	3.7%	4.4%	3.3%	2.7%	3.2%	3.9%	4.9%	5.5%	5.1%	5.5%
■ 加拿大	7.7%	6.5%	7.3%	7.7%	7.1%	6.3%	6.8%	6.0%	6.3%	8.1%	6.9%	6.5%	5.3%	6.4%
■ 澳大利亚	6.6%	6.2%	6.5%	6.3%	6.5%	5.3%	5.8%	5.6%	5.8%	10.3%	4.3%	4.9%	3.9%	3.9%
■ 其他	18.0%	18.5%	16.6%	16.4%	15.1%	20.9%	12.2%	21.7%	13.7%	20.2%	13.1%	12.5%	11.1%	13.3%

措施类型

图 4-11　中国出口企业在不同进口国/地区遭受的主要技术性贸易措施类型及其占比
（按各年均值）

数据来源：根据《中国技术性贸易措施年度报告》(2006—2019)的相关数据计算所得。

注：A.标签和标志要求 B.认证要求 C.技术标准要求 D.产品的人身安全要求 E.包装及材料要求 F.厂商或产品注册要求 G.工业产品中有毒有害物质限量要求 H.特殊检验要求 I.环境保护要求 J.木质包装要求 K.食品添加剂要求 L.食品中重金属等有害物质限量要求 M.食品中农兽药残留限量要求 N.食品微生物指标要求。

营企业遭受影响的程度最为严重,而国有企业受影响的程度则最低;大中型企业受影响的程度明显高于小微型企业。

　　结论2:就国别分布而言,中国出口企业遭受国外技术性贸易措施影响的国别分布相对比较集中,以发达国家/地区为主,尤其以欧盟、美国和日本为出口目的地的企业所受影响最为严重。同时,中国不同行业出口企业受影响的国别分布也存在着较大差异,农食产品类企业在日本遭受的影响最为严重,机电仪器类企业、化矿金属类企业、纺织鞋帽类企业、橡塑皮革类企业在欧盟遭受的影响最为严重,玩具家具类企业、木材纸张非金属类企业在美国和欧盟遭受的影响最为严重。

　　结论3:就贸易损失而言,欧盟和美国作为中国最主要的两个贸易伙伴以及中国产品的两个最大出口市场,其技术性贸易措施给中国出口企业所带来的损

失也最大;取消订单、扣留货物和销毁货物是中国出口企业在欧盟和美国所遭受
的主要损失形式。

结论4:就引致的新增成本而言,中国出口企业遭受国外技术性贸易措施所
引致的新增成本不仅在不同行业的表现不同,而且在不同进口国/地区的表现也
不同。进口国技术性贸易措施所引致的新增成本在机电仪器类企业的占比最
高,化矿金属类企业次之,纺织鞋帽类企业的占比位居第三;而木材纸张非金属
类企业的占比最低;中国出口企业遭受欧盟技术性贸易措施所引致的新增成本
的占比最高,美国位居第二。

结论5:就遭受的具体措施而言,认证要求、技术标准要求、工业产品中有毒
有害物质限量要求、包装及材料要求等是中国出口企业遭受的主要措施种类。
认证要求是机电仪器类企业所遭受的最主要的措施,工业产品中有毒有害物质
限量要求是玩具家具类企业遭受的最主要的措施,木质包装要求是化矿金属类
企业遭受的最主要技术性贸易措施。

第 5 章　技术—环境壁垒影响企业国际竞争力的内在机理

随着技术的进步和人类对自身安全与环境质量的需求不断提高,新的技术—环境壁垒将不断产生和更新,因此,技术—环境壁垒将日益成为国际贸易壁垒的主体和中国企业进入国际市场的主要障碍。只要企业遭受到国外的技术—环境壁垒,就必然会影响到企业正常的生产经营活动,如果这些技术—环境壁垒来自企业出口的重点地区,企业将为此付出更为惨重的代价。因此,跨越这些壁垒就成为企业的必然选择,这种跨越也必将对企业的经营战略及国际竞争力产生深远的影响。本章的主要目的在于探讨技术—环境壁垒影响企业国际竞争力的传导路径。

5.1　企业国际竞争力的理论研究框架

5.1.1　企业国际竞争力的界定

国际竞争力是一个内涵十分丰富、外延十分广泛的概念,是一个多层次、多方面、其内涵随国际市场的拓展而不断丰富的综合性概念。国际竞争的主体是国家,而国家与国家之间的竞争本质上又表现为各国产业之间的竞争和企业之间的竞争。因此,国际竞争力具体体现在三个层面:即宏观层面的国家国际竞争力、中观层面的产业国际竞争力和微观层面的企业国际竞争力。这三者之间的关系是:国家的国际竞争力取决于该国的产业国际竞争力,而一国的产业国际竞争力又取决于该国的企业国际竞争力。而企业国际竞争力的高低不仅决定企业的生存和发展,而且会实质性地影响一国的国际竞争力。

关于企业国际竞争力的内涵,目前尚无统一的被理论界普遍接受的定义。因为学者们可以从不同的角度对企业的国际竞争力进行界定,学者们既可以使用一些定量指标来界定企业的国际竞争力,如企业在国际市场上的占有率、企业所获得的利润率等;同时,也可以使用一些较为定性的指标来界定企业的国际竞争力,如企业的增长潜力、企业 R&D 项目的重要程度等。尽管有不同的观察视角,但是,在一些核心内容方面,学者们还是达成了共识,比如企业的国际竞争力主要来源于企业内部效率所形成的竞争力和受外部环境影响而形成的竞争力。

关于企业国际竞争力,学术界给出了以下几种定义:

世界经济论坛(The World Economic Forum,WEF)于 1985 年发表的《关于国际竞争力的报告》中将企业的国际竞争力定义为:"企业目前和未来在各自的环境中以比其国内外竞争者更有吸引力的价格、质量来进行设计、生产并销售货物以及提供服务的能力和机会。"世界经济论坛的这个定义强调了企业的国际竞争力体现为企业在国际和国内市场上生产和销售商品以及提供服务的能力,企业国际竞争力的强弱取决于企业生产和销售商品以及提供服务的价格和质量的高低。该定义特别强调了影响企业国际竞争力的关键因素是商品和服务的质量和价格。企业只有能够生产和提供质优价廉的商品,才能表现出极强的国际竞争力。

迈克尔·波特在其名著《国家竞争优势》(*The Competitive Advantage of Nations*)一书中将企业的国际竞争力定义为企业在国际市场上以全球战略的姿态进行竞争的能力。在这个定义中,波特突出强调企业要以全球战略来参与国际竞争,因此,在参与国际竞争的过程中企业制胜的关键因素是其选择什么样的全球战略。波特认为影响企业国际竞争力的主要因素包括:同业竞争者的竞争程度、潜在进入者的威胁、替代品的威胁、供应商的议价能力、购买者的议价能力等。

王核成(2001)认为,企业的国际竞争力是指企业在国际市场上利用其自身的实力和比较优势,争取各种资源(包括市场资源、人力资源、自然资源、国际资本资源等),从而使自己在激烈的国际竞争中获得持久的生存和发展的动态创造性能力。[①]

金碚(2001)认为企业的国际竞争力可以理解为:在激烈竞争的市场中,一个企业能够比其他竞争对手(包括国内和国外)以更有效的方式持续地为消费者(包括生产性消费者)提供产品或服务,并由此获得盈利和自身发展的综合性能力。[②]

根据上述定义,作为微观层面的国际竞争力,企业国际竞争力应强调以下几方面的内容:

第一,企业必须是市场经济活动中独立的行为主体,其在经济活动中能够自我决策、自主经营、自负盈亏。

第二,企业必须通过生产和销售产品或提供服务来体现其国际竞争力,其所在的产业必须是竞争性和开放性的。

第三,企业所具有的创新能力是企业国际竞争力的实质。

第四,企业的客户价值(即企业的市场占有率和消费者的满意度)和企业的自身价值(即企业的盈利能力和发展能力)是企业国际竞争力的集中表现,从长期动态的角度来看,企业的客户价值和企业的自身价值存在着高度的内在一致性。

第五,国际竞争力反映的是企业的综合实力及其发展潜力,是企业在市场竞争中所拥有的综合素质。[③]

综合上述所有因素,本书将企业的国际竞争力界定为企业作为市场经济活动的行为主体,在向竞争激烈的国际和国内市场生产和销售产品或提供服务的过程中,为了获得盈利和自身发展所具有的持续稳定的综合创造能力。

5.1.2　企业国际竞争力的构成要素

企业国际竞争力的构成要素可以归结为四类:

第一类因素,外部环境要素,即来自企业外部、企业自身无法控制的因素。它不属于企业的决策范围。企业国际竞争力所涉及的外部环境要素主要包括:

(1)企业所在行业的发展状况,该行业属于本国具有比较优势的行业还是具

---

①　王核成.企业国际竞争力的测评研究[J].数量经济技术经济研究,2001(1):111-113.

②　金碚.论企业竞争力的性质[J].中国工业经济,2001(10):5-10.

③　任洪斌.企业国际竞争力模型探析[J].经济管理,2007(2):32-36.

有比较劣势的行业？是新兴行业、成熟行业还是夕阳行业？是高盈利、高成长型行业还是低盈利、低成长型行业？

（2）企业与国内外相关企业的关系，包括与国内外供应商、国内外需求客户以及国内外同类企业之间的关系。

（3）企业与本国政府的关系，包括政府对企业所在行业的限制程度（鼓励进入还是限制进入），政府的相关产业政策（鼓励发展还是限制发展），政府的税收政策以及政府的区域发展政策，等等。

（4）企业所面临的国际环境，包括企业所面临的关税和非关税壁垒状况，企业进入国际市场的准入条件（享受国民待遇还是遭受歧视性待遇），汇率变动情况等。

（5）企业所面临的经济社会及政策环境，包括企业所面临的技术创新环境、金融环境、人文社会环境、知识产权环境、生态保护环境等。

第二类因素，资源要素，即企业所拥有的或者可以获得的各种资源，包括有形资源、无形资源和人力资源。

第三类因素，能力要素，即确保企业得以生存和发展并能够实施其发展战略的能力。企业的能力要素是企业对其所拥有的资源进行综合利用的能力以及为了完成某项特定任务而对所需资源进行整合的能力。它更强调企业自身的素质，即企业对环境的适应性以及对资源进行开发的能动性和创造性等。

第四类因素，潜在要素，即不受企业的物质资源约束，但却能物化为企业的资源和能力的知识，它具体体现为企业的经营管理模式、公司治理模式、企业的发展战略、企业的商业运营模式、企业的创新精神等等。从其本质上来讲，知识本身也是一种能力。[①]

5.1.3　企业国际竞争力的各种构成要素的互动关系

企业国际竞争力的各种构成要素之间存在着相互制约和相互作用的关系。

外部环境要素是形成企业国际竞争力的重要外在因素，它能够促进或制约企业国际竞争力的形成。优越的外部环境能够提升企业的国际竞争力，相反，恶劣的外部环境则会削弱企业的国际竞争力。

---

① 　任洪斌.企业国际竞争力模型探析［J］.经济管理，2007（2）：32－36.

　　资源要素是形成企业国际竞争力的物质基础,它在企业国际竞争力的形成过程中起着基础性的作用。资源要素是企业能够为社会提供产品或服务,参与市场竞争所必须拥有的并且能够自由支配的基本物质条件,企业能够对所拥有的各种资源进行合理组合和有效配置是企业国际竞争力形成的基本条件。

　　能力要素是影响企业国际竞争力的关键因素。企业的能力要素会对资源要素的整合方式和运作方式等产生重要的影响,突出的能力要素能够优化企业的资源要素,并使其产生较高的生产效率。因此,能力要素是影响企业国际竞争力的充要条件。

　　潜在要素是企业国际竞争力的核心要素,该要素是影响企业国际竞争力的力量源泉。

　　一般来讲,潜在要素居于企业国际竞争力构成因素的最里层,能力要素和资源要素处于较外层,而外部环境要素则处于最外层。由内向外,要素的刚性不断增强;而由外向里,要素的柔性不断增加。图 5 - 1 描述了企业国际竞争力的四种构成要素及其内在关系。

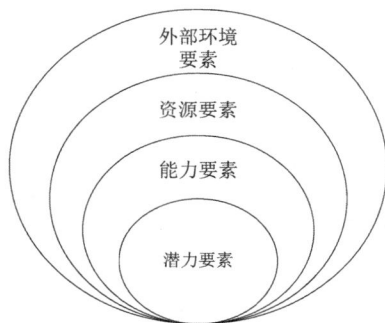

图 5 - 1　企业国际竞争力的四种构成要素及其内在关系

5.1.4　企业国际竞争力的指标体系设计

　　评估企业的国际竞争力需要从三个层面来考虑:其一是企业在国际市场上的表现,包括企业争夺国际市场份额和各种国际资源的能力,这表现为企业的外显竞争力;其二是企业竞争力的持续性和稳定性,这表现为企业的内在竞争力,包括企业所拥有的各种资源和能力,它是企业成长的关键因素;其三是企业竞争力的激励性因素,这表现为企业的外部环境竞争力,它是形成企业国际竞争力的激励因素。

1)外显竞争力(explicit competitiveness)

外显竞争力又称企业的市场优势,是企业在激烈的国际市场竞争中所表现出的满足市场需求、争夺市场份额和各种国际资源以及对竞争对手构成威胁的能力,它是企业国际竞争力的外在表现因素。评价企业外显竞争力的主要指标包括:产品的竞争力、商标和品牌的竞争力、市场营销体系的竞争力、资本竞争力等。[①]

2)内在竞争力(internal competitiveness)

内在竞争力,又称企业的内在优势,是企业的竞争实力和竞争潜力的重要体现,是企业国际竞争力的重要影响因素和具有决定性的因素,反映了企业国际竞争力的持久性和稳定性,企业的内在竞争力包括企业所拥有的各种资源和能力。评价企业能力的主要指标包括:企业的研发能力、企业的制造能力、企业的战略管理能力和企业的创新能力等。而评价企业资源的主要指标包括:人力资源、财务资源、物质资源、信息资源等。[②]

3)外部环境竞争力(external environment competitiveness)

外部环境竞争力是内在竞争力和外显竞争力的重要前提,是国际竞争力的重要激励因素。

5.2　技术—环境壁垒的作用机理

技术—环境壁垒的作用机理具体表现为:凡符合进口国的技术法规、技术标准、合格评定程序以及检验检疫标准等相关指标要求的产品,就能够获得进入进口国市场的准入资格;反之,凡不符合进口国各项指标要求的产品,则被拒绝进口。

根据技术—环境壁垒的作用机理,其对出口国企业的影响主要体现在两个方面:其一,技术—环境壁垒会导致出口国企业的遵循成本增加;其二,技术—环境壁垒会通过"倒逼机制"激励出口国企业进行技术创新。

---

① 王核成.中国企业国际竞争力的评价指标体系研究[J].科研管理,2001(1):74-78.
② 王核成.中国企业国际竞争力的评价指标体系研究[J].科研管理,2001(1):74-78.

5.2.1　技术—环境壁垒所引致的附加成本

出口国企业为了获得进口国的市场准入条件和从根本上超越进口国的技术—环境壁垒,必然要对其原有的生产工艺和生产方法进行改进、对其原有的内部测试程序和检验程序进行完善甚至还要建立新的质量管理体系等,所有这些都要求出口国企业必须投入额外的人力、物力和财力。除此之外,为了证明其产品符合进口国的技术法规、技术标准和合格评定程序等各项指标要求,出口国企业还必须对其产品进行认证、不得不接受进口国有关机构的检验,等等,所有与此相关的费用都要由出口国企业来承担。显然,这些费用构成出口国企业额外的附加成本。由于这些附加成本是出口国企业为了满足进口国所设置的技术—环境壁垒措施的各项指标要求而发生的,因此,也称其为技术—环境壁垒的遵循成本。这些遵循成本主要包括:一次性遵循成本(one-time compliance cost)、重复遵循成本(recurring compliance cost)和技术创新的转换成本(conversion cost of technological innovation)。[①]

一次性遵循成本是指为了满足进口国在技术法规、技术标准和合格评定程序方面的新要求,出口国企业在设计、生产、检验等环节进行技术改造所发生的费用,包括一次性的设计更新成本、生产工艺改进成本和新设备的采购成本等,改进企业内部的测试程序和检验程序所发生的成本,以及建立新的质量管理体系所发生的成本,等等。

重复遵循成本是指为了满足进口国对产品在各项指标上的新要求,出口国企业对产品进行测试、检验、认证、更换产品包装和标签、对产品进行其他处理或办理其他手续等所发生的费用,主要包括产品进入市场后不断发生的长期质量控制的成本,为验证出口产品符合进口国的某项技术法规和技术标准要求所花费的检验成本和认证成本,为进行检验和认证所造成的周转速度下降以及因此而产生的库存成本和运输成本等等。

技术创新的转换成本是指企业采用一种新的技术或者新的生产工艺而放弃原有的技术或生产工艺所带来的损失和需支付的费用。这些转换成本主要包括企业为生产新产品、采用新工艺所导致的原有技术资产失效(经济有效期内提前

[①]　张海东.技术性贸易壁垒形成机制的经济学分析[J].财贸经济,2004(3):61-65.

报废)的损失,企业采用新的技术或者新的生产工艺导致原有的生产过程中断所带来的损失,企业推出新的产品品种而导致原有的产品品种滞销或价格下降所带来的损失,以及企业为采用新的技术体系、管理体系所导致的原有各种资源失效的损失等。[1][2]

显然,一次性遵循成本和技术创新的转换成本提高了出口国企业进入进口国市场的进入门槛,出口国企业为了获得进口国市场的准入资格和从根本上突破贸易壁垒的限制就必须预先投入更多的资金。而重复遵循成本则意味着出口国企业在进口国市场的竞争力可能下降,因为企业必须持续不断地付出更高的边际成本,对企业竞争力将产生长期的影响。

5.2.2 技术—环境壁垒激发企业进行技术创新

技术—环境壁垒除了导致出口国企业增加额外的遵循成本之外,更重要的是它能够激发企业进行技术创新活动。

迈克尔·波特对环境规制与企业竞争力两者之间的关系进行了很好的论述,他认为:"恰当设计的环境规制可以激发企业的技术创新,从而产生效率收益,相对于不受环境规制约束的企业来说,可能会导致绝对竞争优势;相对于环境规制标准较低的国外竞争者而言,环境规制通过刺激创新可对企业的国际市场地位产生正面效应。"

本书把迈克尔·波特关于环境规制与企业竞争力的关系推演到技术—环境壁垒与企业国际竞争力的关系上来:如果进口国政府出于保护国家安全、保护生态环境、保护人类和动植物的生命与健康等目的考虑,合理设置针对进口产品的技术标准、环境标准等技术性贸易措施,则可以激发出口国企业的技术创新行为,进而产生后发的规模经济效应,并形成同类产品的低成本优势。技术创新能够增强企业的国际竞争力,可以通过以下几种途径表现出来:

1) 技术创新可以使企业通过"创新补偿"获得竞争优势

技术创新可以提高企业的国际竞争力主要是通过"创新补偿"来实现的。"创新补偿"可以分为"产品补偿"和"过程补偿"。"创新补偿"是影响企业国际竞

① 胡学奎.转换成本与企业技术创新[J].改革,2004(6):86-90.
② 胡学奎,周达祥.论我国传统产业技术变革中的转换成本策略运用问题[J].经济纵横,2002(11):13-16.

争力的重要途径,它可以通过多个维度表现出来,而其最显著、最直接的表现就是它能够降低企业的生产成本,能够使企业向社会提供差异化的产品,甚至可能改变企业的生产经营方式。①

(1)技术创新可以使企业提供质量更高、性能更可靠的产品。

在进口国的技术标准、环境标准、技术法规、合格评定程序等技术性贸易措施的约束下,出口国企业会对生产工艺和生产方法进行改进,甚至会对生产方式进行彻底变革,从而生产出差异化明显、质量更高、性能更可靠、消费者更放心的产品,这时就产生了"产品补偿"。

(2)技术创新可以使企业产生规模经济效应,降低企业生产成本。

当进口国的技术—环境壁垒通过"倒逼机制"激发出口国企业进行技术创新,并产生后发的规模经济效应时,就产生了"过程补偿"。"过程补偿"能够使出口国企业获得规模经济效应,进而降低出口国企业的生产成本。

2)技术创新可以使企业通过"率先行动"获得竞争优势

如果出口国企业能够比竞争对手更早开始技术创新或者能够在进口国实施技术—环境壁垒措施前开始技术创新,则它可以获得"先动优势",这种"先动优势"主要通过以下两种方式表现为成本优势。

(1)"先动优势"能够在很大程度上降低出口国企业的遵循成本。

出口国企业为了开发与进口国所设置的技术—环境壁垒措施相适应的新技术,往往会导致其生产过程的中断,并给其带来损失。如果出口国企业能够准确预测进口国将要实施的技术标准、技术法规或合格评定程序等新的技术—环境壁垒措施,那么,出口国企业将有充足的时间去调整其生产过程,并能够使这种因生产过程中断给企业所带来的损失最小化。相反,而那些对进口国的技术—环境壁垒措施做出滞后反应的企业则可能面临"时间压缩不经济(Time Compress Diseconomies)",企业在较短时间内调整其生产往往会导致其生产过程的频繁中断,况且,在某些情况下,进口国从设置技术—环境壁垒措施到正式实施这些措施,给企业预留的调整时间很短,如果企业不能对进口国所设置的这些措施进行预期,甚至不能做出迅速反应,那么,企业的遵循成本就会提高,从而丧失其竞争优势。②

---

① 　张嫚.环境规制对企业竞争力的影响[J].中国人口、资源与环境,2004(4):126-130.
② 　张嫚.环境规制对企业竞争力的影响[J].中国人口、资源与环境,2004(4):126-130.

（2）"先动优势"能够通过学习经验的积累降低出口国企业的生产成本。

出口国企业通过"率先行动"提早开发出与进口国所设置的技术—环境壁垒措施相适应的新技术，能够使企业通过学习曲线效应获得成本优势。出口国企业对进口国的技术—环境壁垒措施反应越及时，就能越快移动到"学习曲线"的更低处，因此，在给定时间内，"率先行动"能够通过学习经验的积累使出口国企业的生产成本降低。

3）技术创新不仅可以使出口国企业满足进口国的技术标准、技术法规和合格评定程序要求，而且还可以使出口国企业获得制定国际标准的话语权，进而获得竞争优势标准，在企业的规范化生产和市场整合过程中发挥着非常重要的作用，而且它也是衡量一个企业国际竞争力的标尺

（1）技术创新可以使出口国企业满足进口国的技术标准、技术法规和合格评定程序要求，从而使企业获得规模经济效益，并降低企业的总成本。

技术标准本身包含了有关技术知识的信息，遵循标准有利于企业提高产品质量和产品的可靠性。技术标准也可以提高产品信息的透明度以及产品及其零部件的兼容性，从而降低企业的交易成本。同时，技术标准还增加了生产者和消费者之间关于产品质量和产品的内在特征的信息交流，从而降低了消费者确定产品质量的不确定性。

在缺乏多边协商机制的条件下，国际标准能为遵循这些标准的各个国家提供共同的参考点，从而降低交易成本。同时，遵循国际标准也能为企业提供更多的出口机会。

（2）技术创新可以使企业获得制定国际标准的话语权。

现代企业对技术创新的追求已经不在于研发一两件新产品，而是创立一个新标准。一旦这个标准为市场所接纳，这种产品就会成为一系列产品的规范，带来源源不断的利润。企业只要掌握了标准，就等于掌握了市场的主动权，否则就只能跟在别人的后面搞替代加工。真所谓"三流企业做产品，二流企业卖技术，一流企业卖标准"。标准对企业利益乃至国家利益来说具有越来越重要的意义。有鉴于此，一些企业试图努力使自己的标准成为国际标准，尚没有建立标准但具备一定基础的企业也在努力建立自己的标准。争夺标准实际上就是争夺市场。

所有这些表明，标准的创立和被市场所接受，是市场竞争的产物和结果。标准的创立是一个动态的运动过程，而标准的创新国在这一过程中将处于有利的

地位。然而,只有在技术创新方面处于世界领先水平的企业才能获得制定国际标准的话语权和控制权。

总之,技术创新通过"创新补偿"使出口国企业获得规模经济效应;通过"先动优势"获得成本优势;同时,又通过"创立标准"获得市场控制权。

5.3　技术—环境壁垒影响企业国际竞争力的传导路径

技术—环境壁垒属于影响企业国际竞争力的外部环境因素。根据前面的分析,外部环境因素既可能提升企业的国际竞争力,也可能削弱企业的国际竞争力,那么,外部环境因素在什么样的条件下会促进企业的国际竞争力,在什么样的条件下又会限制企业的国际竞争力? 它又是通过什么样的路径来影响企业的国际竞争力的?

从上述分析可以看出,技术—环境壁垒既会导致出口国企业的遵循成本增加,也会通过"倒逼机制"激励出口国企业进行技术创新。因此,技术—环境壁垒主要是通过下面两个传导路径来影响企业的国际竞争力的。[1][2][3]

其一,技术—环境壁垒增加了出口国企业遵循成本,进而削弱其国际竞争力。

为了满足进口国的技术标准、技术法规和合格评定程序等技术—环境壁垒措施要求,出口国企业必须支付额外的附加成本,这种附加成本包括一次性遵循成本、重复遵循成本和技术创新的转换成本。这些附加成本增加了企业的生产成本,使出口国企业在国际市场的价格竞争优势丧失,从而削弱企业的国际竞争力。

其二,技术—环境壁垒能够激发出口国企业进行技术创新,进而增强其国际竞争力。

为了满足进口国所设置的各项指标要求和从根本上跨越进口国的技术—环境壁垒,技术创新是出口国企业的必然选择。而技术创新不仅能够使企业通过"创新补偿"获得规模经济效应,而且还能够使企业通过"先动优势"获得成本优

①　王虹.论环境规制对企业国际竞争力的影响及传导机制[J].现代财经,2008(5):66-69.
②　彭海珍.环境战略影响企业国际竞争力的途径和内部条件分析[J].软科学,2006(5):126-130.
③　刘帮成,余字新.企业国际竞争力的新要素:环境管理[J].科技进步与对策,2001(5):78-80.

势,同时还能够使企业通过创立国际标准获得市场控制权。技术—环境壁垒通过"倒逼机制"所激发出的企业进行技术创新的巨大潜能,能够降低出口国企业的生产成本,增加其市场份额,从而能够增强其国际竞争力。

总之,技术—环境壁垒给出口国企业带来了额外的附加成本,使企业在激烈的国际市场竞争中丧失价格竞争优势,进而削弱其国际竞争力;但是,企业的技术创新行为却能使这些附加成本部分甚至全部被消解,并能发挥后发的规模经济效应,从而使先进技术所生产的产品不仅能满足本国市场的需求,而且还能跨越进口国的技术—环境壁垒,形成同类产品的低成本优势,由比较劣势转化为比较优势,进而增强企业的国际竞争力。

我们把技术—环境壁垒影响企业国际竞争力的传导路径用图 5-2 来描述。

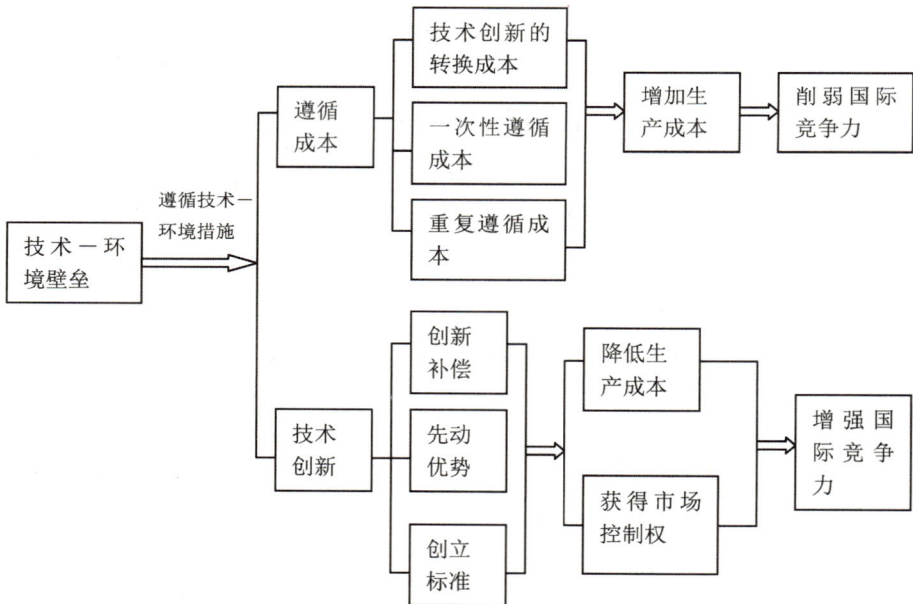

图 5-2　技术—环境壁垒影响企业国际竞争力的传导路径

5.4　主要结论

随着经济全球化和贸易自由化的不断深化,技术性贸易壁垒已经日益成为国际贸易壁垒的主体,各国普遍倾向于使用技术性贸易措施来对进口产品进行限制。这种限制使出口国企业的短期利益受损的同时,也构成对出口国企业进行技术创新的外在压力,从而使出口国企业在中长期内通过技术创新来突破进口国的技术性贸易壁垒。通过分析,本章得出以下结论:

结论 1:遵循进口国的技术标准、技术法规和合格评定程序等技术—环境壁垒措施,势必要求出口国企业支付额外的附加成本,而这些附加成本增加了企业的生产成本和出口成本,从而使其国际竞争力下降。

结论 2:技术创新是出口国企业跨越技术—环境壁垒的必然选择,而技术创新不仅能够使企业通过"创新补偿"获得规模经济效益,而且还能够使企业通过"先动优势"获得成本优势,同时还能够使企业通过创立国际标准获得市场控制权。企业通过技术创新能够降低其生产成本,增加其市场份额,从而能够增强其国际竞争力。

第6章 技术—环境壁垒的引致成本及其价格—数量控制机制

技术—环境壁垒的本质特征是通过技术环境标准、技术法规、合格评定程序等措施限制商品进口,从而达到保护进口国国内市场和国内产业的目的。其实,技术性贸易措施本身并不是贸易壁垒,也不会自动成为限制贸易的障碍。如果进口商品能够完全达到进口国所设置的各项指标要求,那么,进口就畅通无阻,这时技术性贸易措施并不构成对进口的限制,也不会成为贸易壁垒;但是,如果进口商品不能达到进口国所设置的各项指标要求,那么,进口就会受到限制,这时技术性贸易措施就成为贸易壁垒。

在国际贸易领域,技术—环境壁垒的形成客观上反映了两种现象。

其一,各国间在经济发展阶段和技术水平方面存在着差距。

一般来讲,发达国家所处的经济发展阶段和所拥有的技术水平比较高,其对国内产品的技术标准、技术法规和合格评定程序等措施要求比较严格,与此相适应,发达国家制定了一系列旨在保护人类和动植物的生命安全与健康以及保护生态环境的各项指标要求来规范企业的生产经营活动。相反,发展中国家所处的经济发展阶段和所拥有的技术水平相对较低,其对国内产品的技术标准、技术法规和合格评定程序等措施要求相对比较宽松,发展中国家的出口产品很难达到发达国家的各项指标要求,因此,发达国家较高的技术标准和环境标准要求就构成了对发展中国家产品的进入壁垒。[1]

其二,各国所具有的比较优势存在差异。

---

[1] 张海东.技术性贸易壁垒形成机制的经济学分析[J].财贸经济,2004(3):61-65.

在国际贸易领域,发达国家在技术上存在着比较优势,而发展中国家则在成本方面存在着比较优势。但是,在发达国家看来,发展中国家的成本优势主要来自其较低的技术标准和环境标准要求,环境的外部成本不能被内部化,从而使其产品的生产成本较低,并在与发达国家的贸易中表现出明显的比较优势。为了消除这种"不公平竞争"现象以及减少环境外部性对人类生存环境所带来的不利影响,发达国家刻意制定了较高的技术标准和环境标准,从而构成了对发展中国家产品进入的技术—环境壁垒。

根据上一章的分析,进口国所设置的技术—环境壁垒必然会导致出口国企业遵循成本的增加,这些遵循成本包括一次性遵循成本、重复遵循成本和技术创新的转换成本。那么,这些遵循成本究竟是如何产生的呢?它又会对出口国企业带来什么样的影响?

6.1　技术—环境壁垒的引致成本及其产生机制

6.1.1　技术—环境壁垒引致的技术创新的转换成本

根据约瑟夫·熊彼特的观点,技术创新就是一种"创造性的破坏",它意味着企业旧的技术和生产体系的淘汰和新的技术和生产体系的建立,意味着企业最根本的生存方式的转换。对企业而言,技术创新是一项复杂的系统工程,它强调过程性、系统性、综合性和创造性。它不仅仅包括企业的产品和工艺创新,而且还包括开辟新市场、开发新的资源以及创新企业的组织管理方式。也就是说,技术创新不只是企业的技术的转换,它必然要求并带动企业的相关匹配和支持系统进行相应的转换,否则,技术创新的经济意义将会受到极大的抑制。

任何行为方式或生存方式的转换总要付出一定的代价,这种代价就是转换成本。对企业而言,为了满足进口国的技术法规、技术标准和合格评定程序等措施要求所进行的技术创新必然会带来转换成本,这种转换成本主要包括两大类:一类是企业为进行技术创新所造成的原有技术资产失效(经济有效期内提前报废)的损失;一类是企业为进行技术创新所造成的与原有技术资产相匹配的或对原有技术资产提供支持的各种资源可能失效的损失。第一类转换成本通常比较直观和具有显性化,因此,比较容易计量;而第二类转换成本是因内在依存关系而连带发生的,因而,这类转换成本具有一定的弹性,很难进行准确计量。[①]

一般来说,企业技术创新的转换成本具体包括以下几个方面:

(1)有形资产提前报废损失。这种损失是因企业为生产新品种、采用新工艺而导致尚未达到预定使用寿命的有形资产提前报废。

(2)有形资产提前报废产生的机会成本。这种损失是因企业为生产新品种、采用新工艺导致有形资产提前报废而放弃的一部分经营利益。

(3)技术人员的再培训费用。技术创新可能导致原有工程技术人员和技术工人的知识和技能老化,为了适应新技术的需要而对原有技术人员进行再培训所产生的费用。

(4)原有技术体系、管理体系和支撑网络失效所带来的损失。技术创新可能会导致原有的技术体系失效;也可能要求组织结构等系统作相应改变,从而导致原有的管理体系失效;同时,还可能导致原有的配套和协作网络、资源供给网络、信息网络和产品销售网络失效等。

转换成本是任何企业在技术创新过程中都会发生的成本。但是,不同的企业在技术创新过程中,其转换成本的大小却存在着较大差异。一般来讲,企业的转换成本与其所拥有的资产存量的大小以及其软系统的悠久性和效率呈正比例关系。企业的资产存量越大、软系统越悠久和越有效率,那么,其转换成本就越大。从历史上来看,许多企业的兴衰都与其转换成本存在密切关系。巨额的转换成本可能会对一些企业的技术创新形成强有力的制约。另外,不同的技术转换方式给企业所带来的转换成本也存在着较大的差异。[②]

6.1.2 遵循进口国的技术法规、技术标准所引致的附加成本

WTO 的《TBT 协议》赋予各成员国在制定、采用和实施其技术标准和技术法规方面有很大的灵活性,各成员国可以根据本国的经济发展状况、技术水平、文化传统、历史习惯、地理状况等来制定自己的技术标准和技术法规。由于各国在上述方面存在着较大差异,因此,各国所实施的技术标准和技术法规也各不相同。

---

① 胡学奎.转换成本与企业技术创新[J].改革,2004(6):86-90.
② 胡学奎,周达祥.论我国传统产业技术变革中的转换成本策略运用问题[J].经济纵横,2002(11):13-16.

很显然,如果各国在技术标准、技术法规方面不存在差异,那么,当各国彼此间进行贸易时,就不会发生额外的遵循成本;但是,只要各国在技术标准、技术法规方面存在差异,那么,遵循成本就不可避免。各国在技术标准和技术法规上的差异具体表现在:

1) 各国在标准的严格程度上存在差异

一般来讲,发达国家的科学技术和经济发展水平高,国民的安全、健康、环保意识比较强,对商品的质量和性能要求比较严格,因此,发达国家制定的技术标准和技术法规往往比较严苛,尤其是对产品的环境标准要求;发展中国家由于受到其科学技术和经济发展水平的限制,对商品的质量和性能要求相对较低,因此,发展中国家制定的大部分产品的技术标准相对比较宽松。这样,满足发展中国家技术标准和技术法规要求的产品,进入发达国家市场后却无法满足发达国家的相关指标要求,从而导致了贸易障碍。实际上,不只是不同发展水平的国家之间,即发达国家和发展中国家之间在技术标准和技术法规的严格程度上存在着较大差异,即便是相同水平的国家之间,即发达国家与发达国家之间、发展中国家与发展中国家之间也存在着差异。

例如,针对纺织品生态安全性,欧盟、美国和日本的相关标准和技术法规存在着很大的差异。欧盟有关纺织品生态安全性的相关标准和技术法规比较全面,它不仅通过制定一些强制性的指令来规定纺织品的原料、生产过程及成品中的有毒有害物质和化学物质所须满足的限量要求,如"欧盟有害物质限制指令"(76/769/EEC);而且还通过发布自愿性的标准来规定纺织品须满足更加严格的生态安全要求,如"欧盟授予纺织品产品生态标签指令"(2002/371/EC,即 Eco－label)和"生态纺织品通用及特别技术要求"(OeKo－Tex Standard100),尤其是 Eco－label,虽然它属于自愿性的标签标准,但却以法规的形式表现出来,具有一定的法律地位。而美国和日本目前尚没有专门针对纺织品的生态安全性规定相关的标准和技术法规,它们主要是在一些通用的技术法规中对几种有害物质规定了限量要求。在纺织品与服装领域,欧盟的相关标准和技术法规中涉及的有害物质包括偶氮染料、镍镉含量、多氯联苯(PCBs)、阻燃剂、蓝色染料、五氯苯酚及其化合物、邻苯二甲酸酯、全氟辛烷磺酸和有机锡化合物等。日本在其"关于限制含有有害物质的家庭用品的法律"中规定了甲醛、杀虫剂、有机锡化合物等少数几种有害物质的限量要求。美国在其"消费品改进法案"(CPSIA)中只规定了铅和邻苯二甲酸盐两种有害物质的限量要求。

不仅如此,在纺织品生态安全的具体标准上,欧盟、美国和日本也存在着较大差异。欧盟的相关标准和技术法规规定,直接接触皮肤类产品的甲醛含量不得大于 30mg/kg;日本的相关标准和技术法规规定不得大于 75mg/kg;而美国的相关标准和技术法规则对该项目没有限量要求。[①]

2) 各国在标准的内容上存在差异

有的国家针对某种产品制定了具体的技术标准和技术法规要求,而有的国家则对该产品没有规定任何的指标要求。

例如,2005 年 8 月 13 日欧盟生效的《关于报废电子电气设备号指令》(WEEE 指令)规定:对于 2005 年 8 月 13 日以后投放欧盟市场的产品,生产者应以提供担保的方式,保证有关报废电子电气设备的收集、处理、回收和环保处置费用由生产者承担;2006 年 7 月 1 日,欧盟又实行了《关于在电子电气设备中禁止使用某些有害物质指令》(ROHS 指令),规定在欧盟市场上出售的电子电气设备中禁止使用铅、汞、镉、六价铬、聚溴联苯和聚溴二苯醚等六种有害物质。而其他国家则没有相关的规定。

6.1.3 遵循进口国的合格评定程序所引致的附加成本

为了确定进口产品符合进口国的技术法规和技术标准的要求,在通常情况下,进口产品必须接受进口国所认可的实验室或认证机构的检测或认证。一般而言,不同的产品,其合格评定程序是不尽相同的。而且由于各国的认证体系存在差异,各种认证机构的地位有所不同,各个检测机构的检测水平有高有低,强制性认证与自愿性认证存在差别,因此,即使各国采用相同的产品标准和检测方法,同一产品仍然会出现重复检测或认证的情况。进口产品接受检测和认证所产生的所有这些附加成本都要由出口国企业来承担。

一般来说,重复检测或认证在以下几种情况产生:

(1)各国的技术标准存在差异,每个国家都要求产品必须符合自己的标准,从而产生重复检测或认证。

假如 A 国对产品 X 制定了相关的技术标准,而 B 国对该产品也制定了技术

---

① 李典英,章辉.国内外纺织品标准、法规生态安全要求差异[J].上海纺织科技,2012(5):1-7.

标准,但是,两国所制定的技术标准存在差异,那么,当该产品在 A、B 两国相互出口时,无论是从 A 国出口到 B 国,还是从 B 国出口到 A 国,该产品都必须在 A、B 两国接受重复检测或认证。[①]

(2)各国对产品符合技术标准和技术法规的合格评定程序要求不同,进而产生重复检测或认证。

即便 A 国和 B 国针对产品 X 制定了相同或相似的技术标准和技术法规,但是,如果两国在证明产品是否符合相关技术标准和技术法规时所采用的合格评定程序不同,那么,不管是 A 国还是 B 国,当产品从一方市场出口到另一方市场时,该产品都必须依照两国不同的合格评定程序要求分别接受检测或认证。

(3)各国相互不承认对方的合格评定结果,从而导致产品的重复检测或认证。

出于某些特殊的原因,进口国企业或者进口国的主管机构不愿意接受出口国企业的声明,或者由第三方检测机构所提供的有关产品符合进口国相关技术指标要求的检测报告或证明。即便这个进口国接受了国际标准或者把出口国的技术标准视作等效于本国的标准,它们仍然不愿接受出口国企业的合格评定结果。在这样的情况下,出口国企业也必须依照进口国企业或进口国主管机构的要求对产品进行重新检测或认证。

6.1.4 遵循进口国的各项指标要求所造成的经济规模上的损失

由于各国的技术标准、技术法规、合格评定程序等存在差异,生产商为了遵循单个不同市场的相关指标要求而对其产品进行相应调整,从而使生产商因生产规模难以扩大而导致单位产品的生产成本增加。

6.1.5 遵循进口国的各项指标要求所引致的信息费用支出的增加

从某种程度上来说,技术—环境壁垒实际上也是一种信息壁垒。为了使其产品能够满足进口国的各项指标要求并评估遵循这些指标要求给企业所带来的影响,出口国企业必须及时了解进口国所实施的新的技术标准、技术法规和合格评定程序等,而了解这些相关信息需要支付额外的人力、物力和财力成本,从而

---

① 张海东.技术性贸易壁垒形成机制的经济学分析[J].财贸经济,2004(3):61-65.

使企业产生额外的附加成本。

6.1.6 遵循进口国的各项指标要求所产生的时间价值的损失

时间是具有价值的。进行繁琐复杂的合格评定程序和卫生检验检疫必然会延长进口产品的通关时间,从而导致进口商品的时间成本上升,严重影响出口国企业的盈利能力及进入进口国市场的意愿。对那些时间敏感性强的产品而言,尤其如此。

以农产品为例。农产品的质量标准主要是化学指标,一般情况下,化学指标的检验时间会比较长,而农产品的保质期一般较短,检验时间的延长必然会影响到农产品的外观和质量。另外,国际市场的供求状况瞬息万变,检验时间的延长往往使出口产品丧失最佳的销售时机,甚至因检验时间的延长使出口国企业未能在合同约定的时间交货,从而造成不可估量的损失。

6.2 技术—环境壁垒的价格控制机制

技术—环境壁垒是进口国针对进口产品的某些特征,通过使用技术标准、技术法规、合格评定程序等来限制进口产品的输入。技术标准、技术法规、合格评定程序只是技术—环境壁垒的外在表现形式,技术—环境壁垒的作用对象是进口产品,其目的是保护本国市场,限制进口产品的输入。技术—环境壁垒的本质特征就在于它的壁垒作用,即进口产品的某些特征与壁垒要求相冲突,壁垒产生了对产品进口的阻碍。如果进口产品能够满足技术标准、技术法规、合格评定程序的要求,则这些技术标准、技术法规、合格评定程序、检验检疫标准没有起到阻碍产品进口的作用,则不能称其为壁垒。但是,技术—环境壁垒一旦形成并且实施,壁垒对进口产品就产生了明显的价格控制机制。

技术—环境壁垒的价格控制机制是指进口国通过技术标准、技术法规、合格评定程序、卫生检验检疫标准和程序等措施,增加出口国企业的一次性遵循成本和重复遵循成本,导致进口商品的价格提高,降低进口商品在市场上的价格竞争力,使出口国企业的利润下降甚至出现亏损,从而达到减少需求和限制进口的目的。①

　　技术—环境壁垒的价格控制机制表现在两个方面：一是一次性遵循成本的增加，它是出口国企业为了满足进口国的技术—环境壁垒要求改进原有的生产工艺、购买新的机器设备、改进企业内部的测试与检验程序、建立新的质量管理体系而付出的代价。它能够提高企业的技术水平、提升产品的质量。因此，对出口国企业来说，它是内涵性的。

　　二是重复遵循成本的增加，它是出口国企业为验证其产品符合进口国的各项指标要求所耗费的有关检验费用，为进行检验检疫所造成的销售周期延长以及因此而产生的库存成本和运输费用，产品进入市场后不断发生的长期质量控制的成本等超额支出。它是一种纯粹性成本，并不会给出口国企业带来额外的收益。因此，对出口国企业来说，它是外在性的。

　　不管是一次性遵循成本还是重复遵循成本，我们把出口国企业为了满足进口国的技术—环境壁垒要求所增加的总遵循成本划分为额外的固定成本和额外的可变成本。那么，在每单位产品上所耗费的成本则可称为额外的平均固定成本和额外的平均可变成本。

　　假定出口国企业用于额外的平均可变成本的支出为 k，用于额外的平均固定成本的支出为 δ，则跨越进口国的技术—环境壁垒之后，出口国企业总的平均成本为：

$$AC(Q)^T = AVQ(Q)^T + AFC(Q)^T$$
$$= AVC(Q) + k + AFC(Q) + \delta$$
$$= AC(Q) + k + \delta$$

　　其中，$AC(Q)$、$AVC(Q)$、$AFC(Q)$分别为出口国企业跨越进口国的技术—环境壁垒之前的平均成本、平均可变成本和平均固定成本。$AVC(Q)^T$ 表示出口国企业总的平均可变成本，它等于出口国企业在跨越进口国的技术—环境壁垒之前的平均可变成本加上其用于满足进口国的技术性贸易措施要求而额外增加的平均可变成本的支出，即 $AVC(Q)^T = AVC(Q) + k$；$AFC(Q)^T$ 表示出口国企业总的平均固定成本，它等于出口国企业在跨越进口国的技术—环境壁垒之前的平均固定成本加上其用于满足进口国的技术性贸易措施要求而额外增加

① 冯宗宪，柯大钢.开放经济下的国际贸易壁垒——变动效应、影响分析、政策研究[M].北京：经济科学出版社，2000.

的平均固定成本的支出,即 $AFC(Q)^A FC + \delta$。跨越进口国的技术—环境壁垒前后出口国企业的成本分布如图 6-1 所示。

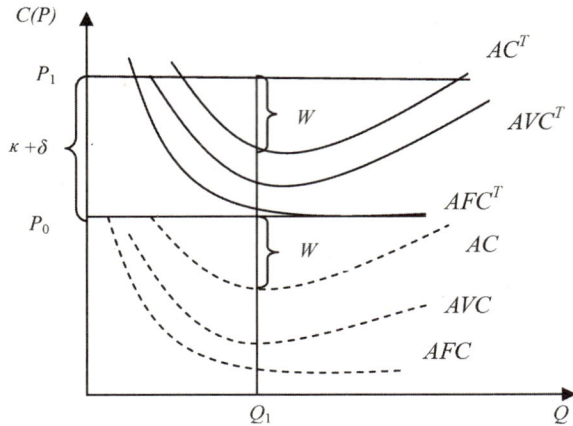

图 6-1　技术—环境壁垒的价格控制机制

　　在图 6-1 中,纵轴表示商品的成本或价格,横轴表示出口国企业生产的产品数量。假定该产品的国际市场价格为 P_0,则在没有技术—环境壁垒的情况下,出口国企业的产量为 Q_1,出口到进口国市场的单位产品的利润为 W。当进口国的技术环境标准、技术法规等与出口国的技术环境标准、技术法规等不一致时,或者进口国有意设置技术性贸易障碍时,出口国企业为了使其产品满足进口国的各种标准要求势必要对生产工艺和生产过程进行调整,这样,额外增加的费用使出口国企业的平均成本曲线(AC)、平均可变成本曲线(AVC)和平均固定成本曲线(AFC)向上移动到(AC^T)、(AVC^T)和(AFC^T)。在出口国企业的产量和利润水平保持不变的情况下,其出口产品的价格将上升到 P_1。而价格的提高无疑将降低出口产品的国际竞争力。这便是技术—环境壁垒对进口产品的价格控制作用。

6.3　技术—环境壁垒的数量控制机制

　　技术—环境壁垒不仅对进口产品产生明显的价格控制机制,而且也对进口产品产生有效的数量控制机制。技术—环境壁垒的数量控制机制是指通过技术标准、技术法规、合格评定程序、卫生检验检疫标准和程序等的设置,使进口商品的数量受到限制。

根据技术—环境措施的壁垒效应,当进口产品符合进口国所设置的技术标准、技术法规、合格评定程序、卫生检验检疫标准和程序等要求时,则被允许进口;否则,当进口产品不符合进口国的各项指标要求时,则被禁止进口。因此,从静态角度来看,在技术—环境壁垒设立之初,其主要表现为对进口产品的数量控制机制。但是,从动态角度来看,由于技术水平的提高和产品质量的改进,一旦进口产品满足了进口国所设置的各项指标要求,即当进口品大量跨越了技术—环境壁垒之后,从理论上讲,壁垒的数量控制机制作用将下降或不复存在。

图 6-2(a)、(b)说明了技术—环境措施的壁垒效应。在图中横轴表示进口量,纵轴表示进口国标准的严格程度,由下至上表示标准的严格程度提高,A、B、C、D、E 表示同类进口产品的批量。在图 6-2(a)中,当标准为 M_1 时,只有达到或超过该标准的同类产品才被允许进口。显然,A_1 因低于进口国所设置的标准而被拒绝进口,B_1、C_1、D_1、E_1 则因达到或超过了标准而被允许进口。假定进口国所设置的标准由 M_1 提高到 M_2,在出口产品的质量和技术水平不变的条件下,A_1、B_1 因低于进口国的标准而被拒绝进口,C_1、D_1、E_1 则因超出了标准而被允许进口。但是,如果进口产品通过改进技术生产工艺,提高产品质量,同时也增加了遵循成本之后,更多的同类产品达到了新的标准。在图 6-2(b)中,A_2、B_2、C_2、D_2、E_2 因达到了进口国所设置的新的标准而被允许进口。[①]

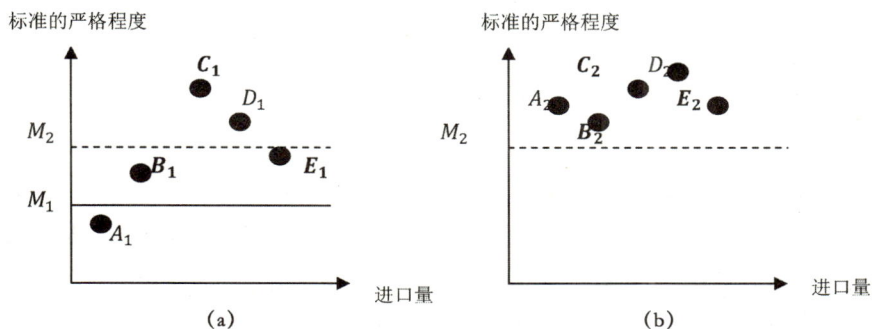

图 6-2 技术—环境措施的壁垒效应

① 冯宗宪,柯大钢.开放经济下的国际贸易壁垒——变动效应、影响分析、政策研究[M].北京:经济科学出版社,2000.

　　从以上分析可以看出,当进口国的技术—环境壁垒一旦形成或发生变动时,就会通过数量控制机制对进口产品发生作用。那么,进口国的技术—环境壁垒究竟对出口国的出口量会产生什么样的影响?

　　毫无疑问,由于技术—环境措施的壁垒效应,对出口国企业来说,其出口数量会受到限制。但是,当出口国企业的产品满足了进口国所设置的各项指标要求,跨越了技术—环境壁垒时,出口数量会大幅度增长。图6-3描述了技术—环境壁垒对出口数量的双重影响效应。

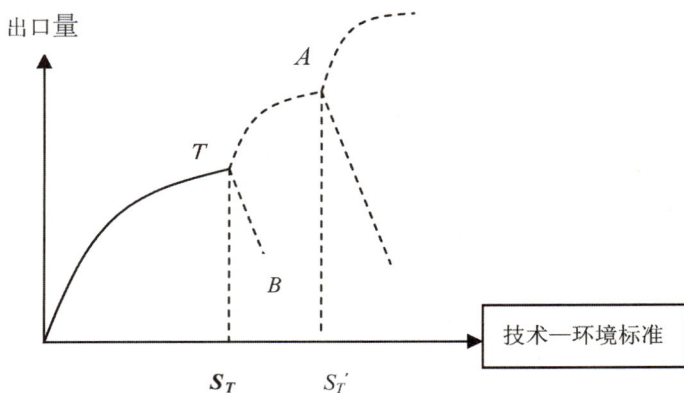

图6-3　技术—环境壁垒对出口量的双重影响效应

　　在图6-3中,在时间 T 之前,进口国对进口产品没有设置技术—环境标准,或者其对进口产品设置的技术—环境标准比较低,仅仅只是安全标准,此时的技术—环境标准用 S_T 来表示;在时间 T 之后,进口国对进口产品设置了标准,或者较时间 T 之前,其设置的技术—环境标准更加严格、苛刻,此时的技术—环境标准用 S_T' 来表示。

　　一般情况下,在短期内,由于部分出口国企业难以达到新的技术—环境标准的要求,其出口量会下降。但从中长期来看,出口量可能会逐渐恢复,甚至会大量增加(如图中的虚线 TA 所示);也可能会出现出口量下降(如图中的虚线 TB 所示)。然而,出口量的恢复和大量增加是要在一定的条件下才能产生的。当出口国企业根据进口国的技术—环境标准要求,提高技术水平,改进产品质量,满足了进口国的各项指标后,将会大大增加进口国消费者对该产品的消费信心,从而使出口量迅速增加。但是,如果进口国对商品质量和性能的要求过于严格,制定的标准、技术法规等过于苛刻,则出口国企业由于受到技术水平的限制,出口产品的质量标准无法达到进口国的要求,或者进口国借保护环境和人类健康安全之名,行贸易保护之实,对出口国采取歧视性的政策措施,则出口国企业可能会采取市场转移策略,将产品出口到技术—环境措施较为宽松的其他国家或地区,这样,严格的技术—环境措施就会导致产品的出口量严重萎缩。①

从动态角度考察,技术—环境壁垒的设置及进口产品对壁垒的跨越是无止境的。随着技术创新的深入,新的技术标准、环境标准会不断出现,并被采用于新的技术法规中,也就对进口产品形成新一轮的控制机制,从而形成新的技术—环境壁垒。

6.4　主要结论

技术—环境壁垒的价格—数量控制机制,从一定意义上可以理解为关税加配额的复合性壁垒作用。这也说明了在现代经济条件下国际贸易壁垒呈现出综合化和复杂化的趋势。在技术—环境壁垒日益成为国际贸易领域新的贸易壁垒的背景下,寻求扩展国际市场的出口企业为了获得进口国的市场准入资格,不得不按照进口国的各项指标要求对其产品进行技术改造,也不得不接受进口国的各种认证、检验和检疫。所有这些都会使出口国企业的遵循成本提高,在利润水平保持不变的情况下,这必然提高其产品的市场销售价格,削弱其产品的比较优势,进而导致其出口数量的大幅度下降;但是,一旦出口产品满足了进口国所设置的各项指标要求,将会大大增强进口国消费者对该产品的消费信心,从而使出口产品的数量大幅度增加。随着技术的进步,新的技术标准会不断出现,并被采用于新的技术法规中,也就对进口产品形成新一轮的控制机制。

技术—环境壁垒的价格控制机制和数量控制机制不是孤立的,而是共同对进口产品发生作用的,同时在进口产品进入的不同时期,这种机制的主要表现形态也可能有所变化,呈现出由数量控制—价格控制—数量控制……这一双重控

---

① 张小蒂,李晓钟.论技术性贸易壁垒对我国农产品出口贸易的双重影响效应[J].管理世界,2004(6):26-32.

制机制及其主要职能交替循环变化的过程。当技术—环境壁垒一旦形成或发生变动后,就会通过自身所具有的双重控制机制发生作用,从而对进口产品产生影响,进而影响进口国的产业结构和经济结构,对出口国的产业结构和经济结构也会产生影响。

第7章 技术—环境壁垒影响企业技术创新的动力机制

技术—环境壁垒已经成为许多国家特别是发达国家实行贸易保护主义的主要手段和高级形式,这是不争的事实,而且随着技术的进步和人类对自身安全与环境质量的需求不断提高,新的技术—环境壁垒还将不断产生和不断更新,因此,技术—环境壁垒将日益成为国际贸易壁垒的主体和企业进入国际市场的主要障碍。只要企业遭受到国外的技术—环境壁垒,就必然会影响到企业正常的生产经营活动,如果这些技术—环境壁垒来自企业出口的重点地区,企业将为此付出更为惨重的代价。因此,跨越这些壁垒就成为企业的必然选择,这种跨越也必将对企业的经营战略及国际竞争力产生深远的影响。

首先,企业要跨越壁垒,就必须满足进口国的技术—环境壁垒要求,而要满足这些要求,企业就必须支付额外的附加成本。这种附加成本包括一次性遵循成本、重复遵循成本和技术创新的转换成本。一次性遵循成本和技术创新的转换成本提高了企业的市场进入门槛,企业为维持市场进入就必须预先投入更多的资金。重复遵循成本则意味着企业在进口国市场的竞争力可能下降,因为企业必须持续不断地付出更高的边际成本,对企业竞争力将产生长期的影响。

其次,企业为了适应进口国所设置的技术标准、技术法规和合格评定程序等措施要求往往需要改进原有的生产工艺和生产方法,引进先进的技术,购买新的工艺设备,并促使企业进行技术创新。如果这些资本投入能够发挥出后发的规模经济效应,从而使先进技术所生产的产品不仅能满足本国市场的需求,而且还能跨越进口国的技术壁垒,形成同类产品的低成本优势,进而由比较劣势转化为比较优势,提高企业的国际竞争力。

企业总是力图扩大其产品在国际市场上的占有率以实现其追求利润最大化的目标,然而技术—环境壁垒却极大地限制了这一目标的顺利实现。要跨越壁垒,企业就必须进行技术创新。这样,技术—环境壁垒就对企业的技术创新产生了一种外在的"倒逼"作用。

如果说,技术—环境壁垒对企业来说意味着其必须支付额外的附加成本,那么,技术创新则会使企业的这些附加成本在一定程度上被消解。企业通过进行技术创新、强化生产管理、改进生产模式等措施,一方面,可以降低企业为了跨越技术—环境壁垒所引致的一次性遵循成本和重复遵循成本;另一方面,随着技术创新所带来的生产效率的提高,生产的总成本也会随之下降,这在一定程度上弥补了跨越技术—环境壁垒给企业所带来的附加成本的损失。那么,技术—环境壁垒是否会影响企业的技术创新活动?这种影响是增强了还是削弱了企业的技术创新的动力?这种影响能否刺激企业实际的技术创新行为的发生?

7.1　技术—环境壁垒与企业的技术创新动力机制模型

7.1.1　技术创新的动力机制模型

技术创新的载体是企业,企业为什么会进行技术创新?影响企业进行技术创新的因素有哪些?对这些问题的回答实际上涉及企业进行技术创新的动力机制问题。

技术创新的动力机制是指在技术的创造、转换、应用和实现的复杂过程中,来自企业内部和外部的各种力量交互作用、共同推动着企业技术创新的进行,这些内外力量所形成的互动关系的总和。

按照引致技术创新活动的诱因不同,理论界形成了不同的企业技术创新动力机制模型。

1)一元论模型

一元论模型主要包括技术推动理论模型和市场需求拉动理论模型。技术推动理论模型强调科学研究和由它所产生的技术发明是推动技术创新的主要推动力,这一重要思想在 V.Bush 的著名报告《科学——无止境的前沿》中表达得很清楚;市场需求拉动理论模型是由美国经济学家 J.Schmookler 提出的,它强调市场需求是拉动、牵引技术创新的主要动力。

2）二元论模型

该理论是由 D.C.Mowery 和 N.Rosenberg 等在 20 世纪 80 年代提出的，它综合了上述两种理论观点，认为技术创新是在科学技术研究可能得到的成果和市场对其需求的平衡基础上产生的。

3）综合要素理论模型

综合要素理论模型强调多种外部因素对企业技术创新的综合影响，它试图从市场需求、市场竞争、科技推动、资源约束、政府政策等多角度来分析技术创新的发生机制。如日本著名学者斋藤优提出的 N-R 模型（1988），他认为技术创新的动因在于社会需求（needs）和社会资源（resources）的矛盾或"瓶颈"；姜秀山构建了的 EPNR 模型（1999），他认为企业、政策、需求、资源这四种要素的相互影响和相互作用形成了企业进行技术创新的动力机制：即在政策环境的外部压力和利润最大化的内在驱动力的双重作用条件下，如果存在资源和需求之间的突出矛盾或者存在严重的不匹配时，便会使企业产生强烈的技术创新的意愿。[①]

4）内外部驱动力综合模型

上述各种理论模型主要强调诱导企业产生技术创新行为的外在因素或外部驱动力，而忽略了企业产生技术创新行为的内在动力。这其中的原因主要是基于西方经济学中关于理性经济人的假设。在这一假设条件下，企业对自身生存和发展的渴望以及追求经济利益最大化的动机，会自发地产生一种创新的内在驱动力。

然而，有的学者则认为，外在因素对于企业技术创新的诱导、激励作用固然很重要，但是如果企业本身缺乏感应、接纳或利用有关外在因素的内部驱动力和条件，创新活动仍然不能发生。因此，最近几年，国内一些学者开始关注企业技术创新的内部驱动力问题，并且提出了一些理论模型。如柴丽俊提出的技术创新整合模型（2005）[②③]、赵细康提出的内外综合驱动力模型（2004），等等。[④]

从理论研究的角度来看，国内外学者都是基于一定的科学技术、经济状况和

①　姜秀山，李伊松.企业技术创新动力机制的研究［J］.中国高新技术企业经济，1999（1）：31－33.

②　柴丽俊，张璞.企业技术创新动力的影响因素及其整合模型［J］.中国流通经济，2005（1）：44－47.

③　柴丽俊，柴丽英，高俊山.企业技术创新动力及模型研究［J］.经济问题探索，2005（1）：62－64.

④　赵细康.环境政策对技术创新的影响［J］.中国地质大学学报（社会科学版），2004（2）：24－28.

特定的历史背景从不同角度对企业技术创新的动力问题进行研究,并且提出了各自很有价值的见解。

7.1.2 技术—环境壁垒条件下企业技术创新的动力机制模型

任何一项经济活动都是参与该项活动的行为主体在受到一定的动力驱使的情况下展开的,企业的技术创新活动也不例外,势必也需要相应的动力来推动。在技术—环境壁垒的特定背景下,企业技术创新的动力来源是什么?企业愿意不愿意进行技术创新,技术创新的积极性到底有多大?如何构造在技术—环境壁垒条件下企业技术创新的动力机制模型?对这些问题的回答已经成为特定历史背景下学术界和企业界关注的热点问题。

从系统的角度来考察,构成企业技术创新动力的要素来自许多方面,这些要素并非孤立地发挥作用,而是在相互作用的基础上形成企业技术创新的综合动力。然而,这些动力要素的背后都隐藏着一个共同的东西,即动力的本质——利益关系,与创新主体的利益相关性,才是企业技术创新的动力本源。以创新主体的利益相关性为基点,来探讨企业技术创新的动力和行为,进而建立企业技术创新的利益激励机制,这将为促进企业进行技术创新提供一种新的思路。

本章将企业技术创新的动力分为内部环境要素和外部环境要素。其中,内部环境要素可以分为内部驱动要素和内部约束要素。外部环境要素,在其他学者研究的基础上,增加了技术—环境壁垒要素。

1) 内部环境要素

企业技术创新的内部环境要素是企业在利用创新能力实现其利益目标的过程中,由企业内部产生的推动和阻碍技术创新行为发生的各种要素。它产生于企业参与市场竞争和进行自我发展的内在需求和内在约束。企业对自身生存和发展的渴望以及追求经济利益最大化的动机,是自发产生技术创新的内在需求。然而,这种潜在的需求是否能转化为现实的动力源泉,则受到内在约束要素的限制。

(1)技术创新的内部驱动要素主要包括:

第一,企业的创新利益目标。获得创新利益是企业进行技术创新活动的目的,也是企业技术创新的根本动力。企业对创新利益追求的过程,实际上就是创新利益目标的实现过程。因此,创新利益的大小具有诱导和进一步激励企业从事技术创新的双重功能。当一项创新活动开始之前,对创新利益的预期会诱导企业决策者是否选择创新和是否选择这项创新;当创新成功之后,巨大的利益会激励企业继续创新,同时也诱导其他企业加入创新的行列。

第二,创新能力。创新能力是企业根据市场需求、竞争状况以及自身的条件,组织人员进行技术研发、研制新产品、开拓新市场的创新意识、创新观念、分析能力、组织能力、营销能力等,它是创新过程中一系列综合能力的体现,是企业技术创新活动的核心动力要素。它既包括企业创新的物质实力,也包括企业创新的精神力量,特别是企业家的创新精神和创新偏好是其中最为关键的因素。

第三,企业对技术积累的追求。现代企业从事技术创新的另一内源动力是来自企业对技术积累的追求,这是提高竞争能力的前提条件。

(2)技术创新的内部约束要素主要包括:

第一,创新的 R&D 费用。技术创新的 R&D 费用对新建企业而言是一种壁垒,对现存企业来说则是一笔额外的投资。一般而言,企业规模越大,R&D 所占的份额就越小,壁垒相对较低,对创新的约束也自然小得多。

第二,创新的风险。创新风险是指创新失败的最大损失和失败的概率。一般来说,一项创新的风险越大,其对创新的阻力相对来说也就越高。但是,创新与其风险的关系也会受到企业家创新偏好的影响,甚至在某些情况下企业家的创新偏好还起着相当重要的作用。

第三,惯性阻力。惯性阻力是指原有资源的废弃率。创新资源与原有资源的重叠程度越高,创新阻力越小;相反,则越大。

2)外部环境要素

外部环境要素是指那些存在于企业外部并对企业内部的技术创新行为产生较大影响或形成"动力场"的诸多因素。企业技术创新的外部环境要素很多,本书在其他学者研究的基础上,在技术—环境壁垒已经成为我国企业进入国际市场的主要障碍,并且进一步影响我国贸易的可持续发展的背景下,把跨越技术—环境壁垒作为企业进行技术创新的主要外部驱动力之一。这样,诱导企业进行技术创新的外部驱动力可归结为:科技发展、市场需求、政府政策和跨越技术—环境壁垒,等等。这些外部环境要素都会对企业的技术创新产生激励作用。当各种要素的合力相互加强时,便能以较少的内耗进行有效的创新。然而,在不同的历史背景下,各种要素的作用强度是不同的,在技术—环境壁垒这一特定约束条件下,跨越壁垒的动机就成为推动企业技术创新的主要外部动力。

本章所描述的动力机制是:企业受到追求利益最大化的内部驱动和外部环境要素的激励,会产生强烈的技术创新愿望,但同时也会受到技术创新内部阻力的限制。当来自内部的驱动力和外部的刺激力所形成的合力大于来自内部的阻力时,企业的现实创新行为就会发生。

图 7-1 描述了技术—环境壁垒条件下企业技术创新的动力机制模型。

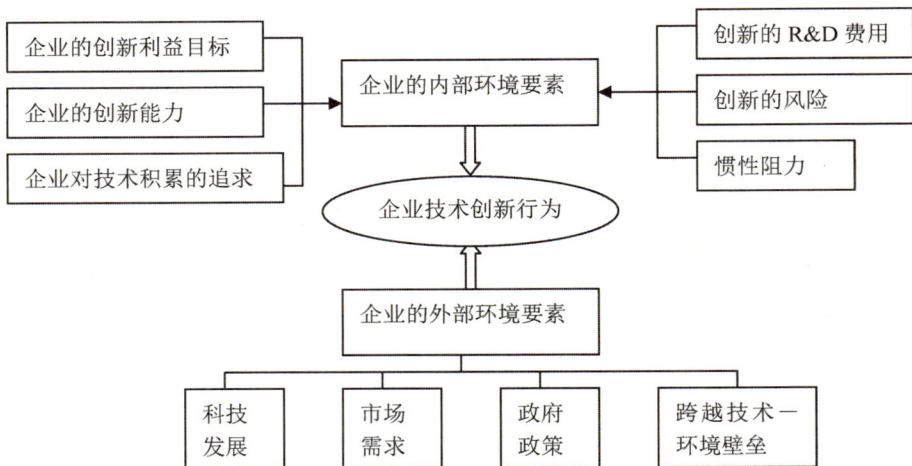

图 7-1 技术—环境壁垒条件下企业技术创新的动力机制模型

7.2 技术—环境壁垒对企业技术创新的影响效应

7.2.1 技术—环境壁垒对技术创新内部环境要素的影响

本书认为,企业的内部环境要素只有借助于外部环境要素的诱导、唤起和驱动作用,才能转化为技术创新行为的真正内在动力。因此,在技术—环境壁垒条件下,跨越壁垒的动机既会对企业技术创新的内部驱动要素产生直接的影响,同时也会加强其内部阻力。

1)对内部驱动要素的影响

技术—环境壁垒对企业技术创新的内部驱动要素的影响主要是通过其"倒

逼机制"来实现的。其具体表现为：

第一，为了满足进口国所设置的技术—环境壁垒的要求，企业就必须支付额外的附加成本。这种额外的附加成本包括一次性遵循成本和重复遵循成本。一次性遵循成本是指企业为达到进口国政府所设置的技术法规和技术标准的要求而在生产、检疫等环节进行技术改造所导致的成本增加，包括一次性的技术设计更新和生产工艺改进、投资于新设备的资本投入，以及改进企业内部的测试与检验程序并建立新的质量管理体系的成本等。重复遵循成本包括产品进入市场后不断发生的长期质量控制的成本，为验证出口产品符合某项标准所耗费的有关技术支出，为进行检疫造成周转速度下降以及因此而产生的库存成本和运输费用等额外支出。

技术—环境壁垒不仅造成了企业附加成本的增加，而且使企业的出口受阻，使企业面临失去国外市场的巨大威胁。在利润最大化的目标和开拓国际市场的战略需求的推动之下，企业对技术创新的追求意愿将更为强烈。因为只有通过技术创新改造现有的生产技术和产品工艺、投入新的机器设备、建立新的质量管理体系等，企业才能提高其生产和管理效率，从而降低甚至完全抵消由技术—环境壁垒硬约束给企业所带来的附加成本，并最终跨越这些壁垒。

第二，随着技术的进步和人类对自身安全与环境质量的需求不断提高，新的技术标准和环境标准将不断产生和不断更新，企业要在激烈的国际竞争中立于不败之地，必须加大自身技术的积累，以提高其整体竞争实力。技术标准、环境标准以及消费者偏好等竞争要素的改变，将极大地影响企业的战略决策依据、方法与过程，并创造一个崭新的竞争舞台。在新的竞争机会面前，企业只有以积极主动的战略去面对新的竞争态势，充分利用新的技术环境标准与管理体系，才能创造真正属于自己的竞争态势，并在激烈的竞争中立于不败之地。

2) 对内部约束要素的影响

企业技术创新的内部约束要素主要由创新的 R&D 费用、创新的风险和惯性阻力三个要素构成，本文试图把企业进行技术创新的内部硬约束用下列关系式来表达（安立仁，席酉民，1998）[①]：

$$C_T(X,T) = \int_0^T C(X,t)\mathrm{d}t + D(X) + (1-\gamma)R_0$$

① 安立仁，席酉民.企业技术创新的内阻力与外动力分析[J].西安交通大学学报，1998(2)：103-107.

按照安立仁、席酉民对关系式的界定，$C_T(X,T)$为技术创新的总费用，X为创新后的新产品，T为创新时间；$C(X,t)\mathrm{d}t$为与R&D有关的创新开发费用；$D(X)$为创新的风险，它是创新失败的最大损失$L(X)$与创新失败的概率β的乘积；$(1-\gamma)R_0$为惯性阻力，γ为创新资源与原有资源的重叠率，R_0为初始资源集。

技术—环境壁垒对技术创新内部约束要素的影响主要表现在：

第一，企业要跨越技术—环境壁垒，就必须满足进口国所设置的技术标准和环境标准的要求，而要满足这些要求，企业就必须更新技术设计、改进生产工艺、改进企业内部的测试与检验程序、建立新的质量管理体系等。这些额外的人力、物力和财力的投入，增加了与R&D有关的创新开发费用。

第二，由于创新技术尚不十分成熟，与现有技术相比，与其有关的生产工艺、原材料和知识积累相对缺乏，相关信息的交流也十分有限，这些都将增加创新的风险和成本，从而使创新失败的概率提高，β值变大；同时，增加的R&D费用又加大了技术创新失败的最大损失值$L(X)$。两方面共同作用的结果，导致技术创新的风险增大。

第三，为了满足进口国的技术标准和环境标准的要求，企业必须对原有的技术设计进行更新，对原有的生产工艺、内部测试与检验程序进行改进，从而造成企业的原有技术资产失效（经济有效期内提前报废）、与原有技术资产相匹配的或对原有技术资产提供支持的各种资源也可能失效等，使企业对初始资源重叠使用的可能性降低。企业的惯性阻力增大，企业进行技术创新的动机会受到明显的抑制。

7.2.2　技术—环境壁垒对技术创新的外部环境要素的影响

技术—环境壁垒不仅会对技术创新的内部环境要素产生影响，而且也会对技术创新的外部环境要素产生影响。

第一，对市场需求的影响。当出口产品达到了进口方所设置的技术标准和环境标准的要求，特别是达到了进口方的一些特殊规定后，这将大大增强进口方消费者对该产品的消费信心，从而使进口方对该产品的需求增加，巨大的市场需求将成为企业进行技术创新的强大外部动力。

市场需求可以为企业提供创新思路、创新机会，诱发企业制定创新战略。企业通过技术创新,生产出能够满足国外技术标准和环境标准的产品,就会从中获得经营利润;企业从技术创新中得到好处,就会萌发持续创新的内在冲动。

第二,对政府政策的影响。由于技术—环境壁垒将直接影响国家对外贸易的可持续发展,阻碍企业跨国经营战略的实施。因此,在技术—环境壁垒已经成为中国企业进入国际市场的主要障碍的背景下,政府会对现有的政策作出调整,对企业跨越壁垒提供政策上的支持,如政府通过提供良好的制度环境(包括激励经济主体贡献性努力的制度安排;通过与国际各方进行协商寻求"合作博弈",获得能达到"双赢"或"多赢"绩效效果的制度安排),培育符合市场经济要求的行业协会组织,采取财政和产业倾斜发展政策对企业的 R&D 活动进行补贴,加大银行对企业进行资金融通的力度以及从税收方面给予企业一定的扶持等,这些都会使企业进行技术创新的动力和能力趋强。[①]

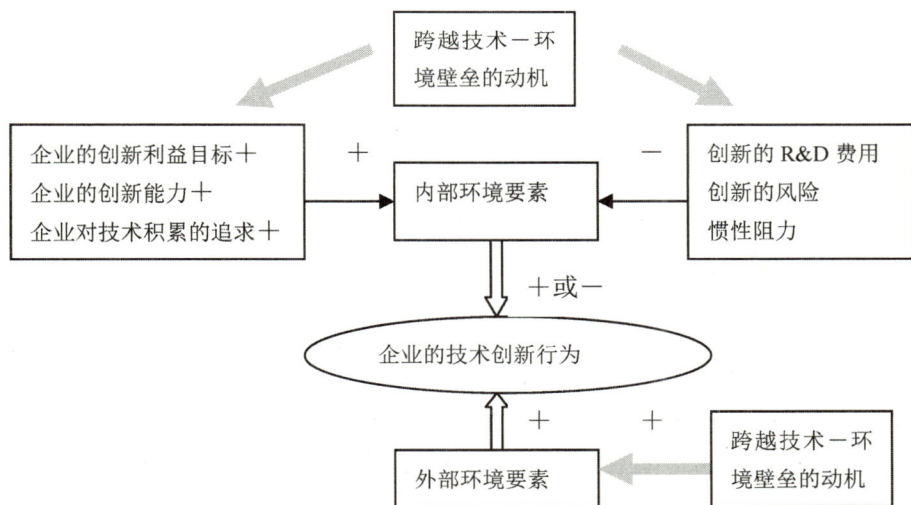

图 7-2　技术—环境壁垒对技术创新的影响效应

7.3　技术—环境壁垒对技术创新的强度效应

技术—环境壁垒对企业技术创新的激励作用到底如何,即技术—环境壁垒

---

① 欧阳新年.企业技术创新动力与利益激励[J].科学管理研究,2004(6):21-25.

能否刺激企业技术创新实际行为的发生,这主要取决于技术—环境壁垒的强度效应。

强度效应反映的是技术—环境壁垒的严格程度与其对技术创新刺激力的相关关系。一般来说,技术—环境壁垒的严格程度越高,其对技术创新的刺激力越强;反之亦然。但是,技术—环境壁垒的严格程度与刺激力之间并非呈现为简单的线性对应关系,而是存在一个拐点或临界点。如图 7-3 所示,在临界点(S_T)之前,随着进口国所设置的技术标准和环境标准提高,其对企业技术创新的刺激力增强;当进口国所设置的技术标准和环境标准提高到临界水平(S_T)之后,其刺激力会突然减弱,甚至消失。

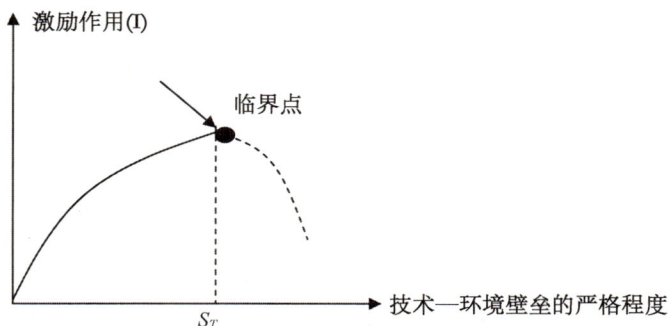

图 7-3　技术—环境壁垒刺激技术创新的强度效应

技术—环境壁垒对技术创新的刺激力之所以呈现出非简单的线性对应关系,这与进口国设置技术—环境壁垒的动机有关。

当进口方所设置的技术标准和环境标准是以保护环境和消费者健康、提高生活质量等为目的时,也就是说它是合理的标准,甚至仅仅是安全标准,它主要反映了进口国消费需求的升级。在这种情况下,由于这些标准处在合理的范围之内,企业通过引进先进的技术设备、改进现有的工艺设备、建立新的质量管理体系等,就能满足这些标准要求,因此,受利润最大化动机和开拓国际市场的战略目标的驱使,在技术—环境壁垒的"倒逼机制"作用下,出口国企业不仅会焕发出强烈的创新意识和创新能力,而且会努力克服内部环境硬约束,从而最终跨越这些壁垒。这在图 7-3 上表现为临界点(S_T)之前的区域,在这个区域范围内,技术—环境壁垒的严格程度与其对技术创新的激励作用之间呈现明显的线性对应关系,即进口国所设置的技术标准和环境标准越高,其对出口国企业技术创新的激励作用越强。

当进口方所设置的技术标准和环境标准是出于狭隘的贸易保护的目的,即所设置的技术—环境壁垒过于苛刻,甚至实行歧视性的技术标准和环境标准。在这种情况下,出口国企业可能根本无法满足其标准要求,即使勉强满足了壁垒的技术要求,但是,出于对国内市场和国内产业的保护,进口国仍然可以通过增加检验程序、延长检验时间等来控制进口产品的数量和速率。因此,过于苛刻的技术—环境壁垒只会导致出口国企业采取市场转移的策略,即将出口市场转移到技术标准和环境标准比较低的其他国家或地区。这样,技术—环境壁垒对出口国企业技术创新的激励作用会急剧减弱,甚至会消失。这在图 7–3 上表现为临界点(S_T)之后用虚线所表示的区域。

7.4　主要结论

本章通过构建企业技术创新的动力机制模型,把跨越技术—环境壁垒作为企业进行技术创新的主要外部驱动力,分析了外生性的技术—环境壁垒对企业技术创新的内部环境要素和外部环境要素的影响;研究了技术—环境壁垒对企业技术创新的激励作用,而这种激励作用的大小,主要取决于进口国所设置的技术—环境壁垒是否是合理的:当进口国所设置的技术标准和环境标准主要反映了进口国消费需求的升级,即以保护环境和消费者健康、提高生活质量等为目的,也就是说,这些标准是合理的,那么,随着技术标准和环境标准的提高,其对技术创新的激励作用会增强;相反,当进口国所设置的技术—环境壁垒是出于狭隘的贸易保护的目的,也就是说,这些标准过于苛刻或者带有歧视性,那么,由技术—环境壁垒所引致的企业技术创新的动力就会消失。但是,上述结论必须建立在企业微观经济主体的产权安排是相对清晰的基础上,并且能够得到法律的有效保护。这是因为企业作为技术创新的主体,必须拥有技术创新的自主权和收益权,自主权是企业有效组织创新活动的基本要求,否则企业就无法表现出主动的创新行为,也就难以通过创新获益,从而导致其突破"壁垒"的激励不足和行为的短期化,因而,也就缺乏通过技术创新突破"壁垒"的动力。

第8章 技术—环境壁垒与企业技术创新的行为选择

　　根据前一章的分析,企业进行技术创新的动力不仅来自其内部环境要素,而且也会受到其外部环境要素的影响。在技术—环境壁垒条件下,企业跨越技术—环境壁垒的动机不仅会对其技术创新的内部环境要素产生影响,而且也会对其技术创新的外部环境要素产生影响。而内部环境要素和外部环境要素共同决定了企业的技术创新行为。

　　一个企业是否具有技术创新的动力,主要取决于其进行技术创新所支付的成本与其所获得的收益之间的比较,只有在技术创新所获得的收益大于其所支付的成本时,企业才有动力进行技术创新。

　　在进口国设置技术—环境壁垒的条件下,出口国企业进行技术创新的成本和收益会发生什么样的变化呢?

　　首先,在技术—环境壁垒条件下,出口国企业的技术创新应该是明确针对进口国所设置的技术标准、技术法规和合格评定程序等措施要求,要满足进口国的各项指标要求,出口国企业就必须支付额外的附加成本,这些附加成本包括一次性遵循成本、重复遵循成本和技术创新的转换成本。

　　其次,在技术—环境壁垒条件下,出口国企业进行技术创新所获得的收益主要来源于其对进口国市场的拓展和持续占有能力。如果出口国企业通过技术创新满足了进口国所设置的技术标准、技术法规和合格评定程序等措施要求,则出口国企业就能继续占有甚至进一步拓展进口国市场,其收益将在正常情况下技术创新所获收益的基础上进一步扩大;如果不能满足进口国所设置的各项指标要求,则出口国企业就只能完全退出进口国市场,其收益就会为零。所以,如果出口国企业在技术—环境壁垒条件下所获得的技术创新的总收益大于其在自由贸易情况下的总收益,那么,企业将有更大的动力进行技术创新。也就是说,跨越技术—环境壁垒将成为出口国企业进行技术创新的一种新的激励。

对于一国出口企业而言,技术—环境壁垒是其进入进口国市场必须要跨越的障碍,而要跨越这一障碍,出口国企业的唯一选择就是进行技术创新。然而,出口国企业是否愿意进行技术创新,以及能否进行技术创新,则取决于出口国企业自身进行技术创新的动力和行为选择。本章在"有限理性"的假设前提下,试图通过构建演化博弈模型来分析技术—环境壁垒对出口国企业技术创新动力和行为选择的影响。

8.1　基本假设与模型的构建

在传统博弈理论中,存在两个非常严格的假设:其一是行为主体是完全理性的,即行为主体是以追求自身利益最大化作为最终目标的。为了实现自身利益最大化的目标,行为主体能够在各种复杂的环境中做出完美的判断和决策,同时也能够在存在相互作用的博弈环境中进行完美的预测,行为主体不会犯错,也不会冲动,具有完美的理性思维;其二是行为主体具有完全的信息,即所有行为主体都具有"共同的知识",具有完美的信息。

然而,在现实经济生活中,行为主体对现实世界的认知能力是存在差异的,因此,对行为主体做出完全理性和完全信息的假设在现实世界中是很难得到支持的。演化博弈论放弃了完全理性和完全信息的假设,它以有限理性作为假设条件,以达尔文的生物进化论和拉马克的遗传基因理论作为理论基础,从系统论出发来研究行为主体的动态决策过程。在演化博弈论中,行为主体对于某种行为策略的认知是在演化博弈的过程中不断加以矫正和改进的,而这种演化博弈的过程通常被看作是一个试错和纠错的过程。在这一过程中,行为主体通常会对各种不同的行为策略进行尝试,并且每一次尝试都对其中的部分策略进行替代,直至形成成功的策略。一旦成功的策略被模仿时,它就会演变为一般的"规则"和"制度",并成为行为主体的行动规范。在这些"规则"和"制度"之下,行为主体得到了预期的收益。显然,演化博弈理论的"有限理性"假设与"不断调整演

"化"的观点能更精准地分析现实中的个体行为。[①]

本章在利用演化博弈模型来分析进口国所设置的技术—环境壁垒对出口国企业技术创新行为的影响时,对模型做出如下假设:

假设 1:A 国和 B 国分别是某一产品的进口国和出口国,其中,A 国是发达国家,B 国是发展中国家。在 B 国,存在 C 和 D 两类出口企业,二者分别向 A 国出口 q_c 和 q_d 质量标准的异质产品,但都能满足 A 国初始的产品质量标准。其中,出口国企业 C 在 A 国的市场份额为 α,出口国企业 D 在 A 国的市场份额为 β,$\alpha,\beta\in(0,1)$。此外,出口国企业满足 A 国的产品质量标准所获得的总收益为 π。[②]

假设 2:A 国对进口产品实施技术性贸易措施,将进口产品的质量标准从初始水平提高到 q,并且 $q>q_c$,$q>q_d$,由于出口国企业 C 和 D 初始状态下的产品质量无法达到新标准 q,从而面临失去 A 国市场的风险;此时,C 和 D 面临两种策略选择:要么通过研发投入,进行技术创新,保住甚至扩大原有的市场份额;要么迫于创新成本的压力,不进行技术创新,那么,企业将被迫退出 A 国市场,退出后出口国企业在 A 国市场的总收益为 0。同时,假定 C 选择创新的概率为 x,D 选择创新的概率为 y,则有 $\forall x,y\in[0,1]$。C 和 D 都是有限理性人,二者分别依据现实情况不断进行决策调整,直到达到稳定状态。

假设 3:C 和 D 的技术创新成本分别为 C_1 和 C_2(下标 1 表示企业 C,下标 2 表示企业 D),企业的技术创新成本与产品质量提升水平呈二次方的关系(参见朱庆华、窦一杰,[③]薛求知、李茜[④]的相关研究成果),即 $C_1=a(q-q_c)^2$,$C_2=b(q-q_d)^2$,其中,$q-q_c$ 和 $q-q_d$ 表示出口国企业 C 和 D 的初始产品质量与进口国质量标准的差距,贸易壁垒则因两国产品质量存在差距而得以形成;a 和 b 分别为出口国企业 C 和 D 的创新成本对贸易壁垒的敏感度系数,即进口国质量标准相对于出口国企业初始产品质量水平每提高一个单位,由此所引致的出口国企业创新成本的增加额,a 和 b 均是大于零的常数。

假设 4:在两家出口国企业中,如果只有其中一家企业进行技术创新,那么,

① 谢识予.经济博弈论[M].第 2 版.上海:复旦大学出版社,2002.
② 巫强,刘志彪.进口国质量管制条件下的出口国企业创新与产业升级[J].管理世界,2007(2):53-60.
③ 朱庆华,窦一杰.基于政府补贴分析的绿色供应链管理博弈模型[J].管理科学学报,2011(6):86-95.
④ 薛求知,李茜.跨国公司对本土企业绿色创新的影响研究——基于绿色订单效应的博弈分析[J].研究与发展管理,2014(1):43-51.

不进行技术创新的企业将失去在进口国的市场份额,并被进行技术创新的另一家出口国企业和进口国当地企业所吸收。同时,假设两家出口国企业对市场份额的吸收能力相同,均为 θ,且 $0<\theta<\alpha,\beta$。

根据上述假设,当进口国设置技术—环境壁垒时,出口国企业 C 和 D 选择技术创新存在四种策略组合:

组合 1:C 和 D 都选择创新,则两家企业在 A 国市场的创新收益分别为:

$$\pi\alpha-C_1,\pi\beta-C_2;$$

组合 2:C 选择创新,而 D 选择不创新,则两家企业的收益状况为:

$$\pi\alpha+\pi\beta\theta-C_1,0;$$

组合 3:C 选择不创新,而 D 选择创新,则两家企业的收益分别为:

$$0,\pi\beta+\pi\alpha\theta-C_2;$$

组合 4:C 和 D 均不创新,则两家企业在 A 国市场的收益都为 0。

根据上述策略选择,出口国企业 C 和 D 的支付收益如表 8-1 所示。

表 8-1　出口国企业 C 和 D 的支付收益

		出口国企业 D	
		创新 y	不创新 $1-y$
出口国企业 C	创新 x	$\pi\alpha-C_1,\pi\beta-C_2$	$\pi\alpha+\pi\beta\theta-C_1,0$
	不创新 $1-x$	$0,\pi\beta+\pi\alpha\theta-C_2$	0,0

根据假设及支付收益,在 A 国设置技术性贸易壁垒的条件下,出口国企业 C 选择"创新策略""不创新策略"的期望收益以及混合策略的平均收益分别为:

$$U_{11}=y(\pi\alpha-C_1)+(1-y)(\pi\alpha+\pi\beta\theta-C_1) \qquad (8-1)$$

$$U_{12}=0 \qquad (8-2)$$

$$U_1=xU_{11}+(1-x)U_{12} \qquad (8-3)$$

根据式(8-1)、式(8-3),可以得到出口国企业 C 的复制动态方程:

$$F(x)=xU_{11}-xU_1=x(1-x)(\pi\alpha+\pi\beta\theta-C_1-y\pi\beta\theta) \qquad (8-4)$$

同理,可得出口国企业 D 的复制动态方程:

$$G(y)=y(1-y)(\pi\beta+\pi\alpha\theta-C_2-x\pi\alpha\theta) \qquad (8-5)$$

8.2　出口国企业的创新决策分析

复制动态方程反映了博弈方学习的速度和方向,当其为 0 时,则表明学习的速度为 0,此时,博弈达到稳定均衡状态。根据微分方程的稳定性定理与演化稳定策略的性质,由于演化博弈的稳定均衡状态必须具有抗扰动性,即要求 $F'(x^*)<0$,因此,当 $F(x^*)=0,F'(x^*)<0$ 时,x^* 为进化稳定策略。[①]

8.2.1　出口国企业 C 技术创新的行为选择

根据出口国企业 C 的复制动态方程,对式(8-4)进行求导可得:

$$F'(x)=\frac{\mathrm{d}F(x)}{\mathrm{d}x}=(1-2x)(\pi\alpha+\pi\beta\theta-C_1-y\pi\beta\theta) \qquad (8-6)$$

由式(8-6)可求得:当 $y=1+\dfrac{\pi\alpha-C_1}{\pi\beta\theta}$ 时,$F(x)$ 始终为 0,$F'(x)=0$,该条件下不存在稳定策略;当 $y<1+\dfrac{\pi\alpha-C_1}{\pi\beta\theta}$ 时,$F(1)=0,F'(1)<0$,$x^*=1$ 是稳定策略,可以得到如图 8-1(a)所示的复制动态微分方程相位图。在图 8-1(a)中,$F(1)=0,F(x)$ 在 $x=1$ 处的斜率为负,根据复制动态方程原理,表明 $x^*=1$ 即"创新"是出口国企业 C 的稳定策略。

当 $y>1+\dfrac{\pi\alpha-C_1}{\pi\beta\theta}$ 时,$F(0)=0,F'(0)<0,x^*=0$ 是稳定策略,可以得到如图 8-1(b)所示的复制动态微分方程相位图,在图 8-1(b)中,$F(0)=0,F(x)$ 在 $x=0$ 处的斜率为负,可知 $x^*=0$,"不创新"是出口国企业 C 的稳定策略。

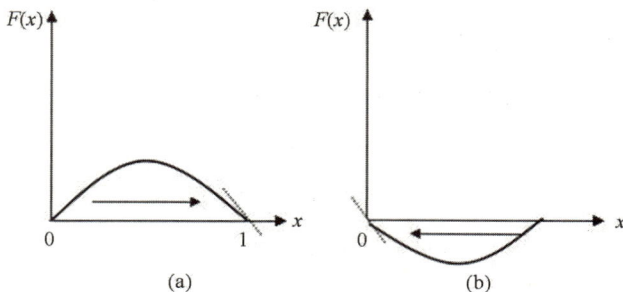

图 8-1　出口国企业 C 复制动态相位图

① 詹政,冯宗宪.贸易政策对企业国际竞争力及境外资源利用的影响[J].国际贸易,2011(3):23-27.

8.2.2 出口国企业 D 技术创新的行为选择

根据出口国企业 D 的复制动态方程,对式(8-5)求导可得:

$$G'(y) = \frac{\mathrm{d}G(y)}{\mathrm{d}y} = (1-2y)(\pi\beta + \pi\alpha\theta - C_2 - x\pi\alpha\theta) \qquad (8-7)$$

由式(8-7)可得,当 $x = 1 + \frac{\pi\beta - C_2}{\pi\alpha\theta}$ 时,$G(y)$ 始终为 0,$G'(y) = 0$,该条件下不存在稳定策略;$x < 1 + \frac{\pi\beta - C_2}{\pi\alpha\theta}$ 时,$G(1) = 0$,$G'(1) < 0$,$y^* = 1$ 是稳定状态,如图 8-2(a)所示,$G(1) = 0$,$G(y)$ 在 $y = 1$ 处的斜率为负,即 $y^* = 1$ 是出口国企业 D 的稳定策略,此时,出口国企业 D 会选择"创新"策略;

当 $x > 1 + \frac{\pi\beta - C_2}{\pi\alpha\theta}$ 时,$G(0) = 0$,$G'(0) < 0$,$y^* = 0$ 是稳定状态,如图 8-2(a)所示,$G(0) = 0$,$G(y)$ 在 $y = 0$ 处的斜率为负,所以,$y^* = 0$ 是出口国企业 D 的稳定策略,即出口国企业 D 的稳定策略是"不创新"。

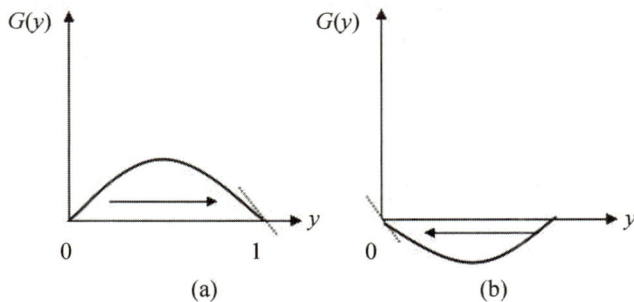

图 8-2 出口企业 D 复制动态相位图

8.2.3 演化博弈条件下出口国企业技术创新的行为选择

在对出口国企业 C 和 D 的局部稳定状态分析的基础上,可以得出不同状态下进化博弈的稳定均衡点。

(1)当 $0 \leqslant 1 + \frac{\pi\alpha - C_1}{\pi\beta\theta} \leqslant 1$ 或 $0 \leqslant 1 + \frac{\pi\beta - C_2}{\pi\alpha\theta} \leqslant 1$ 时,根据前文对出口国企业 C 和 D 的局部稳定状态分析,可以得出如图 8-3 所示的 A, B, C, D, E 五个平

衡点(该五个平衡点是使出口国企业 C 和 D 复制动态方程为 0 的点),五个平衡点在实践中的含义分别是:A 点是出口国企业 C 选择创新,而出口国企业 D 选择不创新;B 点是出口国企业 C 和 D 都选择创新;C 点是出口国企业 C 选择不创新,而出口国企业 D 选择创新;D 点是出口国企业 C 和 D 都选择不创新;E 点是两企业分别以某一概率进行技术创新。

　　由图 8-3 可知,B、D 两点是不稳定的源出发点,E 是鞍点,A、C 两点是演化博弈的稳定状态,博弈最终收敛于哪一个稳定点则取决于出口国企业 C 和 D 的决策点 $1+\dfrac{\pi\alpha-C_1}{\pi\beta\theta}$ 和 $1+\dfrac{\pi\beta-C_2}{\pi\alpha\theta}$。$1+\dfrac{\pi\beta-C_2}{\pi\alpha\theta}$ 越小,$1+\dfrac{\pi\alpha-C_1}{\pi\beta\theta}$ 越大,四边形 ABED 的面积就越大,博弈的稳定点最终越有可能收敛于 A 点,即出口国企业 C 选择技术创新,出口国企业 D 选择不创新。特别是当存在 $1+\dfrac{\pi\beta-C_2}{\pi\alpha\theta}\leqslant 0$,$1+\dfrac{\pi\alpha-C_1}{\pi\beta\theta}\geqslant 1$,即 $\alpha\pi\geqslant C_1$,$\pi\beta+\pi\alpha\theta\leqslant C_2$ 时,博弈的稳定点一定收敛于 A 点。此时,即使进口国的技术性贸易壁垒带来的创新成本很高,但只要出口国企业的创新收益足以与创新成本持平,出口国企业就一定会选择创新;反之,即使创新成本很低,但出口国企业创新收益不足以弥补其创新成本时,出口国企业面对壁垒一定会选择不创新策略。

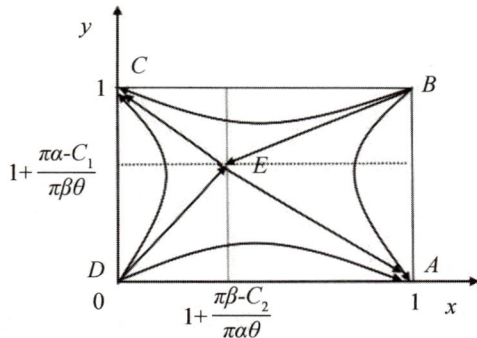

图 8-3　出口国企业 C 与 D 演化博弈的动态趋势

　　(注:图 8-3 只显示了 $0\leqslant 1+\dfrac{\pi\alpha-C_1}{\pi\beta\theta}\leqslant 1$,$0\leqslant 1+\dfrac{\pi\beta-C_2}{\pi\alpha\theta}\leqslant 1$ 的情形。由于 $0\leqslant 1+\dfrac{\pi\alpha-C_1}{\pi\beta\theta}\leqslant 1$,$1<1+\dfrac{\pi\beta-C_2}{\pi\alpha\theta}$ 以及 $1<1+\dfrac{\pi\alpha-C_1}{\pi\beta\theta}$,$0\leqslant 1+\dfrac{\pi\beta-C_2}{\pi\alpha\theta}\leqslant 1$ 时的动态趋势与图 8-3 的情形是一致的,收敛点相同,故未显示后两种情形的动态趋势图。)

（2）当 $1+\dfrac{\pi\alpha-C_1}{\pi\beta\theta}<$ 且 $1+\dfrac{\pi\beta-C_2}{\pi\alpha\theta}<$ 时，由于 $\forall x,y\in[0,1]$，所以，$x>1+$

$\dfrac{\pi\alpha-C_1}{\pi\beta\theta}$ 和 $y>1+\dfrac{\pi\alpha-C_2}{\pi\alpha\theta}$ 一定成立，根据前文对出口国企业 C 和 D 的局部稳定

均衡分析可知，此时，两企业的稳定策略都是不创新，其博弈的动态趋势如

图 8-4 所示，最终收敛于 $D(0,0)$。

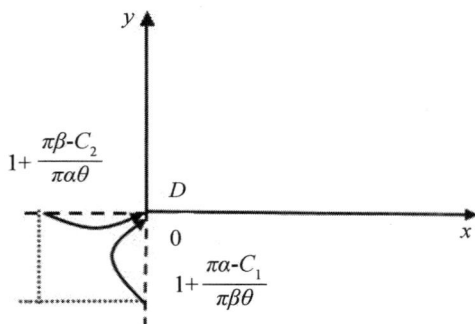

图 8-4　出口国企业 C 与 D 进化博弈的动态趋势

（3）当 $1+\dfrac{\pi\alpha-C_1}{\pi\beta\theta}>1$ 且 $1+\dfrac{\pi\beta-C_2}{\pi\alpha\theta}>1$ 时，由于 $\forall x,y\in[0,1]$，所以，$x<$

$1+\dfrac{\pi\alpha-C_1}{\pi\beta\theta}$ 和 $y<1+\dfrac{\pi\alpha-C_2}{\pi\alpha\theta}$ 一定成立，根据前文对出口国 C 企业和 D 的局部

稳定均衡分析可知，此时，两企业的稳定策略都是创新，其博弈的动态趋势如图

8-5 所示，最终收敛于 $B(1,1)$。

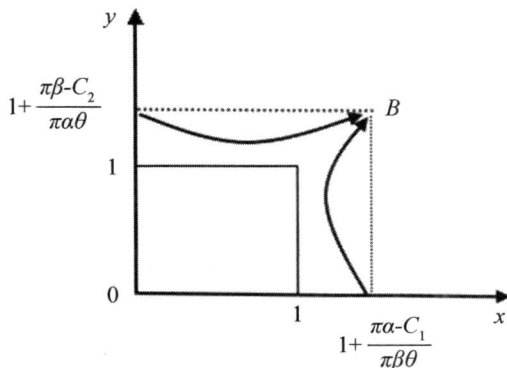

图 8-5　出口国企业 C 与 D 演化博弈的动态趋势

8.3 影响出口国企业技术创新行为选择的主要因素分析

上述演化博弈模型为分析技术性贸易壁垒条件下出口国企业的技术创新行为提供了基本的理论框架。根据上述分析,出口国企业进行技术创新的行为选择主要受其创新收益函数和创新成本函数中的主要参数的影响。那么,模型中的主要参数会对出口国企业的技术创新行为产生什么样的影响?

1) 市场份额对出口国企业技术创新行为的影响

根据假设1,α 和 β 分别为出口国企业 C 和 D 在进口国的市场份额。依据前文的分析,出口国企业 C 选择创新,出口国企业 D 选择不创新的充分条件是:$\pi\alpha \geqslant C_1$,$\pi\beta + \pi\alpha\theta \leqslant C_2$;

同时,根据假设3,出口国企业技术创新的成本与产品质量提升水平呈二次方的关系,即存在 $C_1 = a(q - q_c)^2$ 和 $C_2 = b(q - q_d)^2$。

那么,出口国企业 C 选择"创新策略"($x^* = 1$)的具体条件为:

$$q \leqslant \sqrt{\frac{\pi\alpha}{a}} + q_c \qquad (8-8)$$

出口国企业 D 选择"不创新策略"($y^* = 0$)的具体条件为:

$$q \geqslant \sqrt{\frac{\pi\beta + \pi\alpha\theta}{b}} + q_d \qquad (8-9)$$

同理,可推导出出口国企业 C 选择"不创新策略"($x^* = 0$)和出口国企业 D 选择"创新策略"($y^* = 1$)的具体条件为:

$$q \geqslant \sqrt{\frac{\pi\alpha + \pi\beta\theta}{a}} + q_c \qquad (8-10)$$

$$q \leqslant \sqrt{\frac{\pi\beta}{b}} + q_d \qquad (8-11)$$

由于式(8-8)和式(8-9)同时成立,合并两式可得:

$$\sqrt{\frac{\pi\beta + \pi\alpha\theta}{b}} + q_d \leqslant q \leqslant \sqrt{\frac{\pi\alpha}{a}} + q_c \qquad (8-12)$$

为了分析方便,在此,我们假定出口国企业 C 和 D 的创新成本对贸易壁垒的敏感度系数相同,即 $a = b$;同时,假定两企业的初始产品质量水平也相同,即 $q_c = q_d$。由于 $0 < \theta < 1$,因此,由式(8-12)可得:

$$\frac{\alpha}{\beta} \geqslant \frac{1}{1-\theta} > 1 \tag{8-13}$$

由式(8-13)可得：当 $\alpha > \beta$ 且 $(1-\theta)\alpha \geqslant \beta$（即不仅企业 C 在进口国的市场份额大于企业 D，而且扣除从企业 D 那里吸收的一部分市场份额后企业 C 的市场份额仍然大于企业 D）时，出口国企业 C 会选择技术创新，而出口国企业 D 则会选择不创新。也就是说，市场份额与出口国企业进行技术创新的动力呈正向关系。出口国企业在进口国的市场份额越大，其进行技术创新的动力也就越大；反之，出口国企业在进口国的市场份额越小，其进行技术创新的动力也就越小。其原因是在技术性贸易壁垒条件下，占有较大市场份额的出口国企业一旦退出进口国市场给其所带来的预期损失要远远大于市场份额小的出口国企业。

2）产品的初始质量水平与进口国质量标准的差异程度对出口国企业技术创新行为的影响

根据假设 3，$q - q_c$ 和 $q - q_d$ 分别表示出口国企业 C 和 D 的初始产品质量与进口国质量标准的差距。

根据式(8-8)和式(8-10)，出口国企业 C 选择创新和选择不创新的条件分别是：$q - q_c \leqslant \sqrt{\dfrac{\pi\alpha}{a}}$ 和 $q - q_c \geqslant \sqrt{\dfrac{\pi\alpha + \pi\beta\theta}{a}}$。

同样，根据式(8-9)和式(8-11)，出口国企业 D 选择创新和不创新的条件分别为：$q - q_d \leqslant \sqrt{\dfrac{\pi\beta}{b}}$ 和 $q - q_d \geqslant \sqrt{\dfrac{\pi\beta + \pi\alpha\theta}{b}}$。

很显然，产品的初始质量水平与进口国质量标准的差异程度对出口国企业技术创新的影响呈负向关系。换句话来说，产品的初始质量水平对出口国企业技术创新的影响具有正向关系。产品的初始质量水平与进口国质量标准的差距越小，或者产品的初始质量水平越高，出口国企业技术创新的动力越大；反之，产品的初始质量水平与进口国质量标准的差距越大，或者产品的初始质量水平越低，出口国企业技术创新的动力越小。其主要原因是产品的初始质量水平与进口国质量标准的差距越小，或者产品的初始质量水平越高，出口国企业满足进口国的质量标准所需投入的资源就越少，从而其支付的创新成本就越低，因此，其创新行为受技术性贸易壁垒的激励作用就越大。

3）创新成本对贸易壁垒的敏感度系数对出口国企业技术创新行为的影响

根据假设 3，a 和 b 分别为出口国企业 C 和 D 的创新成本对贸易壁垒的敏感度系数。为了便于分析,在此,我们假定两个企业在进口国的市场份额也相同,即 $\alpha = \beta$;同时,还假定两个企业的初始产品质量水平也相同,即 $q_c = q_d$。由于 $0 < \theta < 1$,因此,由式(8 - 12)可得:

$$\frac{a}{b} \leq \theta < 1 \qquad\qquad (8 - 14)$$

由式(8 - 14)可得:当 $a < b$ 且 $a \leq \theta b$ 时,出口国企业 C 倾向于选择技术创新策略,而出口国企业 D 倾向于选择不创新。也就是说,创新成本对贸易壁垒的敏感系数与出口国企业技术创新的动力呈负向关系。创新成本对贸易壁垒的敏感系数越小,出口国企业的创新成本就越小,技术性贸易壁垒对出口国企业技术创新的激励作用就越大;反之,该敏感系数越大,出口国企业的创新成本就越大,技术性贸易壁垒对出口国企业技术创新的抑制作用就越明显。

8.4 主要结论

本章构建了一个分析技术性贸易壁垒条件下出口国企业进行技术创新的基本框架,在此基本框架的基础上,分析了影响出口国企业技术创新行为的主要因素,主要得出以下结论。

结论 1:市场份额与出口国企业进行技术创新的动力呈正向关系。出口国企业在进口国的市场份额越大,其进行技术创新的动力也就越大,并最终通过技术创新跨越进口国的贸易壁垒;反之,出口国企业在进口国的市场份额越小,其进行技术创新的动力也就越小,并最终可能退出进口国市场。这就很好地解释了我国出口企业在应对外生性的技术性贸易壁垒时所出现的现象:在进口国的市场占有率比较高的企业通常会通过技术创新来突破壁垒,而市场占有份额比较小的企业则通常会选择市场转移策略,即将其产品从技术性贸易措施相对严苛的进口国市场转向措施相对较宽松的进口国市场。

结论 2:产品的初始质量水平与进口国质量标准的差异程度对出口国企业技术创新的影响呈负向关系。换句话来说,产品的初始质量水平对出口国企业技术创新的影响具有正向关系。产品的初始质量水平与进口国质量标准的差距越小,或者产品的初始质量水平越高,出口国企业技术创新的动力越大;反之,产品的初始质量水平与进口国质量标准的差距越大,或者产品的初始质量水平越低,出口国企业技术创新的动力越小。这就给予我们很大的启示:加快提升我国企业的技术创新能力,尽快推进我国的技术标准体系建设以及技术标准国际化的步伐。当我国企业拥有较强的技术创新能力和制定国际标准的话语权时,进口国的技术性贸易措施就很难对其构成贸易壁垒。

结论 3:创新成本对贸易壁垒的敏感度系数与出口国企业技术创新的动力呈负向关系。创新成本对贸易壁垒的敏感系数越小,出口国企业的创新成本就越小,技术性贸易壁垒对出口国企业技术创新的激励作用就越大;反之,该敏感系数越大,出口国企业的创新成本就越大,技术性贸易壁垒对出口国企业技术创新的抑制作用就越明显。因此,在技术性贸易壁垒日益泛滥的情况下,我国政府应积极利用多边贸易体制与西方发达国家进行贸易谈判,以防止其利用 WTO 的有关规则设置过于严苛的技术性贸易措施,从而抑制我国出口企业的技术创新动力,阻碍贸易自由。

第9章　技术—环境壁垒与企业国际竞争力

　　企业的国际竞争力是由多种因素综合决定的。但是,在技术—环境壁垒这个特定要素约束下,一些决定企业国际竞争力的关键因素可能会变成次要因素或非关键因素,而一些决定企业国际竞争力的次要因素可能会在竞争中发挥关键作用,变成主要因素。对于出口国企业来说,在遭到进口国技术—环境壁垒的情况下,其竞争力的高低主要取决于其产品的价格和技术创新能力,从竞争结果来看,主要通过以下两个指标表现出来:一是国际市场占有率或国际市场份额;二是企业的利润水平。这两个指标都是可以通过竞争结果直接观察到的,可以作为企业市场势力的主要测度指标。

　　国际市场份额(international market share)是用来反映一个国家或地区的出口商品在进口国市场所占有的份额或程度。计算方法为:出口产品在进口国同类产品中所占的比重,用公式表示为:

$$S_{it} = q_{it} / Q_t$$

　　其中,S_{it} 表示出口企业 i 在 t 时期的市场份额;q_{it} 表示出口企业 i 在 t 时期的出口量;Q_t 表示 t 时期进口国市场的总供给量。

　　利润水平(level of profit)是反映企业及其产品在国际竞争中的竞争力的实现状态,是企业各种竞争优势的综合表现。从竞争的结果来看,利润水平反映的是企业所获得的最终收益水平,而从竞争的过程来看,利润水平的高低则反映了企业在竞争过程中对竞争对手的吸引力的大小。

　　本章利用斯塔克尔伯格模型来分析进口国的技术性贸易壁垒对出口国企业的市场份额和利润水平所带来的影响。

9.1　理论分析框架

斯塔克尔伯格模型（Stackelberg Model）是一个产量领导模型，在该模型中，每个企业都生产相同的产品，其决策变量都是产量，即每个企业都会选择自己的最优产量来实现其利润最大化目标；同时，在该模型中，具有竞争关系的企业，其市场地位是不对称的，其中，实力较强的企业处于支配地位，被定位为"领导者"，而实力较弱的企业则处于相对从属的地位，被定位为"追随者"。市场地位的不对等决定了企业决策顺序的不对等。通常情况下，处于领导地位的企业先进行产量决策，处于跟随地位的企业依据"领导者"的产量来对自己的产量进行决策。"领导者"在对自己的产量进行决策时，完全了解自己的产量决策会对"跟随者"产生影响，因此，"领导者"所做出的产量决策一定是以"跟随者"的反应函数作为约束条件实现利润最大化的产量。

本章将利用斯塔克尔伯格模型来分析进口国的技术—环境壁垒对市场地位不对称的两个出口国企业的国际竞争力的影响。模型主要基于以下假设：

假设 1：A 国为进口国，B 国为出口国。在 B 国，存在两家企业：企业 1 和企业 2。它们生产同质的产品，但企业 1 的技术水平高于企业 2，生产规模也大于企业 2。两个企业都向 A 国出口其产品，进口国市场对企业 1 的产品需求量为 q_1，对企业 2 的产品需求量为 q_2。两个企业具有线性的成本函数，分别为[1][2]：

$$C_1 = F_1 + c_1 \cdot q_1$$
$$C_2 = F_2 + c_2 \cdot q_2$$

其中，C_1 和 C_2 分别为企业 1 和企业 2 的生产总成本；F_1 和 F_2 分别为企业 1 和企业 2 的固定成本；c_1 和 c_2 分别为企业 1 和企业 2 的单位平均可变成本。

由于较高的技术水平和较大的生产规模可以为企业带来较低的平均成本，因此，

$$c_1 < c_2, \frac{F_1}{q_1} < \frac{F_2}{q_2}$$

---

[1]　朱信凯,刘刚,赵昕.技术性贸易壁垒的企业差异化分析与国际贸易对策[J].管理世界,2008(6):30 - 39.

[2]　朱宇.出口退税对企业国际竞争力的影响分析[J].国际贸易问题,2007(6):50 - 54.

假设 2：企业 1 和企业 2 的反需求函数都是线性的。这样，在进口国市场上，两个企业的线性反需求函数可表示为：

$$P = a - b(q_1 + q_2) \qquad a,b > 0$$

假设 3：技术—环境壁垒是由外生决定的，进口国设置技术标准和环境标准是以维护国家安全、保护人类与动植物安全与健康、保护环境、防止欺诈行为以及保证食品安全与产品质量等为目的，即这些标准是合理的，它主要反映了进口国消费需求的升级。

假设 4：技术创新能够给出口国企业带来正的溢出效应，即它可以部分甚至全部抵消企业因满足进口国的技术标准和环境标准要求而引致的遵循成本。

假设 5：通过技术创新，企业将能够满足进口国的技术标准和环境标准要求，从而继续占有甚至进一步扩大在进口国的市场份额，并获得在国际市场的全部收益，否则将全部丢失国际市场，收益为 0。

根据前面的假设，企业 1 的利润函数可表示为：

$$\pi_1^F = Pq_1 - C_1$$

$$\pi_1^F = aq_1 - b(q_1 + q_2)q_1 - (F_1 + c_1 q_1) \qquad (9-1)$$

另外，企业 2 的利润函数可表示为：

$$\pi_2^F = Pq_2 - C_2$$

$$\pi_2^F = aq_2 - b(q_1 + q_2)q_2 - (F_2 + c_2 q_2) \qquad (9-2)$$

9.2 技术—环境壁垒之前，企业均衡产量和均衡利润的决定

利用斯塔克尔伯格模型来分析在技术—环境壁垒之前两个企业的均衡产量和均衡利润。

根据前面的假设，企业 2 的实力较弱，在市场中处于从属地位，被定位为"追随者"。根据斯塔克尔伯格模型，"追随者"是依据"领导者"的产量来决定自己的产量的，同时，考虑到企业 2 是理性经济人，其产量决策必然会遵循利润最大化的原则。因此，企业 2 的利润最大化条件为：

$$\frac{\partial \pi_2^F}{\partial q_2} = a - bq_1 - 2bq_2 - c_2 = 0 \qquad (9-3)$$

根据式（9-3）可得企业 2 的反应函数为：

$$q_2 = \frac{a - c_2 - bq_1}{2b} \qquad (9-4)$$

式(9-4)即为"追随者"企业 1 根据"领导者"企业 2 的产量 q_1 所做出的自身产量决策。

考虑企业 1 的利润函数,并将式(9-4)代入式(9-1),企业 1 为了获得利润最大化,其产量决策应满足的条件为:

$$\frac{\partial \pi_1^F}{\partial q_1} = a - 2c_1 + c_2 - 2bq_1 = 0 \qquad (9-5)$$

即对于企业 1 而言,在进口国设置技术—环境壁垒之前,其最优的产量决策为:

$$q_1^F = \frac{a - 2c_1 + c_2}{2b} \qquad (9-6)$$

而企业 2 的最优产量决策为:

$$q_2^F = \frac{a + 2c_1 - 3c_2}{4b} \qquad (9-7)$$

将式(9-6)和式(9-7)代入两个企业的反需求函数可得均衡价格为:

$$P^F = \frac{a + 2c_1 + c_2}{4} \qquad (9-8)$$

同时,我们还可求得企业 1 和企业 2 在进口国设置技术—环境壁垒之前的最大利润为:

$$\pi_1^F = \frac{(a - 2c_1 + c_2)^2}{8b} - F_1 \qquad (9-9)$$

$$\pi_2^F = \frac{(a + 2c_1 - 3c_2)^2}{16b} - F_2 \qquad (9-10)$$

9.3　技术—环境壁垒之后,企业均衡产量和均衡利润的决定

进口国不断提高进口产品的质量标准,为了满足新的质量标准要求,企业 1 和企业 2 需要增加投入,改进生产工艺和生产方法,提高技术水平,从而使其遵循成本增加。这不仅会使企业的固定成本增加,而且也会使企业的可变成本上升。假定进口国所设置的新的质量标准使企业的单位固定成本的增长额为 f,使企业的单位可变成本的增长额为 v,而且它们都是企业的原有技术水平与满

足新质量标准所需的技术水平之间差距 μ 的函数，即 $f=f(\mu)$，$v=v(\mu)$，且 $f'(\mu)>0$；$v'(\mu)>0$，$v''(\mu)>0$。即企业原有的技术水平与满足新质量标准所需的技术水平的差距越大，为了满足新的质量标准，企业所需投入的固定成本和可变成本也会越多，而且可变成本的增加幅度是技术差距的凸函数。[①]

假设企业 1 和企业 2 原有的技术水平与满足新的质量标准所需的技术水平之间的差距分别为 μ_1 和 μ_2。

根据前面的假设可知，$\mu_1<\mu_2$。因此，$f(\mu_1)<f(\mu_2)$ 和 $v(\mu_1)<v(\mu_2)$。

这样，进口国实施新的质量标准后，企业 1 和企业 2 的成本函数变为：

$$C_1=[F_1+f(\mu_1)]+[c_1+v(\mu_1)]\cdot q_1$$
$$C_2=[F_2+f(\mu_2)]+[c_2+v(\mu_2)]\cdot q_2$$

根据假定，技术创新活动能够给企业带来正的溢出效应，它能够部分甚至全部抵消企业的遵循成本。因此，技术创新之后，企业 1 的成本函数可表示为：

$$C_1=[F_1+f(\mu_1)-\vartheta_1 f(\mu_1)]+[c_1+v(\mu_1)-\vartheta_1 v(\mu_1)]\cdot q_1$$

整理后可得：

$$C_1=[F_1+(1-\vartheta_1)f(\mu_1)]+[c_1+(1-\vartheta_1)v(\mu_1)]\cdot q_1$$

企业 2 的成本函数可表示为：

$$C_2=[F_2+f(\mu_2)-\vartheta_2 f(\mu_2)]+[c_2+v(\mu_2)-\vartheta_2 v(\mu_2)]\cdot q_2$$

整理后可得：

$$C_2=[F_2+(1-\vartheta_2)f(\mu_2)]+[c_2+(1-\vartheta_2)v(\mu_2)]\cdot q_2$$

其中，ϑ_1 和 ϑ_2 分别表示企业 1 和企业 2 使技术创新的溢出效应内部化的程度，ϑ_1，$\vartheta_2\in[0,1]$，而且 $\vartheta_1>\vartheta_2$。当 $\theta=1$ 时，说明出口国企业能够使技术创新的溢出效应完全内部化，并享受技术创新给其所带来的全部收益；当 $\theta=0$ 时，说明出口国企业的技术创新成果被完全溢出，其不可能享受技术创新所带来的任何收益；θ 值越大，表明出口国企业使技术创新的溢出效应内部化的程度越高，企业承担的遵循成本就能在更大程度上被抵消；相反，θ 值越小，表示出口国企业使技术创新的溢出效应内部化的程度越低，企业承担的遵循成本被抵消的部分就越少。

进口国设置技术—环境壁垒之后，企业 2 的利润函数为：

① 张小蒂，李晓钟.论技术性贸易壁垒对我国农产品出口贸易的双重影响效应[J].管理世界，2004(6)：26-32.

$$\pi_2^T = aq_2 - b(q_1 + q_2)q_2 - \{[F_2 + (1-\vartheta_2)f(\mu_2)] + [c_2 + (1-\vartheta_2)v(\mu_2)]q_2\}$$

$$(9-11)$$

企业 2 的利润最大化条件为：

$$\frac{\partial \pi_2^T}{\partial q_2} = a - bq_1 - 2bq_2 - [c_2 + (1-\vartheta_2)v(\mu_2)] = 0 \qquad (9-12)$$

根据式(9-12)可得企业 2 的反应函数为：

$$q_2 = \frac{a - [c_2 + (1-\vartheta_2)v(\mu_2)] - bq_1}{2b} \qquad (9-13)$$

进口国设置技术—环境壁垒之后,企业 1 的利润函数为：

$$\pi_1^T = aq_1 - b(q_1 + q_2)q_1 - \{[F_1 + (1-\vartheta_1)f(\mu_1)] + [c_1 + (1-\vartheta_1)v(\mu_1)]q_1\}$$

$$(9-14)$$

将 q_2 代入企业 1 的利润函数式(9-14),然后求出企业 1 的利润最大化的条件为：

$$\frac{\partial \pi_1^T}{\partial q_1} = a - 2c_1 + c_2 - 2(1-\vartheta_1)v(\mu_1) + (1-\vartheta_2)v(\mu_2) - 2bq_1 = 0$$

$$(9-15)$$

由式(9-15)和式(9-13)可求得进口国设置技术—环境壁垒之后企业 1 和企业 2 的均衡产量为：

$$q_1^T = \frac{a - 2c_1 + c_2 - 2(1-\vartheta_1)v(\mu_1) + (1-\vartheta_2)v(\mu_2)}{2b} \qquad (9-16)$$

$$q_2^T = \frac{a + 2c_1 - 3c_2 + 2(1-\vartheta_1)v(\mu_1) - 3(1-\vartheta_2)v(\mu_2)}{4b} \qquad (9-17)$$

将式(9-16)和式(9-17)代入两个企业的反需求函数可得其均衡价格为：

$$P^T = \frac{a + 2c_1 + c_2 + 2(1-\vartheta_1)v(\mu_1) + (1-\vartheta_2)v(\mu_2)}{4} \qquad (9-18)$$

同时,我们还可求得企业 1 和企业 2 在进口国设置技术—环境壁垒之后的均衡利润：

$$\pi_1^T = \frac{[a - 2c_1 + c_2 - 2(1-\vartheta_1)v(\mu_1) + (1-\vartheta_2)v(\mu_2)]^2}{8b} - [F_1 + (1-\vartheta_1)f(\mu_1)]$$

$$(9-19)$$

$$\pi_2^T = \frac{[a + 2c_1 - 3c_2 + 2(1-\vartheta_1)v(\mu_1) - 3(1-\vartheta_2)v(\mu_2)]^2}{16b} - [F_2 + (1-\vartheta_2)f(\mu_2)]$$

$$(9-20)$$

9.4　进口国的技术—环境壁垒对出口国企业国际竞争力的影响

9.4.1　进口国的技术—环境壁垒对出口国企业市场份额的影响

进口国实施技术—环境壁垒之后,企业 1 和企业 2 在进口国的市场份额会发生什么样的变化? 在此,我们假定进口国的市场总供给量为 Q,企业 1 和企业 2 在进口国的市场份额分别为 S_1 和 S_2,那么,企业 1 和企业 2 的市场份额可分别表示为:

$$S_1 = \frac{q_1}{Q}$$

$$S_2 = \frac{q_2}{Q}$$

同样,企业 1 和企业 2 在进口国的相对市场份额可表示为:

$$\frac{S_1}{S_2} = \frac{q_1}{q_2}$$

在进口国设置技术—环境壁垒之前和之后,企业 1 和企业 2 的相对市场份额分别为:

$$\frac{S_1^F}{S_2^F} = \frac{q_1^F}{q_2^F} \, 和 \, \frac{S_1^T}{S_2^T} = \frac{q_1^T}{q_2^T}$$

在进口国设置技术—环境壁垒之前和之后,企业 1 和企业 2 市场份额的相对变化量可表示为:

$$\frac{\Delta q_1}{\Delta q_2} = \frac{q_1^T - q_1^F}{q_2^T - q_2^F}$$

根据前面的分析可得:

$$\Delta q_1 = q_1^T - q_1^F = \frac{-2(1-\vartheta_1)v(\mu_1)+(1-\vartheta_2)v(\mu_2)}{2b} \qquad (9-21)$$

$$\Delta q_2 = q_2^T - q_2^F = \frac{2(1-\vartheta_1)v(\mu_1)-3(1-\vartheta_2)v(\mu_2)}{4b} \qquad (9-22)$$

(1)当 $(1-\vartheta_2)v(\mu_2)>2(1-\vartheta_1)v(\mu_1)$ 时,则 $\Delta q_1>0$,$\Delta q_2<0$。此时,可以证明 $\frac{q_1^T}{q_2^T} > \frac{q_1^F}{q_2^F}$。

证明如下：

$$\frac{q_1^T}{q_2^T} - \frac{q_1^F}{q_2^F} = \frac{q_2^F \cdot q_1^T - q_1^F \cdot q_2^T}{q_2^T \cdot q_2^F}$$

$$\frac{q_1^T}{q_2^T} - \frac{q_1^F}{q_2^F} = \frac{q_1^T \cdot q_2^T + q_2^F \cdot q_1^T - q_1^F \cdot q_2^T - q_1^T \cdot q_2^T}{q_2^T \cdot q_2^F}$$

$$\frac{q_1^T}{q_2^T} - \frac{q_1^F}{q_2^F} = \frac{q_2^T(q_1^T - q_1^F) - q_1^T(q_2^T - q_2^F)}{q_2^T \cdot q_2^F}$$

由于 $\Delta q_1 = q_1^T - q_1^F > 0, \Delta q_2 = q_2^T - q_2^F < 0$。因此，

$$\frac{q_1^T}{q_2^T} - \frac{q_1^F}{q_2^F} = \frac{q_2^T(q_1^T - q_1^F) - q_1^T(q_2^T - q_2^F)}{q_2^T \cdot q_2^F} > 0$$

即 $\dfrac{q_1^T}{q_2^T} > \dfrac{q_1^F}{q_2^F}$。

（2）当 $(1-\vartheta_2)v(\mu_2) < 2(1-\vartheta_1)v(\mu_1)$ 时，则 $\Delta q_1 < 0, \Delta q_2 < 0$。此时，可以证明 $\dfrac{q_1^F}{q_2^F} > \dfrac{\Delta q_1}{\Delta q_2}$。

证明如下：

$$\frac{q_1^F}{q_2^F} = \left(\frac{a - 2c_1 + c_2}{2b}\right) \Big/ \left(\frac{a + 2c_1 - 3c_2}{4b}\right)$$

$$\frac{q_1^F}{q_2^F} = 2 \times \left(1 + \frac{4c_2 - 4c_1}{a + 2c_1 - 3c_2}\right)$$

$$\frac{\Delta q_1}{\Delta q_2} = \left[\frac{-2(1-\vartheta_1)v(\mu_1) + (1-\vartheta_2)v(\mu_2)}{2b}\right] \Big/ \left[\frac{2(1-\vartheta_1)v(\mu_1) - 3(1-\vartheta_2)v(\mu_2)}{4b}\right]$$

$$\frac{\Delta q_1}{\Delta q_2} = 2 \times \left[1 + \frac{4(1-\vartheta_2)v(\mu_2) - 4(1-\vartheta_1)v(\mu_1)}{2(1-\vartheta_1)v(\mu_1) - 3(1-\vartheta_2)v(\mu_2)}\right]$$

因为 $q_2^F = \dfrac{a + 2c_1 - 3c_2}{4b}$ 不可能小于 0，因此，$a + 2c_1 - 3c_2$ 一定大于 0，即 $a + 2c_1 > 3c_2$。同时，由于 $c_1 < c_2$，$(1-\vartheta_1)v(\mu_1) < (1-\vartheta_2)v(\mu_2)$，$(1-\vartheta_2)v(\mu_2) < 2(1-\vartheta_1)v(\mu_1)$。因此可得：

$$\frac{q_1^F}{q_2^F} > 2 > \frac{\Delta q_1}{\Delta q_2} \quad 即 \frac{q_1^F}{q_2^F} > \frac{\Delta q_1}{\Delta q_2}$$

对上述不等式进行整理可得：

$$q_1^F \cdot \Delta q_2 > q_2^F \cdot \Delta q_1$$

$$q_1^F(q_2^T - q_2^F) > q_2^F(q_1^T - q_1^F)$$

由此可得：

$$q_1^F \cdot q_2^T > q_2^F \cdot q_1^T \text{ 即 } \frac{q_1^F}{q_2^F} > \frac{q_1^T}{q_2^T}$$

从上述分析可以看出，当$(1-\vartheta_2)v(\mu_2) > 2(1-\vartheta_1)v(\mu_1)$时，技术—环境壁垒之后，企业1在进口国的市场份额会增加；当$(1-\vartheta_2)v(\mu_2) < 2(1-\vartheta_1)v(\mu_1)$时，技术—环境壁垒之后，企业1在进口国的市场份额会减少。但是，对于企业2而言，无论$(1-\vartheta_2)v(\mu_2) > 2(1-\vartheta_1)v(\mu_1)$还是$(1-\vartheta_2)v(\mu_2) < 2(1-\vartheta_1)v(\mu_1)$，技术—环境壁垒之后，其在进口国的市场份额都会减少。这说明，企业能使技术创新的溢出效应内部化程度的大小和企业的原有技术水平与达到进口国新质量标准所需的技术水平之间的差距的大小会对出口国企业在进口国的市场份额产生直接的影响。出口国企业能使技术创新的溢出效应内部化的程度越高，则其所承担的遵循成本就能在更大程度上被抵消，价格竞争优势更明显，进而其市场份额也就更高；反之亦然。出口国企业的原有技术水平与达到进口国新质量标准所需的技术水平之间的差距越小，出口国企业在技术—环境壁垒之后的均衡产量和相对市场份额都会增加；反之，其均衡产量和相对市场份额都会减少。

9.4.2 进口国的技术—环境壁垒对出口国企业价格水平的影响

对进口国设置技术—环境壁垒之前和之后出口国企业的价格水平进行比较，可得到：

$$\Delta P = P^T - P^F = \frac{2(1-\vartheta_1)v(\mu_1) + (1-\vartheta_2)v(\mu_2)}{4}$$

当$\vartheta_1 = 1, \vartheta_2 = 1$，即出口国企业能够使技术创新的溢出效应完全内部化时，那么，$\Delta P = 0$。也就是说，出口国企业满足进口国的新质量标准所引致的遵循成本被全部抵消，从而使其价格水平和技术—环境壁垒之前相比并不会提高。

当$\vartheta_1 = 0, \vartheta_2 = 0$，即出口国企业技术创新的成果被完全溢出，其不可能享受技术创新所带来的任何收益时，那么，$\Delta P = \frac{2v(\mu_1) + v(\mu_2)}{4}$。而且由于进口国所设置的新的质量标准使出口国企业的单位固定成本的增长额和单位可变成本的增长额不可能小于0，即$v(\mu_1) \geqslant 0, v(\mu_2) \geqslant 0$。因此，$\Delta P \geqslant 0$。也就是说，进口国设置技术—环境壁垒必然导致出口国企业在进口国市场的价格水平上升，而上升的幅度则主要取决于出口国企业原有的技术水平与达到进口国新的质量标准所需的技术水平之间的差距以及由此所引致的单位可变成本的增长额。出口国企业原有的技术水平与达到进口国新的质量标准所需的技术水平之间的差距越小,由此所引致的单位可变成本的增长额也越小,那么,由进口国的技术—环境壁垒所引致的出口国企业的价格水平的上升幅度就越小;反之亦然。

θ 值越大,出口国企业使技术创新的溢出效应内部化的程度越高,企业承担的遵循成本就能在更大程度上被抵消,从而使其价格水平的上升幅度更小;相反,θ 值越小,出口国企业使技术创新的溢出效应内部化的程度越低,企业承担的遵循成本被抵消的部分就越少,从而使其价格水平的上升幅度更大。

9.4.3　进口国的技术—环境壁垒对出口国企业利润水平的影响

下面我们来分析技术—环境壁垒对出口国企业利润水平的影响。

根据前面的分析可得:

$$\Delta \pi_1 = \pi_1^T - \pi_1^F$$

$$\Delta \pi_1 = \frac{[(1-\vartheta_2)v(\mu_2)-2(1-\vartheta_1)v(\mu_1)][2(a-2c_1+c_2)+(1-\vartheta_2)v(\mu_2)-2(1-\vartheta_1)v(\mu_1)]}{8b} - (1-\vartheta_1)f(\mu_1)$$

$$\Delta \pi_1 = \frac{1}{2}\left[\frac{(1-\vartheta_2)v(\mu_2)-2(1-\vartheta_1)v(\mu_1)}{2b}\right]$$

$$\left[\frac{a-2c_1+c_2+(1-\vartheta_2)v(\mu_2)-2(1-\vartheta_1)v(\mu_1)}{2}+\frac{a-2c_1+c_2}{2}\right]-(1-\vartheta_1)f(\mu_1)$$

由于 $\Delta q_1 = \dfrac{-2(1-\vartheta_1)v(\mu_1)+(1-\vartheta_2)v(\mu_2)}{2b}$,

$$q_1^T = \frac{a-2c_1+c_2-2(1-\vartheta_1)v(\mu_1)+(1-\vartheta_2)v(\mu_2)}{2b}, \quad q_1^F = \frac{a-2c_1+c_2}{2b},$$

因此,可得到: $\Delta \pi_1 = \dfrac{1}{2}b \cdot \Delta q_1 (q_1^T + q_1^F) - (1-\vartheta_1)f(\mu_1)$

$$\Delta \pi_2 = \pi_2^T - \pi_2^F$$

$$\Delta \pi_2 = \frac{[2(1-\vartheta_1)v(\mu_1)-3(1-\vartheta_2)v(\mu_2)][2(a+2c_1-3c_2)+2(1-\vartheta_1)v(\mu_1)-3(1-\vartheta_2)v(\mu_2)]}{16b} - (1-\vartheta_2)f(\mu_2)$$

$$\Delta \pi_2 = \left[\frac{2(1-\vartheta_1)v(\mu_1)-3(1-\vartheta_2)v(\mu_2)}{4b}\right]$$

$$\left[\frac{a+2c_1-3c_2+2(1-\vartheta_1)v(\mu_1)-3(1-\vartheta_2)v(\mu_2)}{4}+\frac{a+2c_1-3c_2}{4}\right]$$

由于 $\Delta q_2=\dfrac{2(1-\vartheta_1)v(\mu_1)-3(1-\vartheta_2)v(\mu_2)}{4b}$,

$$q_2^T=\frac{a+2c_1-3c_2+2(1-\vartheta_1)v(\mu_1)-3(1-\vartheta_2)v(\mu_2)}{4b},q_2^F=\frac{a+2c_1-3c_2}{4b},$$

因此,可得到: $\Delta\pi_2=b\cdot\Delta q_2(q_2^T+q_2^F)-(1-\vartheta_2)f(\mu_2)$

(1)当 $(1-\vartheta_2)v(\mu_2)>2(1-\vartheta_1)v(\mu_1)$ 时,则 $\Delta q_1>0,\Delta q_2<0$。此时,$\Delta\pi_2$ 一定小于 0;而 $\Delta\pi_1$ 则有可能大于 0,也有可能小于 0。当 $\Delta q_1(q_1^T+q_1^F)>(1-\vartheta_1)f(\mu_1)$ 时,则 $\Delta\pi_1$ 会大于 0。

(2)当 $(1-\vartheta_2)v(\mu_2)<2(1-\vartheta_1)v(\mu_1)$ 时,则 $\Delta q_1<0,\Delta q_2<0$。此时,$\Delta\pi_1$ 和 $\Delta\pi_2$ 一定都小于 0。

上述分析结果说明,当 $(1-\vartheta_2)v(\mu_2)>2(1-\vartheta_1)v(\mu_1)$ 时,在技术—环境壁垒之后企业 1 的利润水平会提高,尤其当企业能使技术创新的溢出效应内部化程度很高时,即出口国企业满足进口国的新质量标准所引致的遵循成本能够在很大程度上被抵消时,企业 1 的利润水平的上升幅度会更大;当 $(1-\vartheta_2)v(\mu_2)<2(1-\vartheta_1)v(\mu_1)$ 时,技术—环境壁垒之后,企业 1 的利润水平会下降。而对于企业 2 而言,无论 $(1-\vartheta_2)v(\mu_2)>2(1-\vartheta_1)v(\mu_1)$ 还是 $(1-\vartheta_2)v(\mu_2)<2(1-\vartheta_1)v(\mu_1)$,进口国设置技术—环境壁垒都会使其利润水平下降。这说明,在技术—环境壁垒条件下,出口国企业在进口国市场的利润水平不仅受到其能使技术创新的溢出效应内部化程度大小的影响,而且也受到其原有技术水平与达到进口国新质量标准所需的技术水平之间的差距大小的影响。出口国企业能使技术创新的溢出效应内部化的程度越高,则其所承担的遵循成本就能在更大程度上被抵消,同时,出口国企业的原有技术水平与达到进口国新质量标准所需的技术水平之间的差距越小,则其所生产的单位产品的固定成本就越小,从而使其利润水平就越高;反之亦然。

9.5　主要结论

技术创新是企业跨越进口国所设置的技术—环境壁垒的必然选择,那么,技术创新究竟会对企业的国际竞争力产生什么样的影响?本章利用斯塔克尔伯格模型分析了技术—环境壁垒对生产规模和技术水平不同以及能使技术创新的溢出效应内部化程度不同的两类出口企业的国际竞争力的综合影响效应,并得出如下结论。

在技术—环境壁垒条件下,技术创新会对出口国企业在进口国的市场份额、价格水平和利润水平产生实质性的影响,影响的大小主要取决于出口国企业能使技术创新的溢出效应内部化程度的大小和出口国企业原有的技术水平与达到进口国新质量标准所需的技术水平之间的差距的大小。出口国企业在进口国的市场份额、价格水平和利润水平与其能使技术创新的溢出效应内部化的程度呈正向关系。而和其原有技术水平与达到进口国新质量标准所需的技术水平之间的差距呈反向关系。出口国企业能使技术创新的溢出效应内部化的程度越高,则其所承担的遵循成本就能在更大程度上被抵消,价格竞争优势更明显,进而其市场份额和利润水平也就更高;反之亦然。出口国企业的原有技术水平与达到进口国新质量标准所需的技术水平之间的差距越小,为了达到进口国新的质量标准,出口国企业的遵循成本就会越小,价格水平的上涨幅度也就越低,进而其市场份额和利润水平受到负面影响的程度也就越小;反之亦然。

第 10 章　案例分析：技术—环境壁垒对中国打火机行业出口企业国际竞争力的影响

　　根据前面各章的分析，技术—环境壁垒会对企业的国际竞争力产生实质性的影响。但是，由于缺乏系统的统计数据，本书无法对技术—环境壁垒与企业国际竞争力之间的相关关系进行精确的量化分析，因此，只能通过典型案例对两者之间的相关性进行分析。

10.1　中国打火机企业遭受 CR 法案概况

　　CR 法案，即儿童防护法案（Child Resistance Law，简称 CR 法案），最早始于美国。1993 年美国消费者产品安全委员会（Consumer Product Safety Committee，简称 CPSC）发布了一项市场调查结果表明：美国市场销售的打火机95％为一次性打火机，每年都会发生儿童玩耍此类打火机引发火灾和死亡的事故，造成重大损失。因此，美国著名打火机生产商 ZIPPO 公司借机游说立法机构，促成美国出台了 CR 法案。1994 年美国颁布并正式实施 CR 法案，该法案以法律形式强制性规定：凡进入美国市场的 2 美元以下一次性打火机产品，必须安装防止儿童开启的装置，该装置能确保气门活塞所承受的压力不小于规定的最小值9.25 磅压力，以防被儿童开启。这个法案看起来是一个安全法案，其实隐含着明显的贸易歧视。因为欧美打火机企业，包括日本和韩国的打火机企业，由于劳动力成本较高，因此，其打火机产品的价格一般都在 2 美元以上；而中国打火机企业由于劳动力成本较低，因此，产品成本也比较低，出厂价一般都在 2 美元以下。美国以价格作为评判打火机安全界限的标准，其针对性很强，目的就是以保护儿童安全为由，设置贸易壁垒，限制中国打火机产品在其市场销售，以保护本国生产商的利益。

　　受美国实施 CR 法案的影响，同时，在欧洲最有影响力的打火机生产商 BIC 公司的游说下，2001 年欧盟启动了 CR 法案的制定程序。2002 年，欧盟授权欧洲标准化委员会制定了 EN13869 标准："打火机—防止儿童开启打火机—安全要求及测试方法（Lighters—Child-Resistance for Lighters—Safety Requirements and Test Methods）"，简称 CR 法案。该法案规定，凡出厂价格低于 2 欧元的一次性打火机必须安装防止儿童开启的安全装置，否则不能在欧盟市场销售。欧盟的这一法案与美国的 CR 法案如出一辙，都把矛头指向中国生产的打火机。该法案原定于 2004 年 6 月 19 日正式实施。由于该法案带有明显的贸易歧视，因此，在中国有关各方的积极交涉下，欧盟最终推迟了该法案的实施。2006 年欧盟委员会投票通过了修订的 CR 法案。与旧法案相比，新法案取消了以 2 欧元为界限的安全锁条款，但是增加了新的条款：禁止在欧盟市场销售所有外形吸引儿童的新奇打火机；对于不受 CR 法案约束的打火机必须是豪华型或半豪华型的，使用寿命应在 5 年以上，必须有 2 年以上的产品保用期，打火机的装置应该可以进行维修和更换，在欧盟应该有售后维修。2007 年 3 月 11 日新修订的 CR 法案正式实施。

　　日本是继美国、欧盟之后第三个实施 CR 法案的国家，2010 年 12 月 27 日，日本颁布了具有其本土特色的 CR 法案，规定进入日本市场的一次性塑料电子打火机、砂轮打火机和塑料点火枪必须符合日本 CR 法案的有关技术性要求。同时，相关产品还必须获得日本文化用品安全实验所的检测检验合格证书。

　　日本的 CR 法案借鉴了欧盟新法案的做法，没有采用以价格作为评判打火机安全界限的标准，同时，在其附加条款中也规定了非常严格的标准要求，比如，附加条款第三条规定，"有关打火机点火装置的主要零部件，至少能超过 5 年使用期限"。附加条款第四条规定，"磨耗的或者无法继续使用的打火机零部件，必须能够在市场上容易买到"。据悉，全世界至今为止，还没有一款不经维修或更换部件就可达五年寿命的电子点火式打火机或打火机的点火装置。

10.2　CR 法案对中国打火机企业成本的影响

　　美国、欧盟和日本相继出台 CR 法案，对中国打火机企业造成重大影响。这种影响最直接的表现就是增加了企业的附加成本,提高了企业的生产和经营成本,削弱了产品的价格竞争优势。这些附加成本主要体现在以下三个方面。

其一,检测费用。按照美国、欧盟和日本颁布的 CR 法案的有关规定,凡受 CR 法案约束的相关打火机产品必须通过相关国家认可的第三方检测机构的认证,否则,不得在该国市场销售。然而,CR 标准的检测费用非常高,据调查,一款打火机的检测费用高达 2 万～3 万美元。这对于一个中小型企业来说,无疑是一笔巨额的费用。

其二,库存费用。CR 标准的检测周期很长,一般来讲,完成一次完整的 CR 检测至少需要 3 个月,有时甚至长达半年。这么长的检测周期肯定会对企业正常的生产和经营活动产生较大影响,由此也会产生相关的费用。

其三,研发费用。CR 装置的专利技术主要掌握在欧盟、美国和日本的生产商手中,开发新的 CR 装置难度很大,同时也需要一定的时间。无论是中国打火机企业自行研发 CR 装置,还是向国外生产商购买专利技术,都将提高企业的生产成本。

无论是检测费用,还是库存费用和研发费用,获得每个企业的相关数据难度很大,因此,本书以《中国海关统计年鉴》中打火机的出口量和出口额为依据,计算出每个打火机的出口价格,以此价格的变化来说明 CR 法案对中国打火机企业成本的影响。在企业利润率不变的情况下,出口价格提高意味着企业的生产成本提高;反之亦然。图 10-1 描述了 1992—2010 年中国打火机在美国、欧盟和日本的出口价格变化情况。

中国打火机的出口价格变化情况(单位:美元)
(1992-2010)

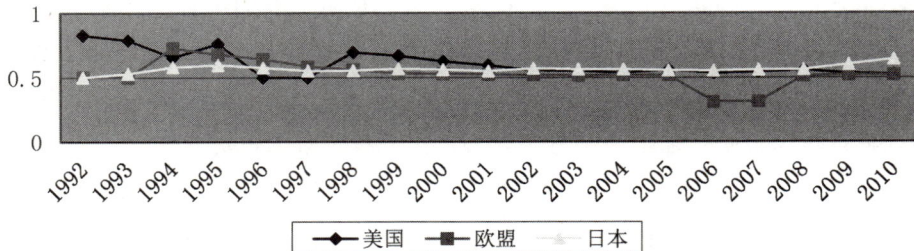

图 10-1　中国打火机的出口价格变化趋势

数据来源:《中国海关统计年鉴》(1992—2011)。

从图 10-1 可以看出,中国打火机在美国和欧盟的出口价格变化趋势惊人地相似,具体表现为:在美国、欧盟正式实施 CR 法案前后,中国打火机在两个市场的出口价格先出现明显的下降,然后再出现明显的上涨。这种变化趋势可以被解释为:中国打火机企业希望在相关国家正式实施 CR 法案前,将库存产品尽快销售出去,因此,竞相压价销售其产品;但是,随着企业逐步满足 CR 标准的要求(具体体现为中国打火机企业在相关国家或经济体获得专利授权),企业已经支付了高昂的检测费用和研发费用,使企业的生产成本提高,从而导致其出口价格上涨。然而,由于日本出台 CR 法案较晚,现有数据还未反映出其对打火机出口价格的影响效应,因此,中国打火机在日本市场的出口价格变化非常平稳。

10.3　CR 法案倒逼中国打火机企业进行技术研发

美国、欧盟和日本是中国打火机的主要出口市场,三个经济体相继出台 CR 法案,对中国打火机企业造成重大影响。面对 CR 法案,中国打火机企业面临两难选择:要么退出受 CR 法案限制的国家的市场;要么满足 CR 法案的技术要求。如果选择前者,则意味着中国打火机的出口量将急剧萎缩,许多打火机企业将濒临破产,而且与打火机相关的企业也会遭受重创;如果选择后者,则意味着中国打火机企业必须研制出满足 CR 法案要求的安全锁,而这些安全装置的专利技术主要掌握在美国、欧盟和日本的生产商手中,研发新的安全装置难度很大。

为了不失去这些主要出口市场,中国打火机企业被迫做出艰难选择:唯有研制出满足 CR 法案要求的安全装置,才是企业的唯一出路。但是,自 20 世纪 80 年代以来,发达国家的打火机生产商就开始研究防止儿童开启装置,并且已经注册了上百个专利。在美国知识产权局申请的与 CR 法案有关的专利共计 79 项,其中,法国 BIC 申请的专利数超过专利总数的 1/5,达到 14 项,瑞士 Swedish Match 申请的专利数为 4 项,日本 Tokai 为 4 项,中国台湾和香港的企业或个人申请的专利也占有相当的比例,大约为 17 项,占专利总数的 1/5。在欧盟知识产权局申请的与 CR 法案有关的专利共计 16 项,其中,法国 BIC 4 项,西班牙 FLAMAGAS 4 项,瑞士 SWEDISH MATCH 2 项,日本 TOKAI 2 项。

　　在巨大的压力面前,中国打火机企业开始着手研究既符合 CR 法案要求,又极具市场竞争力的打火机。1996 年中国打火机企业首次研制出了这种新型的安全型打火机,并在相关国家获得专利授权。随后,中国打火机企业又陆续研制出更多符合 CR 法案要求的专利产品,至 2011 年,中国打火机企业在主要出口国家或地区申请的与 CR 法案有关的专利共计 22 项。具体申请情况见表 10-1。

表 10-1　中国打火机企业在国外及国际组织申请的专利情况

（1996—2011）

授权机构	WO	US	CA	JP	EP
申请数量(项)	3	13	2	1	3

数据来源:http://worldwide.espacenet.com/quickSearch? locale＝en_EP。

注:WO——世界知识产权局;US——美国知识产权局;CA——加拿大知识产权局;JP——日本知识产权局;EP——欧盟知识产权局。

　　中国打火机企业不仅在主要出口国家和地区申请与 CR 法案有关的专利,而且也在中华人民共和国国家知识产权局积极申请专利。在国家知识产权局申请的与 CR 法案有关的专利共计 285 项,其中发明专利 54 项,占其总数的 18.9%;实用新型专利 231 项,占其总数的 81.1%。具体申请情况见表 10-2。

表 10-2　中国打火机企业在国内申请的专利情况

（1994—2011）

年份 专利性质	发明专利（项）	实用新型专利（项）	外观设计专利（项）	合计
1994	0	0	0	0
1995	0	0	0	0
1996	2	3	0	5
1997	0	5	0	5
1998	0	4	0	4
1999	2	7	0	9
2000	1	8	0	9

（续表）

年份 \ 专利性质	发明专利（项）	实用新型专利（项）	外观设计专利（项）	合计
2001	0	7	0	7
2002	11	39	0	50
2003	2	20	0	22
2004	2	8	0	10
2005	6	17	0	23
2006	10	45	0	55
2007	10	23	0	33
2008	5	10	0	15
2009	0	6	0	6
2010	5	20	0	25
2011	2	9	0	11
合计	54	231	0	285

数据来源:http://www.sipo.gov.cn/zljs/。

注:检索条件:名称=打火机 or 点火枪;摘要=保险装置 or 安全装置 or 防儿童开启 or 儿童安全;在搜索结果中,根据专利说明书摘要,判别该专利打火机是否加装防止儿童开启装置,即是否满足 CR 法案的技术要求。

获得与 CR 法案有关的专利授权,意味着中国打火机企业获得了进入相关国家或地区的通行证,CR 法案是通过倒逼机制促使企业进行技术创新,提高产品质量和技术标准,进而增强其国际竞争力。

10.4　CR 法案对中国打火机出口量的影响

满足 CR 法案所产生的附加成本提高了中国打火机的出口价格,从而削弱了企业的国际竞争力;针对 CR 法案所进行的技术研发又使企业获得了进入受限国家的通行证,增加了其市场份额,从而又增强了企业的国际竞争力。本书认为,在 CR 法案约束下,企业出口量下降意味着其国际竞争力下降,而出口量增加则意味着其国际竞争力增强。本书用中国打火机出口量的变化来描述 CR 法案对中国打火机企业国际竞争力的影响。图 10-2 描述了 1992—2010 年中国打火机在美国、欧盟和日本的出口量变化情况。

中国打火机在美国、欧盟和日本的出口量情况（单位：万个）
（1992-2010）

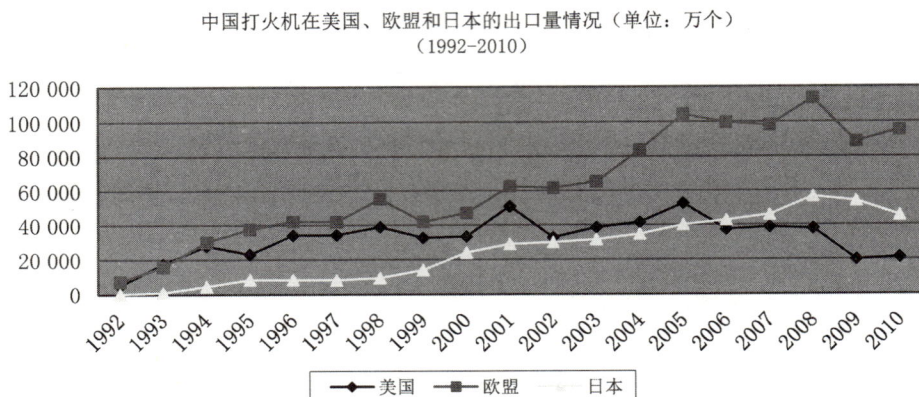

图 10-2　中国打火机在美国、欧盟和日本的出口量情况

数据来源：《中国海关统计年鉴》(1992—2011)。

　　从上述统计数据可以看出，美国实施 CR 法案之前，中国打火机在美国市场的出口形势很好，1992 年，中国打火机在美国市场的出口量只有 5 086 万个，1993 年则猛增到 17 506 万个，增长了 244.2%，1994 年又增长到 27 962 万个，比上年增长了 60%。1994 年，美国 CR 法案的实施不仅遏制了中国打火机在美国市场的增长势头，而且还使中国打火机在美国市场的出口量绝对减少。1995 年中国打火机在美国市场的出口量减少到 23 121 万个，比 1994 年减少了 17.3%。当时，中国打火机企业还没有针对贸易壁垒进行抗辩的经验和能力，再加上中国还不是 WTO 的成员国，缺乏正常的申诉渠道。因此，美国出台 CR 法案后，由于无法满足 CR 法案的技术要求，中国打火机企业纷纷退出美国市场，只有少数为美国打火机品牌做代工的企业还有产品出口到美国市场。随后，随着中国打火机企业研制出拥有自主知识产权的带 CR 装置的打火机，逐步满足了美国 CR 法案的技术要求，中国打火机企业又重返美国市场，其出口量又开始有所增长，尤其是 2000 年，中国打火机企业在美国知识产权局申请了 2 项专利，2001 年中国打火机在美国的出口量较上年就增长了 52.6%。

　　虽然欧盟和日本相继出台了 CR 法案，但由于中国打火机企业已经成功研制出满足美国 CR 法案的专利技术，并在欧盟和日本申请了专利，因此，中国打火机在欧盟和日本的出口量并没有因为 CR 法案而受到太大影响，反而持续稳定增长。

10.5 主要结论

本章利用中国打火机企业应对 CR 法案的典型案例分析了技术—环境壁垒对企业国际竞争力的影响效应。案例分析的结果表明，遵循 CR 法案增加了中国打火机企业的生产成本，提高了其产品的出口价格，削弱了其价格竞争优势；同时，突破 CR 法案的技术创新又使打火机企业赢得了更广阔的市场发展空间。

其实，美国、欧盟和日本相继出台 CR 法案，不仅导致中国打火机企业出口受阻和被迫进行技术创新，同时，还迫使打火机企业之间进行兼并、重组，导致整个行业的市场结构发生实质性变化。但由于目前缺少打火机行业兼并、重组的官方统计数据，因此，本书尚没有涉及 CR 法案对中国打火机行业市场结构的影响。在市场调研和进一步挖掘数据的基础上，作者希望能够对其进行专门研究，作为本书研究工作的延续。

第 11 章　总结与研究展望

针对技术—环境壁垒与中国企业国际竞争力的研究,本书从理论和实证角度开展了大量而细致的工作,不仅得出了一些有价值的理论结论,而且通过案例分析对其进行了很好的验证。虽然如此,本书在研究过程中仍然存在一些不足和有待完善的地方。本章将对本书所涉及的研究内容、所采用的研究方法和所得出的研究结论进行系统的总结,同时对下一步需要改进和完善的地方进行展望。

11.1　本书的主要工作

本书主要从以下几个方面开展工作:

(1)对国内外有关技术—环境壁垒的研究现状进行了综合评述。

本书从七个方面对技术—环境壁垒的研究现状进行了评述,主要包括:技术—环境壁垒概念的界定、技术—环境壁垒的双重性质及其影响效应、技术—环境壁垒的形成机制、技术—环境壁垒引致的遵循成本及其产生机制、技术—环境壁垒的度量工具和测度方法、技术—环境壁垒的效应分析、技术—环境壁垒与企业国际竞争力的关系等。其中,在技术—环境壁垒与企业国际竞争力关系的问题上,理论界主要存在两种观点:一种观点认为,技术—环境壁垒会导致企业国际竞争力下降;另一种观点则认为,技术—环境壁垒有利于提高企业的国际竞争力。无论持哪种观点,学者们都主要是从实证角度对两者之间的关系进行分析,而并没有深入探讨两者之间的内在机理关系。

（2）介绍了中国主要贸易伙伴的技术性贸易措施体系。

本书在界定技术—环境壁垒的定义、阐述技术—环境壁垒的表现形式和主要特点的基础上，介绍了美国、欧盟、日本等中国主要贸易伙伴的技术性贸易措施体系的特点、内容和结构。

（3）分析了中国出口企业遭受国外技术性贸易措施的影响。

本书根据中国国家质检总局的调查结果，从总体影响、国别分布、贸易损失、引致的新增成本和遭受的具体措施等方面分析了中国出口企业遭受国外技术性贸易措施的影响。

从总体影响来看，国外技术性贸易措施对中国不同行业、不同性质和不同规模的出口企业产生着不同的影响。农食产品类企业、玩具家具类企业和机电仪器类企业是遭受影响位居前三位的行业；在受影响的出口企业中，民营企业遭受影响的程度最为严重，而国有企业受影响的程度则最低；大中型企业受影响的程度明显高于微小型企业。

从国别分布来看，中国出口企业遭受国外技术性贸易措施影响的国别分布相对比较集中，以发达国家/地区为主，尤其以欧盟、美国和日本所占比例最高。同时，中国不同行业出口企业受影响的国别分布也存在着较大差异，农食产品类企业在日本遭受的影响最为严重，机电仪器类企业、化矿金属类企业、纺织鞋帽类企业、橡塑皮革类企业在欧盟遭受的影响最为严重，玩具家具类企业、木材纸张非金属类企业在美国和欧盟遭受的影响最为严重。

从贸易损失来看，欧盟和美国作为中国最主要的两个贸易伙伴以及中国产品的两个最大出口市场，其技术性贸易措施给中国出口企业所带来的损失也最大；而且取消订单、扣留货物和销毁货物是中国出口企业在欧盟和美国所遭受的主要损失形式。

从引致的新增成本来看，中国出口企业遭受国外技术性贸易措施所引致的新增成本不仅在不同行业的表现不同，而且在不同进口国/地区的表现也不同。进口国技术性贸易措施所引致的新增成本在机电仪器类企业的占比最高，化矿金属类企业次之，纺织鞋帽类企业的占比位居第三；而木材纸张非金属类企业的占比最低；中国出口企业遭受欧盟技术性贸易措施所引致的新增成本的占比最高，美国位居第二。

从遭受的具体措施来看，认证要求、技术标准要求、工业产品中有毒有害物质限量要求、包装及材料要求等是中国出口企业遭受的主要措施种类。认证要求是机电仪器类企业所遭受的最主要的措施,工业产品中有毒有害物质限量要求是玩具家具类企业遭受的最主要的措施,木质包装要求是化矿金属类企业遭受的最主要技术性贸易措施。

(4)探讨了技术—环境壁垒影响企业国际竞争力的传导路径。

本书通过构造技术—环境壁垒影响企业国际竞争力的传导路径模型,探讨了两者之间的机理关系。分析结果表明,技术—环境壁垒主要通过两条路径来影响企业国际竞争力:遵循进口国的技术标准、技术法规和合格评定程序,势必要求出口国企业支付额外的附加成本,而这些附加成本增加了企业的生产成本和出口成本,降低了企业的价格竞争优势,从而使其国际竞争力下降;技术创新是出口国企业跨越技术—环境壁垒的必然选择,而技术创新不仅能够使企业通过"创新补偿"获得规模经济效应,而且还能够使企业通过"先动优势"获得成本优势,同时还能够使企业通过创立国际标准获得市场控制权。企业通过技术创新能够部分甚至全部抵消其附加成本,并进而降低其生产成本,增加其市场份额,从而能够增强其国际竞争力。

(5)分析了技术—环境壁垒的引致成本及其价格—数量控制机制。

本书在分析技术—环境壁垒的引致成本的基础上,进一步研究了技术—环境壁垒的价格控制机制和数量控制机制。分析结果表明,技术—环境壁垒的引致成本主要来自以下几个方面:出口国企业遵循进口国的技术标准和技术法规所引致的技术创新的转换成本、进口国与出口国在技术标准和技术法规上的差异所引致的附加成本、遵循进口国的合格评定程序与卫生检验检疫措施所引致的附加成本、环境成本内在化等等。技术—环境壁垒的价格控制机制主要表现为遵循进口国的技术标准、技术法规和合格评定程序所带来的出口国企业产品价格的上升;数量控制机制则主要表现为:在短期内,遵循进口国的技术标准、技术法规和合格评定程序可能会使出口国企业的出口量下降;而在中长期内,企业的出口量则可能逐渐恢复,甚至会大幅度增加。

(6)研究了技术—环境壁垒对企业技术创新的激励机制。

本书通过构建企业技术创新的动力机制模型,把跨越技术—环境壁垒作为企业进行技术创新的主要外部驱动力,分析了外生性的技术—环境壁垒对企业技术创新的内部环境要素和外部环境要素的影响;研究了技术—环境壁垒对企业技术创新的激励作用,而这种激励作用的大小,主要取决于进口国所设置的技术—环境壁垒是否是合理的:当进口国所设置的技术标准、技术法规和合格评定程序主要反映了进口国消费需求的升级,即以保护环境和消费者健康、提高生活质量等为目的,也就是说,这些标准是合理的,那么,随着技术标准和环境标准的提高,其对技术创新的激励作用会增强;相反,当进口国所设置的技术—环境壁垒是出于狭隘的贸易保护的目的,也就是说,这些标准过于苛刻或者带有歧视性,那么,由技术—环境壁垒所引致的企业技术创新的动力就会消失。

(7)从系统论出发,利用演化博弈模型,从动态角度分析了技术性贸易壁垒条件下出口国企业进行技术创新的行为选择。

本书利用演化博弈模型构建了一个分析技术性贸易壁垒条件下出口国企业进行技术创新的基本框架,在此基本框架的基础上,分析了影响出口国企业技术创新行为的主要因素。研究结果表明,市场份额与出口国企业进行技术创新的动力呈正向关系,出口国企业在进口国的市场份额越大,其进行技术创新的动力也就越大,并最终通过技术创新跨越进口国的贸易壁垒;反之,出口国企业在进口国的市场份额越小,其进行技术创新的动力也就越小,并最终可能退出进口国市场;产品的初始质量水平与进口国质量标准的差异程度对出口国企业技术创新的影响呈负向关系,产品的初始质量水平与进口国质量标准的差距越小,或者产品的初始质量水平越高,出口国企业技术创新的动力越大;反之,产品的初始质量水平与进口国质量标准的差距越大,或者产品的初始质量水平越低,出口国企业技术创新的动力越小;创新成本对贸易壁垒的敏感度系数与出口国企业技术创新的动力也呈负向关系,创新成本对贸易壁垒的敏感系数越小,出口国企业的创新成本就越小,技术性贸易壁垒对出口国企业技术创新的激励作用就越大;反之,该敏感系数越大,出口国企业的创新成本就越大,技术性贸易壁垒对出口国企业技术创新的抑制作用就越明显。

(8)从理论上探讨了技术—环境壁垒对企业国际竞争力的综合影响效应。

本书利用斯塔克尔伯格模型分析了技术—环境壁垒对生产规模和技术水平不同以及能使技术创新的溢出效应内部化程度不同的两类出口企业的国际竞争力的综合影响效应。在技术—环境壁垒条件下,技术创新会对出口国企业在进口国的市场份额、价格水平和利润水平产生实质性的影响,影响的大小主要取决于出口国企业能使技术创新的溢出效应内部化程度的高低和出口国企业原有的技术水平与达到进口国新质量标准所需的技术水平之间的差距的大小。出口国企业在进口国的市场份额、价格水平和利润水平与其能使技术创新的溢出效应内部化的程度呈正向关系。而与其原有技术水平与达到进口国新质量标准所需的技术水平之间的差距呈反向关系。出口国企业能使技术创新的溢出效应内部化的程度越高,则其所承担的遵循成本就能在更大程度上被抵消,价格竞争优势更明显,进而其市场份额和利润水平也就更高;反之亦然。出口国企业的原有技术水平与达到进口国新质量标准所需的技术水平之间的差距越小,为了达到进口国新的质量标准,出口国企业的遵循成本就会越小,价格水平的上涨幅度也就越低,进而其市场份额和利润水平受到负面影响的程度也就越小;反之亦然。

(9)通过典型案例研究了技术—环境壁垒对企业国际竞争力的影响。

本书利用中国打火机企业应对 CR 法案的典型案例分析了技术—环境壁垒对企业国际竞争力的影响效应。案例分析的结果表明,遵循 CR 法案增加了中国打火机企业的生产成本,提高了其产品的出口价格,削弱了其价格竞争优势;同时,突破 CR 法案的技术创新又使打火机企业赢得了更广阔的市场发展空间。

11.2　本书的主要创新点

创新点主要体现在以下几个方面:

(1)通过对数据进行整理和挖掘,从多角度系统地分析了中国出口企业遭受国外技术性贸易措施的影响。

本书根据中国国家质检总局的调查结果,通过对数据进行整理和挖掘,从总体影响、国别分布、贸易损失、引致的新增成本和遭受的具体措施等方面分析了中国出口企业遭受国外技术性贸易措施的影响。

(2)本书从系统论出发,利用演化博弈模型,从动态角度分析了技术—环境壁垒条件下出口国企业进行技术创新的行为选择。

本书利用演化博弈模型构建了一个分析技术—环境壁垒条件下出口国企业进行技术创新的基本框架,在此基本框架的基础上,分析了影响出口国企业技术创新行为的主要因素。研究结果表明,市场份额与出口国企业进行技术创新的动力呈正向关系;产品的初始质量水平与进口国质量标准的差异程度对出口国企业技术创新的影响呈负向关系;创新成本对贸易壁垒的敏感度系数与出口国企业技术创新的动力也呈负向关系。

（3）本书利用斯塔克尔伯格模型分析了技术—环境壁垒对市场地位不对称的两个出口国企业的国际竞争力的综合影响效应。

本书利用斯塔克尔伯格模型分析了技术—环境壁垒对生产规模和技术水平不同以及能使技术创新的溢出效应内部化程度不同的两类出口企业的国际竞争力的综合影响效应。在技术—环境壁垒条件下，技术创新会对出口国企业在进口国的市场份额、价格水平和利润水平产生实质性的影响，影响的大小主要取决于出口国企业能使技术创新的溢出效应内部化程度的高低和出口国企业原有的技术水平与达到进口国新质量标准所需的技术水平之间的差距的大小。

11.3 研究局限及有待研究的课题

随着中国对外贸易规模的不断扩大，中国企业和出口产品遭受国外技术—环境壁垒的现象会越来越普遍，给中国企业和中国的对外贸易所造成的损失也会越来越大。

本书针对技术—环境壁垒与中国企业国际竞争力的研究开展了大量细致的工作。具体的工作内容包括：为了清楚地了解中国出口企业遭受国外技术性贸易措施的影响情况，本书根据中国国家质检总局的问卷调查结果进行了大量的计算工作；为了更系统地了解中国主要贸易伙伴的技术标准、技术法规和合格评定程序，本书详细介绍了欧盟、美国和日本的技术性贸易措施体系；为了理清技术—环境壁垒与企业国际竞争力之间的内在机理关系，本书利用经济学的分析方法和分析工具从不同角度分析了技术—环境壁垒对企业国际竞争力的影响。虽然如此，本书仍然存在一些不足和有待完善之处，具体表现在：

其一，由于缺乏系统的统计数据，因此，关于技术—环境壁垒对企业国际竞争力的综合影响效应的理论预测结果，本书无法通过计量经济分析方法对其进行检验，而仅仅采用典型案例对其进行分析，这可能会使分析结果在一定程度上不具有普遍性。如果在条件和时间许可的情况下，本人希望能够在以后的研究工作中做更深入的探讨。

其二，在案例分析中，美国、欧盟和日本相继出台 CR 法案，不仅导致中国打火机企业出口受阻和被迫进行技术创新，同时，还迫使打火机企业之间进行兼并、重组,导致整个行业的市场结构发生实质性变化。但由于目前缺少打火机行业兼并、重组的官方统计数据,因此,本书尚没有涉及 CR 法案对中国打火机行业市场结构的影响。在市场调研和进一步挖掘数据的基础上,本人希望能够对其进行专门研究,作为本书研究工作的延续。

参考文献

[1] 安立仁,席酉民.企业技术创新的内阻力与外动力分析[J].西安交通大学学报,1998(02):103-107.

[2] 鲍晓华.技术性贸易壁垒的"南北"差异[J].世界经济研究,2005(10):62-68.

[3] 鲍晓华.技术性贸易壁垒的双重性质及甄别机制[J].财贸经济,2005(10):68-72.

[4] 鲍晓华.技术性贸易壁垒的双重性质及其形成机制:理论假说与政策含义[J].财经理论与实践,2006(03):85-89.

[5] 鲍晓华.我国技术性贸易壁垒的贸易效应——基于行业数据的经验研究[J].经济管理,2010(12):7-15.

[6] 鲍晓华,严晓杰.我国农产品出口的二元边际测度及SPS措施的影响研究[J].国际贸易问题,2014(06):33-40.

[7] 蔡茂森,朱少杰.论技术性贸易壁垒的抑制效应与我国出口行业的对策[J].国际贸易问题,2003(05):32-35.

[8] 柴丽俊,张璞.企业技术创新动力的影响因素及其整合模型[J].中国流通经济,2005(01):44-47.

[9] 柴丽俊,柴丽英,高俊山.企业技术创新动力及模型研究[J].经济问题探索,2005(01):62-64.

[10] 陈兵.技术性贸易壁垒的主要特点及其表现形式[J].广西社会科学,2003(10):103-105.

[11] 陈志友.技术性贸易壁垒机理特征、政策效应、对应措施[J].国际贸易问题,

2004(11):26-30.

[12] 揣江宇,胡麦秀.日本技术性壁垒对我国水产品出口影响的实证分析[J].中国渔业经济,2012(06):80-84.

[13] 揣江宇,胡麦秀.美国技术性壁垒对中美茶叶贸易影响的实证分析[J].中国农学通报,2013(20):109-113.

[14] 杜凯,蔡银寅,周勤.技术壁垒与技术创新激励——贸易壁垒制度安排的国别差异[J].世界经济研究,2009(11):57-63.

[15] 冯宗宪,柯大钢.开放经济下的国际贸易壁垒——变动效应、影响分析、政策研究[M].北京:经济科学出版社,2000.

[16] 官建成,马宁.我国工业企业技术创新能力与出口行为研究[J].数量经济技术经济研究,2002(02):103-106.

[17] 胡学奎,周达祥.论我国传统产业技术变革中的转换成本策略运用问题[J].经济纵横,2002(11):13-16.

[18] 胡学奎.转换成本与企业技术创新[J].改革,2004(06):86-90.

[19] 胡麦秀,薛求知.技术—环境壁垒与企业国际竞争力:理论架构和案例分析[J].研究与开发管理,2013,25(05):26-33.

[20] 黄冠胜,王力舟,杨松,等.技术性贸易措施三要素协同作用机理[J].中国标准化,2006(02):7-10.

[21] 蒋建刚.技术性贸易壁垒"双刃"功能解析[J].世界经济与政治论坛,2004(05):26-30.

[22] 姜秀山,李伊松.企业技术创新动力机制的研究[J].中国高新技术企业经济,1999(01):31-33.

[23] 江凌.技术性贸易壁垒形成的政治经济学解释——基于国家间及国内利益集团间博弈的视角[J].生态经济,2012(06):56-59.

[24] 颉茂华,王瑾,刘冬梅.环境规制、技术创新与企业经营绩效[J].南开管理评论,2014(06):106-113.

[25] 金碚.论企业竞争力的性质[J].中国工业经济,2001(10):5-10.

[26] 刘春青.技术法规与自愿性标准的融合——美国政府高度重视利用标准化成果的启示[J].世界标准化与质量管理,2008(10):16-19.

[27] 刘春青.美欧日技术法规体系共性研究及其对我国的启示[J].标准科学

2010(02):69-77.

[28] 刘瑶,王荣艳.技术性贸易壁垒的保护效应研究——基于"南北贸易"的 MQS 分析[J].世界经济研究,2010(07):49-54.

[29] 刘辉,王益谊,付强.美国自愿性标准体系评析[J].中国标准化,2014(04):83-8.

[30] 刘冰,陈淑梅.RCEP 框架下降低技术性贸易壁垒的经济效应研究——基于 GTAP 模型的实证分析[J].国际贸易问题,2014(06):91-98.

[31] 李树.技术性贸易壁垒的设置与我国的策略选择[J].改革,2003(06):94-100.

[32] 李春顶.技术性贸易壁垒对出口国的经济效应综合分析[J].国际贸易问题,2005(07):74-79.

[33] 李春顶,陈诗阳.技术性贸易壁垒效应不对称的原因[J].产业经济研究,2007(04):27-35.

[34] 李珣.美国合格评定体系简介[J].世界标准化和质量管理,2008(07):53-55.

[35] 李玫.欧盟技术法规体系的建设及对中国的启示[J].河北法学,2008(04):159-164.

[36] 夏友富.试论技术性贸易壁垒[J].中国工业经济,2001(02):64-68.

[37] 谢识予.经济博弈论[M].第 2 版.上海:复旦大学出版社,2002.

[38] 许德友,梁琦.金融危机、技术性贸易壁垒与出口国企业技术创新[J].世界经济研究,2010(09):28-33.

[39] 薛求知,李茜.跨国公司对本土企业绿色创新的影响研究——基于绿色订单效应的博弈分析[J].研究与发展管理,2014(01):43-51.

[40] 杨辉.欧盟技术性贸易措施体系初探[J].中国质量技术监督,2007(06):52-53.

[41] 杨辉.欧盟技术性贸易措施体系分析及对我国的启示[J].机械工业标准化与质量,2007(09):40-45.

[42] 杨波.技术性贸易壁垒成因:博弈与实证分析[J].世界经济研究,2007(10):41-47。

[43] 姚文国.我国实施动植物卫生检疫措施协议情况[J].中国检验检疫,1999

(07):7 - 8.

[44] 李树,陈刚.技术性贸易壁垒的经济效应分析[J].经济问题,2009(05):8 - 13.

[45] 李典英,章辉.国内外纺织品标准、法规生态安全要求差异[J].上海纺织科技,2012(05):1 - 7.

[46] 刘帮成,余宇新.企业国际竞争力的新要素:环境管理[J].科技进步与对策,2001(05):78 - 80.

[47] 马磊,胡麦秀.技术—环境贸易壁垒对我国鳗鱼出口的影响——以日本市场为例[J].上海农业学报,2013(02):78 - 81.

[48] 马磊,胡麦秀.技术—环境贸易壁垒对中国农产品出口影响的局部均衡分析[J].中国农学通报,2014(05):93 - 98.

[49] 欧阳新年.企业技术创新动力与利益激励[J].科学管理研究,2004(06):21 - 25.

[50] 彭海珍.环境战略影响企业国际竞争力的途径和内部条件分析[J].软科学,2006(05):126 - 130.

[51] 齐格奇.美国技术法规概述[J].世界标准信息,2003(03):5 - 7.

[52] 秦贞奎.技术性贸易壁垒与检验检疫[J].中国检验检疫,1999(10):12 - 13.

[53] 任洪斌.企业国际竞争力模型探析[J].经济管理,2007(02):32 - 36.

[54] 王核成.企业国际竞争力的测评研究[J].数量经济技术经济研究,2001(01):111 - 113.

[55] 王核成.中国企业国际竞争力的评价指标体系研究[J].科研管理,2001(01):74 - 78.

[56] 王志明,袁建新.技术性贸易壁垒的影响及中国的对策[J].世界经济,2003(07):31 - 34.

[57] 王虹.论环境规制对企业国际竞争力的影响及传导机制[J].现代财经,2008(05):66 - 69.

[58] 王焕曦,孙炳娜.技术性贸易壁垒的形成机制与应对策略[J].东北财经大学学报,2010(01):57 - 62.

[59] 王绍媛,李国鹏,曲德龙.装备制造业技术性贸易壁垒与技术创新研究[J].财经问题研究,2014(03):31 - 38.

[60] 巫强,刘志彪.进口国质量管制条件下的出口国企业创新与产业升级[J].管理世界,2007(02):53-60.

[61] 巫强.技术性贸易措施下出口企业被动创新效应[J].经济理论与经济管理,2007(10):70-75.

[62] 姚明月,胡麦秀.外生性的技术性贸易壁垒条件下出口企业技术创新的行为选择[J].研究与开发管理,2016,28(02):33-39.

[63] 姚明月,胡麦秀.技术—环境壁垒条件下企业的技术创新动力——基于进化博弈分析[J].科技管理研究,2015,35(19):98-102.

[64] 姚明月,胡麦秀.技术—环境壁垒对企业技术创新的影响——基于理论模型与我国打火机企业案例分析[J].上海管理研究,2014(06):28-31.

[65] 詹政,冯宗宪.贸易政策对企业国际竞争力及境外资源利用的影响[J].国际贸易,2011(03):23-27.

[66] 张海东.技术性贸易壁垒形成机制的经济学分析[J].财贸经济,2004(03):61-65.

[67] 张嫚.环境规制对企业竞争力的影响[J].中国人口、资源与环境,2004(04):126-130.

[68] 张小蒂,李晓钟.论技术性贸易壁垒对我国农产品出口贸易的双重影响效应[J].管理世界,2004(06):26-32.

[69] 张云.技术性贸易壁垒的表现形式和对策[J].经济问题,2005(03):15-17.

[70] 张峰,王力舟,刘昕,等.美国技术性贸易措施体系剖析[J].中国标准化,2006(02):23-26.

[71] 张丽莉,孟冬,崔路,等.欧盟技术性贸易措施体系初探[J].中国标准化,2006(02):27-30.

[72] 张明兰,蔡冠华.美国标准体系及其对公共管理的支撑[J].质量与标准化,2012(03):40-43.

[73] 赵细康.环境政策对技术创新的影响[J].中国地质大学学报(社会科学版),2004(02):24-28.

[74] 中华人民共和国国家质量监督检验检疫总局.中国技术性贸易措施年度报告(2011)[M].北京:中国质检出版社,2011:120-156.

[75] 中华人民共和国国家质量监督检验检疫总局.中国技术性贸易措施年度报

告(2012)[M].北京:中国质检出版社,2012:125-155.

[76] 中华人民共和国国家质量监督检验检疫总局.中国技术性贸易措施年度报告(2013)[M].北京:中国质检出版社,2013:120-165.

[77] 中华人民共和国国家质量监督检验检疫总局.中国技术性贸易措施年度报告(2014)[M].北京:中国质检出版社,2014:125-168.

[78] 中华人民共和国国家质量监督检验检疫总局.中国技术性贸易措施年度报告(2015)[M].北京:中国质检出版社,2015:131-195.

[79] 中华人民共和国国家质量监督检验检疫总局.中国技术性贸易措施年度报告(2016)[M].北京:中国质检出版社,2016:118-191.

[80] 中华人民共和国国家质量监督检验检疫总局.中国技术性贸易措施年度报告(2017)[M].北京:中国质检出版社,2017:128-200.

[81] 中华人民共和国国家质量监督检验检疫总局.中国技术性贸易措施年度报告(2018)[M].北京:中国质检出版社,2018:115-197.

[82] 中华人民共和国国家质量监督检验检疫总局.中国技术性贸易措施年度报告(2019)[M].北京:中国质检出版社,2019:131-183.

[83] 周建安,山巍,张峰,等.美国技术法规体系研究[J].检验检疫科学,2002(05):14-16.

[84] 周华,王卉,严科杰.标准对贸易及福利影响的实证检脸——基于价格楔方法以欧盟 ROHS 指令对上海市机电产业的影响为例[J].数量经济技术经济研究,2007(08):100-108.

[85] 朱宇.出口退税对企业国际竞争力的影响分析[J].国际贸易问题,2007(06):50-54.

[86] 朱信凯,刘刚,赵昕.技术性贸易壁垒的企业差异化分析与国际贸易对策[J].管理世界,2008(06):30-39.

[87] 朱庆华,窦一杰.基于政府补贴分析的绿色供应链管理博弈模型[J].管理科学学报,2011(06):86-95.

[88] ANDREA MANTOVANI &MARK VANCAUTEREN.The harmonization of technical barriers to trade,innovation and export behavior:theory with an application to EU environmentaldData[R].CORE and University of Bologna,IRES,2003.

[89] BALDWIN RICHARD.Non-tariff distortion in international trade[R]. Washington D.C.:Brooking Institution,1970.

[90] BARRETT C. B.& YI-NUNG YANG. Rational incompatibility with international product standard[J].Journal of International Economies, 2001,54(1):171 - 191.

[91] BRADFORD S. Paying the price: final goods protection in OECD countries[J].Review of Economic and Statistics,2003(85):24 - 37.

[92] CHENGYAN YUE, JOHN C. BEGHIN, and HELEN H. JENSEN.Tariff equivalent of technical barriers to trade with imperfect substitution and trade costs[C].2005 International Congress, August 23 - 27, 2005, Copenhagen, Denmark from European Association of Agricultural Economists.

[93] CZUBALA,WITOLD,BEN SHEPHERD and JOHN S. WILSON.Help or hindrance: the impact of harmonized standards on african exports [R].World Bank, 2007.

[94] DAVID PAUL and SHANE GREENSTEIN. The economics of compatibility standards: an introduction to the recent research[J]. Economics of Innovation and New Technology,1990(1):3 - 41.

[95] DEARDORFF, A. V, STERN, R. M. The measurement of non-tariff barriers [R].OECD Economics Department,1997.

[96] FISHER, R. and P. SERRA.Standards and protection[J]. Journal of International Economics, 2000(52):377 - 400.

[97] GABRIEL J. FELBERMAYR and BENJAMIN JUNG.Sorting it out: technical barriers to trade and industry productivity[J].Open Economies Review,2011(22):93 - 117.

[98] HELPMAN, ELHANAN, M.MELITZ and Y.RUBINSTEIN.Estimating trade flows: trading partners and trading volumes[J]. Quarterly Journal of Economics,2008(123):441 - 487.

[99] HENSON SPENCER.Cost associated with divergent national product standards and conformity assessment procedures and the impact on

international trade［R］.Regulatory Reform in the Global Economy OECD，1998.

［100］HILLMAN J.S.Technical barriers to agriculture trade［M］.Boulder：Westview Press,1991.

［101］HOOKER N.H. and J.A. CASWELL.A framework for evaluating non-tariff barrier to trade related to sanitary and phytosanitary regulation ［J］.Journal of Agriculture Economics,1999(50):234-246.

［102］JAMES S.An economic analysis of food safety issues following the SPS agreement［R］.University of Adalaide,2000.

［103］JOHN C. BEGHIN and JEAN-CHRISTOPHE BUREAU.Quantification of sanitary，phytosanitary，and technical barriers to trade for trade policy analysis ［R］. Food ＆ Agricultural Policy Research Institute Publications,2001.

［104］JOHN S. WILSON & TSUNEHIRO OTSUKI. Standards and technical regulations and firms in developing countries：new evidence from A World Bank Technical Barriers to Trade Survey［R］.The World Bank，2004.

［105］JONES P.& J. HUDSO.Standardization and the costs of assessing quality［J］.European Journal of Political Economy，1996(12):355-361.

［106］JOSEPH FARRELL and GARTH SALINER. Standardization，compatibility，and innovation［J］.The RAND Journal of Economics，1985(16):70-83.

［107］JOTA ISHIKAWA，TOSHIHIRO OKUBO. Environmental product standards in north-south trade［J］.Review of Development Economics，2011(15):458-473.

［108］KEITH E. MASKUS，TSUNEHIRO OTSUKI，JOHN S. WILSON. The cost of compliance with product standards for firms in developing countries：an econometric study［R］.World Bank,2005.

［109］KLAUS M. SCHMIDT.Standards，innovation incentives，and the formation of patent pools［R］.University of Munich,2010.

［110］KNUT BLIND. The impact of standardization and standards on innovation［J］.Chapters,2016(2)：423－449.

［111］KRISSOFF B.，CALVIN L.and D.GRAY.Barriers in global apple markets，fruit and tree nuts situation and outlook/FTS-280［R］.United States Department of Agriculture,Washington,D.C.,1997.

［112］MARK VANCAUTEREN.The impact of technical barriers to trade on home bias：an application to EU data［R］.Hasselt University,2002.

［113］MAUREEN A. BREITENBERGg.The ABC's Of standards activities ［R］. Standards Services Division Technology Services National Institute of Standards and Technology,2009.

［114］MOENIUS J. Information versus product adaptation：therRole of standards in trade［R］. Kellogg School of Management Northwestern University,2004.

［115］MOENIUS J.The good，the bad and the ambiguous：standards and trade in agricultural products［R］.IAT RC Summer Symposium，Bonn，Germany，2006.

［116］NEVEN D.J.EVALUATING The effects of non-tariff barriers［R］. CEPR Paper,2000.

［117］NICHOLAS A. ASHFORD and RALPH P. HALL.The importance of regulation-induced innovation for sustainable development ［J］. Sustainability，2011(3):270－292.

［118］OMAR ALOUI & LAHCEN KENNY.The Cost of compliance with SPS standards for Moroccan exports：a case study ［R］. The World Bank,2005.

［119］ONNO KUIK，IVM and AMSTERDAM.Technical barriers to trade，sanitary and phytosanitary standards and eco-labeling ［R］. London,2003.

［120］PAARLBERG P.L.&J.G.LEE.Import restriction in the presence of health risk：an illustration using FMD［J］.American Journal of Agriculture Economics,1998(80):175－183.

［121］PAUL BRENTON，JOHN SHEEHY and MARC VANCAUTEREN. Technical barriers to trade in the European Union：importance for accession countries［J］. Journal of Common Market Studies，2001，39 (2)：265 - 284.

［122］PETER SWANN，PAUL TEMPLE and MARK SHURMER.Standards and trade performance：the UK experience［J］.The Economic Journal，1996(106)：1297 - 1313.

［123］PHILIP JONES and JOHN HUDSON.Standardization and the costs of assessing quality［J］. European Journal of Political Economy，1996 (12)：355 - 361.

［124］ROBERTS DONNA. TIMOTHY E. JOSLING and DAVID ORDEN.A framework for analyzing technical trade barriers in agriculture market ［R］.Economic Research Service，U.S. Department of Agriculture，1999.

［125］ROBERTS D. and K. DEREMER. Overview of foreign technical barrier to U.S. agriculture exports［R］. Economic Research Service，U. S. Department of Agriculture,1997.

［126］SALLIE JAMES.An economic analysis of food safety issues following the SPS agreement［R］. The University of Western Australia - School of Agricultural and Environment,2000.

［127］STEVEN W. POPPER，VICTORIA GREENFIELD，KEITH CRANE and REHAN MALIK.Measuring economic effects of eechnical barriers to trade on U.S. exporters［R］.RAND Science and Technology For National Institute of Standards & Technology Program Office,2004.

［128］SYKES A.O. Product standards for internationally integrated goods markets［M］. Washington D.C.：Brookings Institution Press,1995.

［129］THILMANY D. D &C. B BARRETT. Regulatory barriers in an integrating world［J］.Review Of Agricultural Economics,1997,19(1)：91 - 107.

［130］THORNSBURY S.Technical regulations as barriers to agriculture trade

[D].Virginia Polytechnic Institute and State University,1998.

[131] TSUNEHIRO OTSUKI，JOHN S.WILSON & MIRVAT SEWADEH.
Global trade，food safety：winners and losers in a fragmented system
[R]. the World Bank,Washington DC,2001.

[132] YUE C.，BEGHIN J.C.and H.JENSEN.Tariff equivalent of technical
barriers to trade with imperfect substitution and trade costs [J].
American Journal of Agricultural Economics，2006(88),947－960.

索 引

B

保障措施　4

C

CE 标志认证　92

差异性壁垒　27

产品补偿　172

创新补偿　172

创新成本　204

创新性壁垒　27

重复遵循成本　171

CR 法案　226

D

倒逼机制　170

F

发达成员　5

发展中成员　5

反补贴措施　4

反倾销措施　4

反需求函数　216

泛美技术标准委员会　63

俘获理论　38

附加成本　36

G

公共利益理论　38

关税等价法　41

国际电工委员会　58

国际竞争力　27

国际市场份额　169

过程补偿　172

H

合格评定程序　36

HS 编码　15

环境标志要求　60

J

JAS 认证标志　105

机会成本　180

"基于经济利益保护"的技术—环境壁垒　54

"基于市场失灵保护"的技术—环境壁垒　54

技术标准　33

技术法规　33

技术—环境壁垒　32

技术性贸易壁垒措施　1

技术性贸易措施类型　149

价格控制机制　28

检验检疫标准　33

JIS 认证标志　105

经济外部性　34

M

贸易损失　95

美国的技术性贸易措施体系　61

美国国家标准学会　62

美国卫生及人类服务部　66

美国消费品安全委员会　67

敏感度系数　204

N

内生性的技术—环境壁垒　54

内在竞争力　169

能力要素　168

O

欧盟的技术性贸易措施体系　80

欧盟理事会　83

欧盟委员会　80

欧洲标准化委员会　80

欧洲电工标准化委员会　80

欧洲电信标准协会　80

欧洲经济共同体条约　83

欧洲联盟条约　83

欧洲煤钢共同体条约　83

欧洲议会　83

欧洲原子能共同体条约　83

欧洲自由贸易联盟　81

Q

潜在要素　168

R

日本的技术性贸易措施体系　95

日本工业标准调查会　97

日本农业标准委员会　98

S

商品包装和标签要求　59

实施卫生与植物卫生措施协议　2

世界经济论坛　166

数量控制机制　28

数量限制措施　4

斯塔克尔伯格模型　28

T

太平洋地区标准会议　63

太平洋认可合作组织　63

特别保障措施　4

W

外部环境竞争力　170

外部环境要素　167

外生性的技术—环境壁垒　54

外显竞争力　169

网络外部性　39

X

先动优势　173

新增成本　145

Y

演化博弈模型　50

一次性遵循成本　40

引致成本　27

有限理性　203

Z

中美洲认可合作组织　63

重力模型法　41

转换成本　39

资源要素　168

自愿性标准体系　62

最大残留限量标准　43

遵循成本　39